KB201227

장시춘 목사의

미러클 성경연구

신·구약 총론

● 창세기- 요한계시록 ●

New · Old

도서출판한글

 **머리말**

   사무엘 시대에 "여호와의 말씀이 희귀하여 이상이 흔히 보이지 않았다(삼상 3:1)"고 했다. 그리고 아모스 선지자는 말하기를 "보라 이를 지라 내가 기근을 땅에 보내리니 양식이 없어 주림이 아니며 물이 없어 갈함이 아니요 여호와의 말씀을 듣지 못한 기갈이라 사람이 이 바다에서 저 바다까지 북에서 동까지 비틀거리며 여호와의 말씀을 구하려고 달려 왕래하되 얻지 못하리니 그 날에 아름다운 처녀와 젊은 남자가 다 갈하여 피곤하리라(암 8:11-13)"고 했다.

   우리들은 오늘날 말씀의 홍수 시대에 살고 있다. 몇 푼만 가지고 책방에 가면 원하는 대로 여러종류의 다양한 성경을 살 수 있고 뜻만 있으면 어디를 가나 말씀도 원하는 대로 들을 수 있다. 그럼에도 불구하고 우리들은 순수하고 원색적인 기독교 진리의 말씀을 듣기 어렵고, 맛보기 어려운 시대에 살고 있다. 자칫 잘못하면 홍수로 일어난 흙탕물과 같은 오염된 물(말씀)을 마시고 생명까지 위험해 질 수 있다.

   말씀의 혼합주의와 각색 이단들이 난무하는 이러한 때에 우리는 말씀을 말씀답게 잘 깨달아 알아야 한다.

   그 동안 부족한 종이 옛날 '에스라' 선지자를 생각하면서 '하나님 말씀을 연구하고, 준행하기를 힘쓰며, 가르치는 일에 착념하던 말씀'

들을 정리하여 신·구약 요약 강해집을 정리하여 발간하게 되었다. 미비하지만 성경을 체계적으로 알고자 하는 분들에게 이 『성경으로 집 짓기(건축식 성경 연구)』가 조금이나마 도움이 되기를 바란다.

이 책을 만들기 위하여 바쁜 중에서도 컴퓨터로 원고를 입력한 나의 아내 김현숙 사모와 원고 정리와 집필 정리에 수고한 나의 딸 장은하 전도사에게 감사드리며, 이 책을 만들어 주신 진흥 출판사와 최석환 이사님, 그리고 수고하신 분들에게 감사를 드린다.

2006년 7월

미국 버지니아 게인스빌에서

장 시 춘 목사

신·구약 성경의 개론(건축식 성경 연구)

1. 건축식 성경 연구의 목적

황금률이라고 부르는 '천국시민' 에 대하여 설교하신(마 5:1-7:29) 주님은 그 결론에서 지혜로운 건축자와 미련한 건축자에 대하여 말씀해 주셨다(마 7:24-27). 이 말씀처럼 우리 신앙인들은 신앙의 집을 한 단계씩 지어 나가는 삶을 산다고 볼 수 있다. 그러므로 이 신앙의 집을 잘 건축하기 위하여 유다서 1장 20절에서 말하는 것처럼 '믿음 위에', 그리고 고린도전서 3장 10절 말씀처럼 '지혜롭게' 지어야 할 것이다.

2. 건축식 성경 연구의 방법

1) 성경 66권의 목차를 이용하여 2층 집을 지으며 그 내용에 담겨 있는 하나님의 계시를 구원사적으로 연구하여 성경의 핵심을 객관적으로 이해하고자 하는 것이다.

2) 성경은 모두 짝이 있고 빠진 것이 없다(사 34:16)고 한 것처럼 66권의 목차도 모두 연결되어 있으며, 이 성경 66권의 목차를 연결하여 우리들의 신앙의 집을 지을 수 있다.

3) 모세 오경과 사복음서 및 사도행전으로 우리들의 신앙의 기초를 삼아야 하며 그 위에 두 기둥을 세워야 하고 목회서신 및 빌레몬서로 지붕을 덮어야 한다. 그리고 이 집의 출입문은 반드시 십자가와 같은 '좁은 문' (마 16:24)이어야 한다.

3. 건축식 성경 도해

신·구약 성경의 구성

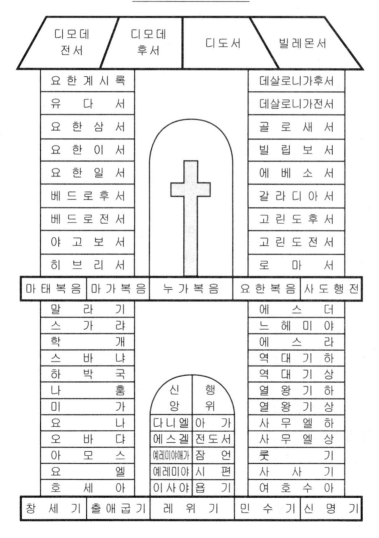

4. 건축식 성경 도해의 해설

1) 1층의 도해 해설

① 1층 기초 (창세기 - 신명기)는 모세오경이라고 부르며 신·구약 성경의 기초를 이루는 책들로, 인류의 역사가 요약되어져 있다.

② 1층 우측 기둥은 모두 12권으로 되어 있으며 이스라엘의 역사를 기록한 것이다.

③ 1층 좌측 기둥은 모두 12권으로 되어 있으며 이 책들을 "소선지서" 라고 부른다.

④ 1층 중앙의 왼쪽 문짝은 모두 5권이며 이 책들을 "대선지서" 라고 부른다.

⑤ 1층 중앙의 오른쪽 문짝은 모두 5권이며 이 책들을 "시가서"라고 부른다. 이 시가서는 구약 성경에 나타난 특별한 몇 사람을 택하여 그들의 신앙 행위를 본받고자 하는데 그 목적이 있다.

선지자들은 항상 이스라엘 백성들과 지도자들에게 하나님을 의뢰하고 하나님의 말씀대로 순종하라고 '신앙' 을 촉구하고 있으며 이러한 '신앙' 을 갖고 있지 않으면 '하나님' 의 심판이 가차없이 내릴 것이라고 경고하고 있다. 그래서 1, 2층의 문을 십자가로 만들고 1층의 문짝 왼쪽은 선지자들의 메시지 중심의 신앙으로 만들고 문짝 오른쪽은 신앙에 따른 '거룩한 생활' 을 붙인 것이다.

2) 2층의 도해 해설

① 2층 슬라브 (마태복음 - 사도행전)

교회의 기초를 이루는 예수님의 탄생과 교훈과 행적을 기록한 4복음서와 교회 확장을 위한 사도들의 활동 속에 나타난 성령의 행적이 우리 신앙의 기초가 되어야 한다.

② 2층 우측 기둥은 모두 9권이다(로마서 - 데살로니가전 · 후서).

이 9권의 각 이름은 모두 이방 땅의 지명이며, 믿음(로마서, 고린도전 · 후서, 갈라디아서), 소망(데살로니가전 · 후서), 사랑(에베소서, 빌립보서, 골로새서)을 잘 나타내 주고 있다.

③ 2층의 좌측 기둥은 모두 9권이다(히브리서 - 요한계시록).

이 9권의 각 이름은 모두 택한 백성의 인명이며, 믿음(히브리서, 야고보서, 베드로전 · 후서), 소망(요한계시록), 사랑(요한 일 · 이 · 삼서, 유다서)을 잘 나타내 주고 있다.

④ 2층의 지붕은 모두 4권이며 목회 서신(디모데전 · 후서, 디도서)과 옥중 서신인 빌레몬서로 되어 있다. 목회 서신은 교회의 생활 방법을 말해 주며 빌레몬서는 사랑으로 용납하라고 권면한다.

⑤ 2층 중앙의 문

가) 이 문을 통해 성경 속으로 들어갈 수 있다.

나) 이 문은 어떤 문인가? 이 문은 마태복음 7장 13-14절이 말하는 것처럼 '좁은 문' 이다.

다) '좁은 문' 으로 들어가야 영생을 얻는다.

라) 영생을 얻는 '좁은 문' 은 어떤 문인가? 이것은 출애굽기 12장에 나오는 '양의 피' 를 바른 '유월절 문' 이다.

마) 유월절 양의 피는 어린양 예수의 십자가(고전 5:7)이다.

바) 그래서 우리 주님은 "누구든지 나를 따라 오려거든 자기를 부인하고 자기 십자가를 지고 나를 따르라."(마 16:24)고 하셨다.

사) '십자가의 좁은 문' 은 어느 단체가 아니라 우리들의 '신앙 생활' 을 말한다.

아) '좁은 문의 신앙생활' 은 무엇인가?

마태복음 7장 15-27절에 나타난 좁은 문의 생활과 넓은 문의 생활을 비교해 보았다.

자) 넓은 문과 좁은 문의 비교

성 경	상 징	넓은문	좁은문
마 7:15	동 물 성	겉 - 양 속 - 이리	겉 - 양 속 - 양
마 7:16-20	식 물 성	가 시 나 무 엉 겅 퀴	포 도 나 무 무 화 과
마 7:21-23	인 간 성	입술로만 주여! 주여!	주님의 뜻대로 사는 삶
마 7:24-27	건 축 성	모래 위에 집을 세움	반석 위에 집을 세움

차) 반석 위에 우리들의 신앙생활을 세우기 위한 성경 공부가 바로 '건축식 성경 공부' 의 방법이다.

차례

건축식 성경 연구

구약 편

창세기 | 출애굽기 | 레위기 | 민수기 | 신명기 | 여호수아 |
사사기 | 룻기 | 사무엘상 | 사무엘하 | 열왕기상 | 열왕기하 |
역대상 | 역대하 | 에스라 | 느헤미야 | 에스더 | 욥기 | 시편 |
잠언 | 전도서 | 아가 | 이사야 | 예레미야 | 예레미야애가 |
에스겔 | 다니엘 | 호세아 | 요엘 | 아모스 | 오바댜 | 요나 |
미가 | 나훔 | 하박국 | 스바냐 | 학개 | 스가랴 | 말라기

창
세
기

구약핵심정리

책 이름   70인 역에서는 본서의 제목을 "게네시스"라고 불렀는데 이 말은 '시작', '기원'이라는 말이고, 한글 개역성경에서는 '창세기'라고 한다.

기록자   이 책의 기록자는 '오경'의 기록자인 '모세'이다.

기록 연대   B.C 1446 -1407년으로 추정된다.

1. 창세기의 기록 목적

창세기는 죄, 가정, 인류, 종족의 발전, 또 하나님의 구원 등 모든 것의 기원을 말해 주는 책이다. 특히 하나님의 축복으로 지음 받은 인간이 죄로 말미암아 하나님과 분리되고, 또 하나님의 은혜로 구속의 역사가 어떻게 시작되는 지를 말해준다.

2. 창세기의 짜임새

■ 창세기는 '하나님의 축복과 인간의 타락'을 보여 준다.

하나님의 축복 (1:1-2:25)	인간의 타락 (3:1-50:26)
• 천지 창조 • 아담과 하와를 만드심 • 하나님께서 하신 일	• 죄가 인간 사회에 들어옴 • 구원을 얻기위한 방법 • 족장 시대

3. 창세기의 내용

1) 하나님의 축복(1:1-2˝25)

신·구약 성경의 처음 '말씀' 인 "태초에 하나님이 천지를 창조 하시니라."로 대 역사의 문이 열려진다. 2절의 "땅이 혼돈하고 공허하며 흑암이 깊음 위에 있고" 는 보통 두 가지의 해석이 나오나 우리는 너무 여기에 집착할 필요가 없다. 문제는 '사탄' 이 3장 이전에 이미 타락했다는 사실이다.

① 하나님께서 천지 만물을 창조하시고 채우신다(사 45:18).

   첫째 날은 '빛' 을 창조하시고, 넷째 날은 해와 달과 별로 채우셨다.

   둘째 날은 궁창과 물을 창조하시고, 다섯째 날은 새와 물고기로 채우시고,

   셋째 날은 땅과 식물을 창조하셨다. 여섯째 날은 동물과 인간으로 채우시고,

   일곱째 날은 하나님이 쉬셨다(안식일).

② 인간들은 왜 축복자인가?

 • 우리는 하나님의 형상을 닮았다(1:26).

 • 하나님께서 생육하고, 번성하고, 충만하고, 정복하고, 다스리라는 축복을 주셨다(1:28).

 • 안식일을 주셨다는 것이 축복이다(2:3).

③ 하나님께서 하신 일

 • 에덴동산을 만드시고 이 동산을 지키라고 하셨다.

 • 선악을 알게 하는 과일을 따먹지 말라고 하셨다.

 • 결혼제도를 주셨다(이것은 앞으로 교회의 탄생을 예고한다)(엡 2:22-33).

2) 인간의 타락(3:1-24)

(1) 인간 사회에 죄가 들어옴(3:1-6)

① 뱀(사탄)이 역사했다.

② 하나님의 말씀을 가·감했다(신 4:12, 12:32).

하나님의 말씀을 가·감했을 때 무서운 벌이 내려진다(계 22:18-19).

③ 여자가 행동으로 옮겼다.

그리고 남편에게 주매 그도 먹었다. 마귀는 항상 세 가지로 인간을 넘어뜨린다. '먹음직', '보암직', '탐스럼직'. 이 술법으로 예수님께 도전했고(마 4:1-11), 말세에 인간에게도 도전한다(요일 2:16).

(2) 구원을 얻기 위한 방법(3:7-21)

① 인간의 방법(3:7-14)

- 옷을 해 입었다.　　　　　 (자기 수양의 방법)(3:7)
- 하나님의 낯을 피하여　　 (자기 도피의 방법)(3:8)
- 하나님의 소리를 듣고　　 (자기 망각의 방법)(3:10)
- 함께 하신 여자 그가　　　 (자기 책임 전가의 방법)(3:12-14)

② 하나님의 방법(3:15-21)

- 십자가 예언(3:15) - 최초에 선포된 복음(갈 4:4-5)
- 십자가 내용(3:21) - 피 흘림(롬 3:25)

(3) 에덴동산에서 쫓겨남(3:22-24)

3) 죄의 결과(4:1-11:32)

① '살인 죄'로 사회의 불안이 생김(4:1-26)

② '음란 죄'로 대 홍수가 생김(6:1-8:22)

③ '교만 죄'로 바벨탑이 생김(11:1-32)

4) 족장 시대(12:1-50:26)

성경이 타락한 인간을 향한 하나님의 구속 역사를 전하기 위해 기록된 것이라고 볼 때 족장시대는 구속의 문을 여는 출발점에 서 있다고 볼 수 있다.

(1) 믿음의 사람 아브라함(12:1-25:18)

① 하나님께서 아브라함에게 세 가지 약속을 하셨다.

- "내가 네게 지시할 땅으로 가라"(우상 있는 곳을 떠나라).
- "내가 너로 큰 민족을 이루겠다"(이스라엘 나라).
- "땅의 모든 족속이 너로 인하여 복을 받는다"(이방까지).

② 하나님께서 아브라함에게 세 가지 언약을 하셨다.

- "너의 후사와 기업을 주겠다"(15:1-21). - 십자가 예언(계약 체결)
- "너희 자손을 번성케 하겠다"(17:1-27). - 십자가 예언(율법)
- "천하 만민이 복을 얻을 것이다"(22:1-24). - 십자가 예언(번제)
  - * 아브라함은 '믿음으로 지시할 땅으로 갔고, 믿음으로 할례를 행했고, 믿음으로 아들을 번제로 드린' 것이다.

(2) 순종의 사람 이삭(25:19-26:35)

구속사에 있어서 이삭의 위치는 중요하다. 이삭은 이스라엘 국가의 조상이자 믿음의 조상 아브라함과 이스라엘 12지파의 아버지 야곱을 연결시켜 주는 중간 지점에 서 있다.

순종의 사람 이삭은, 성부 하나님 앞에서 성자 예수 그리스도의 모습을 우리들에게 보여 주고 있다.

첫째로 이삭과 예수님은 특별한 방법으로 출생했다.

둘째로 이삭과 예수는 제단 위에 올려졌지만 전자는 양을 대신 잡아 살았고, 예수님은 부활하셨다.

① 순종의 사람 이삭은 아버지 아브라함의 생애에 대한 복사판이다.

- 하나님의 축복은 오직 이삭을 통해서 계속되었다(25:11).
- 부친처럼 두 자녀를 기도로 얻었다(25:21-26).
- 기근이 들었을 때의 행동도 부친과 비슷하다(26:1-11).
- 이삭은 선량하고, 기도 많이 하는 신앙인이고, 하나님의 뜻에 순종하는 사람이다. 그리고 하나님의 언약의 약속을 받았다.

(3) 은혜의 사람 야곱(27:1-36:43)

하나님께서는 야곱이 태어나기 전에 이런 예언의 말씀을 하셨다.

"큰 자는 어린 자를 섬기리라"(25:23). 그리고 에서와 야곱은 태어났다. 이 사실을 이삭도, 리브가도, 에서도, 야곱도 잘 알고 있었다.

① 인간의 노력으로 살아가는 야곱

- 에서와 아버지를 속여 장자권을 훔쳤다(27:1-46).
- 에서의 노여움을 피해 하란의 외삼촌 라반의 집으로 도망하여 어머니 리브가도 못 보고 20년을 헤어져 살았다.
- 야곱은 벧엘에서 영적인 것 보다 육적인 서약을 했다(28:1-22).
- 야곱은 흥정에 능한 라반을 만나 20년 동안 함께 살면서 10번이나 속았다.

② 하나님의 은혜로 살아가는 야곱

- 야곱은 외삼촌 라반과의 관계가 회복되고(31:1-55) 형 에서와의 관계도 해결되어(33:1-20) 하나님께서 직접 역사하심을 체험했다.
- 야곱이 '홀로 남아 하나님과 씨름 할 때'(32:24) 문제가 해결되고 성자가 되었다. 그리고 벧엘의 약속이 다시 확인되었다(35:9-15).

(4) 의로운 사람 요셉(37:1-50:26)

① 요셉은 꿈이 있는 사람이었다(37:1-36).

② 여호와께서 요셉과 함께 하시므로 요셉은 고난과 어려운 위기 가운데서도 늘 승리했다(39:2, 3, 21, 23).

③ 49장은 자녀를 향한 아버지 야곱의 축복장인데 특히 8-12절은 유다의 예언적 축복으로서 '유다의 가문에서 메시아'가 오신다는 예언이다. 그리고 요셉을 향한 축복에는 '그리스도의 예표'가 가장 많이 드러난다.

출애굽기

책 이름 본서는 창세기와 연결되어 있다. 한글 성경의 출애굽기는 70인 역의 본서 제목 '엑소더스'를 의역한 것이다. 엑소더스는 '출발' 또는 '탈출'의 의미를 가진 헬라어이다.

기록자 이 책의 기록자는 '모세'이다. 예수 그리스도께서도 이 책이 모세의 기록임을 말씀하셨다(요 7:19, 5:46-47).

1. 출애굽기의 목적 : 구속(Redemption)

창세기는 '하나님의 축복과 인간의 타락'을 보여 준다. 그런데 죄를 지은 인간을 '구속'하시는 것이 하나님의 목적이다. 이 구속은 이미 아브라함과의 언약에서 보여주신 것이다(창 15:7-21).

그러므로 출애굽기는 하나님 편에서는 이스라엘을 구출하시는 사실을 기록하고 있으며, 또한 백성의 입장에서는 양의 피를 흘림으로써 그들의 생명이 구속되는 사실을 보여주고 있는 것이다.

2. 출애굽기의 기본적인 모형들

1) **애굽** - 사탄이 역사하는 세상에 대한 모형
2) **바로** - 사탄의 모형
3) **이스라엘 백성** - 성도들(혹은 교회)
4) **모세** - 구속자이신 그리스도
5) **어린양의 피** - 십자가
6) **홍해를 건넌 일** - 부활

7) 만나와 반석의 물 - 말씀과 성령

3. 출애굽기의 짜임새

■ 출애굽기 1장부터 24장까지는 '구원'을,
25장부터 40장까지는 '거룩 중심의 생활'을 보여 준다.

구속 (1:1-18:27)	율법 (19:1-24:18)	성막 (25:1-40:38)
• 하나님의 능력 • 모세의 출생 • 바로의 완악함 • 하나님의 구원 • 해방	• 하나님의 거룩 • 인간의 죄성 • 깨달은 죄에 대한 회개 • 생활의 기준 • 책임	• 하나님의 은혜 • 그리스도를 아는 지혜 • 하나님께 접근하는 방법 • 헌신 생활 • 성도들의 특권

4. 출애굽기의 내용

1) 구속(1:1-18:27)

(1) 구속의 필요성과 지도자 모세의 등장(1:1-4:31)

① 애굽으로 이주한 야곱의 권속은 70명이였지만, 400년 동안에 100만이 넘는 이스라엘 민족을 이루었다.
이들은 출애굽 할 언약의 백성 이스라엘이다(창 15:13-16).

② 새 왕이 일어나서 애굽을 다스리면서 이스라엘 백성을 말살시킬 계책을 세운다(성 건축, 남자 아이 출산 금지 등).

③ 하나님께서는 아므람과 요게벳(출 6:20) 사이에서 모세를 태어나게 하셨고 특별한 방법(갈 상자, 공주, 유모 등)으로 지켜 주셨고, 애굽의 훌륭한 궁중 학교에서 훈련을 받게 하셨다.

④ 모세는 큰 실수를 했다. 물론 우리들은 그의 민족 사랑과 용기를 칭송하지만 하나님의 방법은 이런 것이 아니었다,

⑤ 하나님은 모세에게 소명을 주셨다(3:1-4:31).

⑥ 모세가 하나님의 지팡이를 손에 들고 애굽으로 향한다.

(2) "내 백성을 보내라." 그리고 '열 가지 재앙' (5:1-11:10)

　　이 부분에서는 모세의 명령, 바로의 거절, 그리고 하나님의 능력들이 나타난다.

　① 모세의 명령

　　　모세는 "내 백성을 보내라."고 담대하게 일곱 번이나 명령한다(5:1, 7:16, 8:1, 20, 9:1, 13, 10:3).

　② 바로가 모세의 말을 듣지 않음으로 10가지 재앙을 내린다.

- 물이 피가 됨(7:14-23)
- 개구리 재앙(8:1-15)
- 이 재앙(8:16-19)
- 파리 재앙(8:20-24)
- 생축에 악질이 생김(9:1-7)
- 사람과 짐승에게 독종이 생김(9:8-12)
- 불이 섞인 우박 재앙(9:13-35)
- 메뚜기 재앙(10:1-6)
- 흑암 재앙(10:21-23)
- 장자의 죽음 재앙(11:1-10)

　③ 처음의 세 가지 재앙은 유대인들도 함께 받았으나 그 다음의 일곱 재앙부터는 애굽인들만 받았다(8:20-24).

　④ 이 열 가지 재앙은 마지막 7년 대환난 때에 더 강하게 나타난다.

　⑤ 사탄의 술책(네 번이나 모세를 속였다.)

- 이 땅에서 너희 하나님께 희생을 드리라(8:25-27).
- 너무 멀리는 가지 말라(8:28-32).
- 남자만 가서 여호와를 섬기라(10:10-11).
- 양과 소는 머물러 두라(10:24-26).

(3) 구속의 은총(12:1-13:22)

　　구속의 열쇠는 어린양이다. 양을 잡아 문설주와 문 인방에 바르는 것은 십자가를 상징한다. 이 어린양의 죽음은 인간들이 죄를 짓는 순간부터 하나님께서 보여주신 것이다(창 3:15, 21).

그리고 계속 성경에서 보여주신 것이다(창 4:1-26, 15:1-21, 22:1-24). 세례요한은 예수를 보고 '세상 죄를 지고 가는 하나님의 어린 양' (요 1:29)이라고 했고, 사도 바울도 '어린양 예수 그리스도' (고전 5:7)라고 했다.

(4) 십자가와 부활의 승리(14:1-15:27)

물론 이 부분은 백성들의 원망도 나온다(14:1-13, 15:22-26).

그러나 홍해를 육지처럼 건넌 것은 십자가를 나타내고(14:15-31), 여호와께 찬송(15:1-21)한 것은 부활을 의미한다(15:1-2).

모세는 백성들에게 이렇게 말했다. "여호와께서 너희를 위하여 싸우시리니 너희는 가만히 있을 지니라" (14:14). 그리고 이들은 엘림에 도착했다. 여기 엘림의 물샘 열둘은 '성령 충만' 을, 종려 칠십 주는 '완전 승리' 를 나타낸다(15:27).

(5) 말씀 충만과 성령 충만(16:1-18:27)

거듭난 구원자들은 이제 '말씀' 과 '성령' 의 인도를 받는 삶을 살아야 한다. 만나는 '말씀' 을, 호렙 산의 반석을 쳐서 물이 터져 나온 것은 '성령' 을 상징한다. 아말렉같은 '육' 과의 싸움에서 말씀과 성령의 '영' 같은 방법으로 대처할 때 놀라운 승리가 온다는 것이다.

2) 율법(19:1-24:18)

하나님께서는 아브라함을 통하여 영원한 약속을 하셨다. 그러므로 누구든지 이 하나님의 약속을 폐할 수 없다(갈 3:13-18). 그리고 율법을 통해서 구원받는 것은 불가능하다(갈 3:11; 롬 3:11).

그럼 왜 율법을 주셨는가? - 율법을 주신 목적

- 하나님의 거룩하신 기준을 알리기 위하여(거룩함)(레 11:44)
- 인간이 죄인임을 깨닫게 하기 위하여(죄)(롬 3:20)
- 깨달은 죄를 회개하기 위하여(회개)(갈 3:24)
- 신앙생활의 규범을 알게 하기 위하여(생활)(롬 3:31)

3) 성막(25:1-40:38)

창세기에서는 모든 인간이 '죄인' 이라는 것을 가르쳐 준다.

출애굽기 1장부터 24장까지에서 '구원'을 가르쳐 준다.
그리고 우리들이 죄에서 구원 받았다면 다음의 생활을 해야 한다.

＊ 구원받은 성도의 네 가지 의무 ＊
- 첫 번째가 출 25:1-40:38에서 '거룩 중심의 생활'
- 두 번째가 레 1:1-27:34에서 '예배 중심의 생활'
- 세 번째가 민 1:1-36:13에서 '교회 중심의 생활'
- 네 번째가 신 1:1-34:12에서 '말씀 중심의 생활'

(1) 왜 성막을 연구해야 하는가?
 ① 하나님을 만날 수 있는 길을 발견하게 된다.
 ② 예수 그리스도에 관하여 정확하게 알 수 있다.
 ③ 성령 충만 받는 길이 무엇인가를 보여 준다(출 40:34-35).
 ④ 짜임새 있는 조직 신학 공부를 할 수 있다.
 ⑤ 복 받는 길이 무엇인가를 알 수 있다.
 ⑥ 성도들의 명확한 신앙생활 지침을 알 수 있다.
 ⑦ 우리들의 영혼을 진단할 수 있다.
(2) 성막을 짓는 법
 ① 반드시 택함을 입은 자가 지어야 한다(31:2, 6).
 ② 반드시 성령을 받은 사람이어야 한다(31:3).
 ③ 반드시 정한 예물로 지어야 한다(25:3-7).
 ④ 반드시 감사하는 마음으로 내는 예물이어야 한다(25:1, 35:29, 36:3).
 ⑤ 반드시 하나님의 지시대로 지어야 한다(25:8-9).
(3) 성막에 대한 여러 가지 명칭
　　장막, 성막, 회막, 성소, 증거막 등이 있다.
(4) 성막에 사용된 예물이나 숫자에 대한 영적 의미도 매우 흥미 있고 중요함을 알
　수 있다.

레
위
기

책 이름	본서의 제목인 '레위기'는 구약 성경의 가장 권위 있는 헬라어 번역 성경인 70인 역 성경의 본서 제목 '류이티콘' (Leuitikon)에서 유래했다
기록자와 연대	저자는 모세이다(본서에서 기록자가 모세임을 증거한다). 그리고 기록 연대는 이스라엘의 광야 체류기간(B.C 1446-1406)이다.

1. 레위기의 특징

레위기는 제사장 위임식(8:1-10:20) 부분을 제외하고는 구체적인 사건은 거의 없고 추상적 율법으로 구성되어 있다. 대개 율법을 도덕법, 시민법, 의식법 등으로 나누는데 이 레위기는 의식법에 속한 제사법 혹은 절기법에 국한 되어 있다. 그리고 이스라엘 민족이 시내산에 이르러 '시내산 언약 체결', '성막 건립' 등을 마치고 지리적 이동이 전혀 없이 시내산 바로 그 자리에서 한 달여 동안에 받은 율법을 기록한 것이다.

2. 레위기의 짜임새

■ 레위기는 '예배 중심의 생활'을 보여 준다.

제사(예배) (1:1-7:38)	제사장 (8:1-10:20)	거룩한 생활 (11:1-27:34)
• 번제 • 소제 • 화목제 • 속죄제 • 속건제	• 제사장 위임식 • 제사장 취임식 • 제사장직 박탈	• 거룩한 백성 • 거룩한 제사장 직분 • 거룩한 날 • 가나안 정착 후 지킬 법

3. 레위기의 내용

1) 제사(예배)를 통해 하나님을 만날 수 있다.

  (1) 번제(완전 헌신)(1:1-17, 6:8-13)

    ① 제사의 목적 - 하나님께 대한 충성 및 헌신(9:12-14)

    ② 예표적 의미 - 그리스도께서 속죄를 위해 피 흘리심(요 19:34; 히 9:12-14)

  (2) 소제(생활 헌신)(2:1-16, 6:14-23)

    ① 제사의 목적 - 하나님께 대한 순수한 희생적 생활 헌신(2:12-13)

    ② 예표적 의미 - 그리스도의 부인, 행하심, 봉사를 보여 주심(벧전 2:22-24)

  (3) 화목제(감사)(3:1-17, 7:11-34)

    ① 제사의 목적 - 감사, 서원, 자원제가 있다. 하나님 은혜에 감사하는 생활

    ② 예표적 의미 - 그리스도께서 십자가에 죽으심으로 하나님과 인간을 화목케
       하심

  (4) 속죄제(원죄에서의 해방)(4:1-35, 6:24-30)

    ① 제사의 목적 - 인간의 근본 죄와 율법을 범한 죄를 속함(8:14-17, 9:8-11, 15)

    ② 예표적 의미 - 그리스도께서 속죄를 위해 죽으심(히 9:12-14, 13:11-13)

  (5) 속건제(자범 죄에서 해방)(5:1-19, 6:7, 7:1-38)

    ① 제사의 목적 - 성물이나 남의 물건을 범한 죄를 속하되 배상까지 함(7:1-7)

    ② 예표적 의미 - 그리스도께서 속죄를 위해 고난당하시고, 피 흘리시고, 죽으
       심(사 53:3-12)

2) 제사장을 통해 하나님을 만날 수 있다(8:1-10:20).

  (1) 하나님께서는 제사장 위임식을 위해 아론과 그 아들들의 성복과 관유를, 그리
     고 위임식 제사를 위한 여러 제물을 준비케 하시고, 위임식의 증인으로 회중
     을 회막문으로 불러 모으신다(8:1-4).

(2) 모세는 아론과 그 아들들을 물로 정결케 한 뒤 거룩한 예복을 입히고, 거룩한 기름(관유)을 부어 하나님의 제사장으로 위임한다. 그리고 위임식 제사를 거행한다.

(3) 위임식이 끝난 후 이들은 제사장 직무를 시작한다.

(4) '다른 불'로 분향한 아론의 아들 나답과 아비후는 죽는다.

3) 거룩한 생활을 통해 하나님을 만날 수 있다(11:1-27:34)

(1) 먹을 수 있는 정한 음식과 못 먹는 부정한 음식(11:1-47)

　　"나는 여호와 너희 하나님이라 내가 거룩하니 너희도 몸을 구별하여 거룩하게 하고"(11:44)

(2) 산모의 정결법(12:1-8)

(3) 문둥병의 진단과 문둥병의 정결법 (13:1-14:57)

(4) 유출병에서의 정결법 (15:1-33)

(5) 속죄일(이스라엘의 가장 큰 축제일)(16:1-17:16)

• 속죄소에는 대제사장 홀로 들어간다(히 2:17, 10:12).
　주님은 대제사장으로서 홀로 이 일을 감당하셨다.

• 영광스러운 대제사장 옷을 벗고 세마포 옷을 입으셨다.
　주님은 영광을 버리시고 종의 형상을 입으셨다(빌 2:6-8).

• 몸을 씻어야 한다(정결케 하기 위하여).
　주님은 정결케 하기 위한 기도를 하셨다(요 17:19).

• 자신을 위해 속죄를 드려야 했다.
　주님은 그럴 필요가 없으신 분이나 본을 보이셨다(히 7:23-28).

• 속죄일에는 대제사장이 세 번 지성소에 들어가서 의식을 행한다.
　＊ 첫 번째 : 속죄소를 거룩케 하기 위한 분향을 위하여(16:12-13)
　＊ 두 번째 : 자기와 권속들을 위하여(16:14)

＊ 세 번째 : 백성들의 죄를 위하여(16:15-17)

아사셀 염소는 무인지경의 광야로 보내진다. 광야로 간 염소가 다시 보이지 않을 때, 이는 죄가 제거되었음을 예표한다.

- 이 모든 일을 마친 대제사장은 세마포 옷을 벗고 영광의 옷을 입는다.
- 17장에서는 '회막문' 을 강조한다. 이 '회막문' 은 하나님께서 정해주신 장소이며, 예수 그리스도를 예증하고 있다. 그리고 이 곳에서 반드시 짐승을 잡아야 한다.

그러므로 '하나님이 받으실 유일한 장소는 회막문이고, 하나님이 받으시는 한 가지 값은 피' 이다. 이것은 '갈보리 십자가' 를 예증하는 것이다.

(6) 거룩한 백성(18:1-20:27)

(7) 거룩한 제사장(21:1-22:33)

(8) 거룩한 여호와의 일곱 절기는 풍성한 영적 교훈으로 가득차 있다. 이 절기들을 깊이 연구해 보면 인류 역사의 흐름을 정확하게 알게 해 줄 것이다.

또 절기의 순서가 이스라엘과 교회를 상징적으로 예언하고 있음을 볼 수 있다.

- 첫 달(1월)의 세 절기들은 그리스도의 죽음과, 그리스도인의 삶과 부활을 상징한다. 그리고 오순절(50일 후)은 성령의 강림을 상징한다.
- 오순절과 다음 절기 사이에는 오랜 간격이 있는데 이 시기는 영적으로 현재의 교회 시대를 보여주고 있다. 이스라엘은 이 시기 동안(약 2000년) 나타나지 않는다.

다음으로 7월에 가면 세 개의 절기가 나오는데 나팔절은 교회의 휴거와 이스라엘의 회복을 상징하고 있다. 속죄일은 그동안의 모든 죄를 고백하고 어린양의 피로써 정결케 하는 날이다.

- 마지막 초막절은 하나님이 유대인들에게 약속하신 미래의 천 년 왕국을 상징적으로 말해 주는 것이다.

■ 일곱 절기의 순서와 날짜의 의미

	절기	날짜	의　　　　미
1	유월절 출 12:1-14 레 3:4-5	1월 14일	피 뿌림으로 인한 구원 유월절 어린양이 되신 그리스도(고전 5:7)
2	무교절 출 12:15-20 레 23:6-8	1월15-21일	무교병을 7일 동안 먹음 그리스도인들의 거룩한 생활
3	초실절 레 23:9-14	1월 17일	곡물의 첫 이삭 단 바침 그리스도의 부활(고전 15:20-21)
4	오순절 레 23:15-22	50일 후	추수 곡식에 대한 감사 성령의 강림(행 2:1-4)
5	나팔절 레 23:23-25	7월 1일	민간력 1월 1일에 기쁜 소식을 예고 교회 휴거, 이스라엘을 다시 모음
6	속죄일 레 23:26-32	7월 10일	대제사장이 일년에 한 번 지성소에 들어감 그리스도의 속죄 사역(9:25-26, 10:1-18)
7	초막절 레 23:33-34	7월 15-21일	하나님의 돌보심 기념 천년 왕국

(9) 등불 규례 및 진설명의 규례, 슬로밋 아들이 여호와의 이름을
　　모독함(레24:1-23)

(10) 거룩한 땅(25:1-27:37) 이 부분에서 땅이라는 말이 30회 나온다.

<table>
<tr><td rowspan="3">민
수
기</td><td>**책 이름**</td><td>백성들의 인구조사 기록이라는 뜻의 한글 성경 제목인 민수기는 70인 역 성경의 제목 아리트모(A r i t h m o i)에서 유래되었다.</td></tr>
<tr><td>**기록자와
연대**</td><td>저자는 광야에서 유랑하는 이스라엘을 이끌었던 모세이다. 그리고 기록 연대는 광야 체류기간(B.C 1446-1406) 말미이다.</td></tr>
</table>

1. 민수기의 특징

민수기에는 두 차례에 걸쳐 실시된 인구 조사가 상세하게 기록되어 있으며(1:1-54, 26:1-65) 민족 역사의 세대교체와 아울러 이스라엘 백성들의 새 지도자로 여호수아가 부상하며, 진행의 준비, 진행의 방법, 축복의 땅의 설계 등이 기록되어 있다.

이 민수기는 스데반이 순교를 앞두고 했던 긴 설교에서(행 7:1-60) 말한 "우리 조상들이 광야교회에 있었고"(행 7:38) 라는 표현에 비추어 볼 때 교회론에 대해 말하고 있는 것이다.

2. 민수기의 짜임새

■ 민수기는 '교회 중심의 생활'(행 7:38)을 보여 준다.

진행의 준비 (1:1-10:10)	진행의 방법 (10:11-25:18)	축복의 땅의 설계 (26:1-36:13)
• 인구조사 • 진영의 배치	• 시내산을 출발함 • 12명의 정탐꾼	• 2차 인구조사 • 요단 동편 정복

진행의 준비 (1:1-10:10)	진행의 방법 (10:11~25:18)	축복의 땅의 설계 (26:1-36:13)
• 정결 의식 • 나실인의 서원 • 두 번째 유월절 의식 • 출발 준비 완료	• 제사에 관한 규례 • 고라의 반역 • 바위의 물과 놋뱀 • 변질된 발람 행위	• 요단 서편 정복과 분배 • 도피성

3. 민수기의 내용

1) 진행의 준비(1:1-10:10)

(1) 인구조사(1:1-54)

인구 조사의 때는 출애굽 제2년 2월 1일(성막 완성 한 달 후, 출 40:17)이며, 인구조사의 목적은 광야를 지나 가나안(천국)을 향할 무장된 군인(십자가 군병)들이 필요하기 때문에 조사했다.

인구 조사에서 본 것처럼 하나님께서 숫자를 채워 주신다(1:1-54, 26:1-65). 그리고 우리는 여호수아와 갈렙처럼 끝까지 믿어야 한다.

(2) 진영의 배진과 행진 순서(2:1-4:49)

■ 진영의 배진

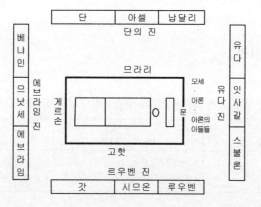

구약핵심정리

① 이 진영의 배진은 반드시 성막을 가운데 놓고 동·서·남·북으로 배진한다.

② 이 진의 자리는 인간이 마음대로 바꾸지 못한다. 영적인 모형에서 '깊은 의미'가 있다.

■ 진영의 행진(10:11-28)

① 유다 진이 앞에서 진행을 이끌어 가는 것은 야곱의 축복기도에서 볼 수 있다(창 49:8-12).

② 단의 진이 제일 후미에 가는 것은 순종 잘하고 힘있게 밀어 주기 위함이다(1:38-39; 창 30:5-13).

③ 르우벤 진(장남)과 에브라임 진(요셉의 아들)이 불평하는 것을 고핫(예수님 상징)이 막았다.

④ 이스라엘 족장들이 예물(헌금)을 드렸다. 모세가 분배하기를 게르손에게는 소 2마리와 수레 4개, 므라리에게는 소 4마리와 수레 8개를 분배하였다. 그러나 고핫 족속에게는 분배하지 않았다. 이들은 성물을 나를 때 어깨에 메야만 했다.

⑤ 병자(민 5:1-4)와 잡족(민 11:4)은 후미로 뺐다.

(3) 진의 내적 교훈들(5:1-10:10)

광야(교회) 행진을 위하여 외형적인 준비를 마쳤다. 이제 내적으로 준비해야 할 몇 가지 문제들이 있었다. 그래서 그것을 교훈하는 것이다.

2) 진행(10:11-25:18)

  (1) 불평하는 백성들(11:1-35)

  (2) 지도자에 대한 원망(12:1-16)

  (3) 12명의 정탐꾼(13:1-14:45)

  (4) 여러 가지 율례(15:1-41)

  (5) 고라의 반역(16:1-17:13)

  (6) 제사장과 레위인들의 직무 및 정결법(18:1-19:22)

  (7) 바위의 물과 놋뱀(20:1-21:35)

    바위에서 물이 솟아난 것은 두 군데 기록되고 있다. 출애굽기 16장을 보면 하늘에서 '만나'가 내려오는데 이것은 '높은 보좌를 버리시고 이 땅'에 오신 주님을 가리키며(요 13-14; 빌 2:6-8), 17장에서 바위를 치는 사건이 나오는데 이는 그리스도께서 십자가에서 죽으신 것을 나타낸다(마 27:26; 눅 22:63-65). 그리고 곧 이어 물이 나왔는데 이 물은 그리스도의 죽으심과 부활이 있은 후에 주신 성령을 상징하는 것이다(요 7:37-38).

    또 하나는 본문에서 볼 수 있는데(21:3-13) 하나님께서 모세에게 "너희는 반석에게 명하여 물을 내라."(21:8)고 하신다. 이것은 '치는 것'이 아니라, 단지 '명하는 것'이다.

    성령 세례(침례)는 단 일회적이다. 그러나 성령 충만은 계속되어져야 한다. 모세는 이것을 무시하고 화가 나서 두 번이나 바위를 친 것이다.

    그리고 21장 1-9절의 장대 높이 달린 놋뱀은 '심판'을 상징하는데 누구든지 '믿음'으로 장대 위의 놋뱀을 보아야 한다는 것이다(요 3:14).

  (8) 변절된 발람의 행위(22:1-25:18)

    이 내용들은 모압 왕 발락이 두 번씩이나 발람을 방문하여 '명예와 돈'을 줄 테니 이스라엘을 저주할 것을 제안하는 모습과 여기에 눈이 어두워 타락하는 발람의 모습이 나온다.

이로 인하여 타락한 이스라엘의 이만 사천 명이 염병으로 죽는 비참한 결과로 끝을 맺는다.

3) 가나안 땅의 정복과 분배 (26:1-36:13)

(1) 제2차 인구조사(26:1-27:23)

제2차 인구조사는 광야의 2세대를 대상으로 실시되었고, 1차 인구조사의 숫자와 비슷하다. 27장 12-23절에서는 모세의 후계자 여호수아가 나온다.

(2) 새로운 교훈들(28:1-30:16)

(3) 요단 동편 땅의 정복 (31:1-32:42)

(4) 이스라엘 백성의 광야 여정 회고(33:1-49)

(5) 요단 서편의 정복과 분배 명령(33:50- 36:13)

도피성(35:9-34) - 예수 그리스도의 모형이다. 도피성은 모두 6개이며, 도피성의 목적은 살인자가 회중 앞에 서서 판결을 받기까지 죽지 않게 하기 위함이며, 요단강 동쪽에 3군데, 요단강 서쪽에 3군데 두었다(수 20:7-8).

○ 요단 동쪽 - 베셀, 길르앗 라몬, 바산골란
○ 요단 서쪽 - 게데스, 세겜, 헤브론

신 명 기

책 이름 본서의 이름은 히브리어로 '하데마, הדברים' 에서 유래했는데, 이 말은 '그 말씀들' 이라는 뜻이다. 그래서 영어 성경 제목은 이것을 따른 신명기라고 했다.

기록자와 연대 이 책의 기록자는 '모세'이다.

1. 신명기의 특징

본서는 과거 역사의 회고 및 율법의 재해석을 통해 출애굽 2세대, 더 나아가 후손들에게 믿음과 헌신을 촉구하는 간증, 강해, 설교물이며, 가나안 정복 시대 직후는 물론 앞으로 다가올 왕정시대의 왕과 선지자에 대한 규례까지 예언적 관점에서 구체적으로 제시하고 있다.

2. 신명기의 짜임새

■ 신명기는 '말씀 중심의 생활' (27:9-10)을 보여 준다.

기억하라 (1:1-4:43)	지키라 (4:44-26:19)	바라보라 (27:1-30:20)	모세의 마지막 일들 (31:1-34:12)
• 서론 • 40년 광야생활 회고 • 요단 동편 땅의 점령 • 모압에서 이스라엘	• 하나님을 섬기는 법 • 거룩한 백성의 예배법 • 지도자들에 관한 법 • 사회생활에 관한 법	• 가나안 땅에서 언약의 확증 예식 • 축복과 저주 • 모압 평지에서 맺은 언약	• 마지막 준비들 • 모세의 노래 • 모세의 유언 • 모세의 계승자

3. 신명기의 내용

1) 첫 번째 설교 : 하나님께서 하신 일을 기억하라 (1:1-4:43).

모세는 첫 번째 설교에서 먼저 출애굽 이후 40년간 일어났던 과거의 사건을 회상하고 있다. 물론 과거에 사는 것은 죄이다. 그러나 과거를 무시하고서는 절대로 현재를 이해할 수도 미래를 준비할 수도 없다.

(1) 모세는 언제, 어디서, 이 첫 번째 설교를 했는가 ?

이스라엘 백성들이 애굽에서 나온 지 40년째 되는 해 11월 1일부터 약 한 달 동안이었다(1:3). 이때는 이미 요단 동쪽의 아모리 왕 시혼과 바산 왕 옥을 정복하고 그 땅을 르우벤, 갓, 므낫세 반(半)지파에게 기업으로 준 후였다(민 21:21-35, 32:33-42).

그리고 이때는 여호수아에 의해 이루어지는 가나안 입성을 두 달 앞 둔 때이다. 모세는 요단 동편 평지에서 이 설교를 했다.

(2) 첫 번째 설교에서 회고한 일들

- 가나안을 정복하라(이것은 아브라함 때부터 하신 약속이다)(1:6-8).
  - 창 15:8, 16
- 가데스 바네아에서 일어난 일(1:19-46)(이 일로 40년간 광야생활을 한 것이다.) - 민 13:1-14:45
- 광야생활 38년 후에 가나안을 향해 진군할 것을 명령함(에돔, 모압, 암몬은 공격하지 말라)(2:5, 9, 19)
- 헤스본 왕 시혼을 공격하라 (2:24-37). - 민 21:21-32
- 바산왕 옥을 정복하라(3:1-11). - 민 21:33-35
- 정복지의 분배(르우벤, 갓, 므낫세 반 지파)와 여호수아에 대한 모세의 격려 그리고 모세의 간구(3:12-29)
- 율법을 가 · 감 없이 준수하라(4:1-14).

- 우상 숭배에 대한 명령과 결과(4:15-40)
- 요단 동편에 세 도피성(베셀, 길르앗 라못, 바산 골란)(4:41-43) - 민 35:13-14

2) 두 번째 설교 : 하나님께서 하신 일을 지키라 (4:44-26:19).

(1) 내용

이 모세의 두 번째 설교는 이스라엘 과거 시내 산에서 하나님께로부터 받은 율법(출 20:1 이하)에 관한 강론이라는 특징을 지닌다.

즉 하나님을 섬기는 법, 거룩한 백성의 예배법, 지도자들에 관한 법, 사회생활에 관한 법 등이 있는 것이다. 모세의 두 번째 설교에서 가장 핵심적인 것은 '쉐마' 라 부르는 6장 4-9절이다. 이것은 모세의 두 번째 설교의 종합이라 해도 과언이 아닌데, 오늘날까지 예배, 종교, 선교, 교육 등의 지표가 되는 아주 중요한 구절이다.

(2) 언약 체결과 율법의 주요 내용(5:1-11:32)

- 언약을 체결함(이 호렙산 언약은 하나님과 개인 사이에 맺어진 언약이 아니라 이스라엘이라는 민족과 하나님 사이에 맺어진 민족의 언약이다.)(5:2)
- 하나님 말씀에 대한 올바른 태도를 가져야 한다(5:1-6).
  첫째 : 들어라(전심을 기울여 자세히, 롬 10:17).
  둘째 : 배우라(분별하는 능력을 가지고, 딤후 3:13-17).
  셋째 : 행하라(부지런히 지켜, 롬 2:13).
- 십계명을 강론하다(5:7-21).
- 율법의 대 강령(쉐마)(6:4-9)
  첫째 : 하나님을 사랑하라(6:4-5).
  둘째 : 하나님의 계명을 자손들에게 가르치라(6:6-9).

(3) 각종 율법에 대한 설명(12:1-26:19)

- 신앙 생활에 관련된 법들(12:1-16:17)

- 선민의 정치, 사업 생활에 관련된 법들(16:18-20:20)
- 선민 사회생활에 관련된 법들(21:1-26:15)
- 율법 준수를 당부하는 끝맺음(26:16-19)

3) 세 번째 설교: 하나님께서 하실 일을 바라보라 (27:1-30:20).

이제 모세는 세 번째 설교를 한다. 이 세 번째 설교의 주제는 '백성들이 하나님의 말씀에 순종하므로 축복된 삶을 살아가야 한다.' 는 것이다.

그러기 위해서 젖과 꿀이 흐르는 땅에 들어가서 첫 번째 할일은 에발산에 돌비를 세우고 율법을 기록할 것과 돌단을 쌓고 하나님께 번제와 화목제를 드리라고 말한다(27:1-8).

그리고 자신을 통해 선포되는 하나님의 말씀에 겸손한 자세로 귀를 기울이도록 촉구하고 있다(27:9-10).

- 에발 산(11:29)에 왜 돌비를 세우라고 했는가?

  첫째 : 율법 아래 있는 자는 여전히 저주 아래 있음을 깨우쳐 준다(갈 3:10).

  둘째 : 불순종 하는 자에게 미치게 될 저주의 심각성을 경고해 준다.

  셋째 : 죄와 저주가 희생의 제사로 말미암아 속함을 받게 될 것을 보여 준다(히 10:12-14).

- 그리심 산의 축복과 에발 산의 저주(27:11-26)
- 순종의 축복과 불순종의 저주(28:1-68)
- 모압 평지에서의 언약(29:1-30:20)

4) 모세의 죽음과 새 지도자의 등장 (31:1-34:12)

- 모세는 후계자 여호수아를 세우고 그와 백성들을 격려한다(31:1-8). 그런데 여기에는 몇 가지 교훈들이 있다.

  첫째 : 우리는 하나님의 주권을 전적으로 인정해야 한다(모세를 보아라).

둘째 : 하나님의 약속을 신뢰하는 삶을 살아가야 한다.

셋째 : 적절한 시기에 알맞은 인물에게 자신의 뒤를 물려 주어야 한다.

넷째 : 하나님의 일은 누구를 통해서든지 이끌어 가신다.

- 모세의 노래(32:1-43)
- 각 지파를 향한 모세의 축복(33:1-27)
- 모세의 임종과 추모(34:1-12)

책 이름   여호수아는 대지도자 여호수아(Joshua)의 이름을 따 서
붙여진 것이다.

기록자   본서의 대부분은 여호수아에 의해 기록되었으나(24:26)
몇 군데는 여호수아가 죽은 후에 기록되었다.

기록연대   본서의 주요 부분의 기록은 여호수아 말년인 B.C 1390년
경으로 추정되지만 추가된 부분의 연대는 이후로 추정된다.

1. 여호수아에 나타난 그리스도의 모형

성경 전체 주제는 한마디로 예수 그리스도를 통한 인간 구원의 역사와 원리이다. 그러므로 성경 연구는 예수 그리스도를 중심으로 한 통일성의 측면에서 먼저 연구되어야 하고, 그리고 성경 각 권의 특수성과 다양성의 측면에서도 연구되어야 한다.

이런 시각에서 여호수아를 살펴보면 겉으로 보기에는 신약의 예수 사건들과 무관한 것처럼 보이나 그 깊은 이면에는 예수의 인격과 사역에 대한 예표와 암시로 가득차 있음을 볼 수 있다.

① 헬라어로 '예수' 란 히브리어로 '여호수아' 이다. 둘 다 '하나님의 구원' 또는 '여호수아는 구세주' 이다.

② 여호수아가 가나안 땅의 원수들을 정복한 것처럼 그리스도는 '죽음과 부활' 을 통하여 모든 원수들을 무찔렀다.

③ 이스라엘을 가나안으로 데리고 온 사람은 모세가 아니라 '여호수아' 이다. 그리고 모세는 율법을 대표한다. 그리스도께서는 우리를 영적인 안식과 승리로 인도하시는 분이시다.

④ 여호수아는 각 지파들에게 유업을 분배했다. 그리스도는 우리들에게 유업을 주신다(엡 1:3).

⑤ 여호수아의 설득은 백성들에게 거절당했다(민 13:1-14:45). 그리스도께서는 자기 백성에게로 오매 그의 백성이 영접하지 않았다.

2. 여호수아의 짜임새

■ 여호수아는 '축복'을 말해주고 있다.

가나안 정복 준비 (1:1-5:15)	가나안 정복 (6:1-12:24)	가나안 땅의 분배 (13:1-24:33)
• 모세의 후계자 여호수아 • 여리고 성의 정탐 • 요단강을 건넘 • 이스라엘의 영적 재무장 및 하나님의 군대 장관 등장	• 가나안 중부 지역 정복 • 가나안 남부 지역 정복 • 가나안 북부 지역 정복 • 가나안 정복 전쟁 개요 • 점령 지역의 요약 • 정복당한 왕들	• 지파의 분배 • 여섯 도피성 • 레위 족속의 성읍 • 변방 지파의 분할 • 여호수아의 마지막 권면 • 여호수아와 엘르아살의 임종

3. 여호수아의 내용

1) 가나안 정복 준비와 요단강 도하 (1:1-5:15)

　(1) 여호수아에게 말씀하시는 하나님(1:1-9)

　　① 젖과 꿀이 흐르는 땅을 줄 것이다(1:1-9).

　　② 너는 마음을 강하게 하라.

　(2) 백성에게 말하는 여호수아(1:10-15)

　　• 하나님께서 여호수아에게(1:9)

　　• 여호수아가 이스라엘 지도자들에게(1:10)

　　• 지도자들은 백성들에게(1:11)

- 동편 세 지파도 정복하는 일에 협조하라.
- 르우벤, 갓, 므낫세 반 지파

(3) 여호수아에게 응답하는 백성들 (1:16-18)

　　백성들이 영적 지도자에게 충성을 맹세한다.

(4) 기생 라합은 믿음으로 정탐군을 영접함(히 11:31)

　　그 믿음은 행동으로 나타났고(약 2:25), 그리고 그 믿음의 결과는 예수님의 족보에까지 기록되게 되었다(2:1-24; 마 1:5).

(5) 이스라엘 백성들은 하나님의 놀라운 뜻을 체험한다.

　　'요단강을 횡단' 하는 것은 완전한 그리스도의 상징이다. 즉 그는 우리보다 앞서 가시며 길을 열어 놓으신다. 그는 우리가 건너가기까지 우리와 함께 계신다. 그리고 우리를 보호하시기 위하여 우리 뒤를 따라 오신다(5:13-15).

2) 가나안 정복(6:1-12:24)

(1) 중부지역의 함락(여리고, 아이)(6:1-8:35)

　　여호와께서 여호수아에게 말씀하셨다. "보라 내가 여리고와 그 왕과 용사들을 네 손에 부쳤다"(6:2). 여호수아는 이 하나님의 말씀을 굳건히 믿고 '믿음' 으로 전쟁에 임했다.

　　무장한 사람들이 앞서 대열을 인도해 가고(6:7), 일곱 제사장들이 나팔을 불며 법궤 앞에서 행하고, 그 뒤에 나머지 백성들이 따랐다(6:9).

　　그리고 나팔 소리 외에 침묵했다. 6일 동안 하루에 한 바퀴씩 성 주위를 돌며 행진했다(6:10). 일곱째 날에는 일곱 번을 돌며 나팔을 불고 함성을 질렀다. 하나님의 방법은 어리석게 보이나 우리의 방법과 다르다(고전 1:26-31). 우리는 이해할 수 없는 방법일지라도, 그것이 하나님의 방법이라면 믿음으로 좇아야 한다.

　　그리고 아이 성은 규모가 아주 작은 성이다. 그러나 아무리 작은 죄라할지라도 우리들이 용납할 때 큰 결과를 가져온다.

(2) 남부 지역의 함락 (기브온, 아모리 연합) (9:1-10:43)

사탄은 사자인 동시에 뱀인 것을 알아야 한다. 그래서 속임수에 말려 들어가면 두고두고 근심꺼리가 된다.

대자연까지도 마음대로 움직이시는 하나님의 능력에 아모리의 연합군들은 당할 수가 없다(10:12-14).

(3) 북부 지역의 함락(하솔 왕 야빈을 중심으로) (11:1-15)

세상과 동맹한다는 것은 참으로 어리석은 일이다(고후 6:11- 18).

3) 가나안 땅의 분배(13:1-24:33)

축복의 땅을 분배한다는 것은 승리이며 축복이다. 여호수아는 땅을 분배할 때 자신의 자의적인 생각이나 독단으로 하지 않고 제사장 엘르아살 및 각 지파의 족장들이 입회한 상태에서 제비를 뽑아 공정하게 분배했다(14:1-5).

(1) 갈렙의 기업 청원은 욕심이 아니라 하나님의 언약을 성취하고자(창 13:15) 한 의도에서이다.
(2) 그리고 이미 요단 동편은 르우벤, 갓, 므낫세 반 지파에게 분배했지만(민 32:1-42) 하나님께서는 여호수아에게 이미 정복한 땅은 물론 앞으로 정복해야 할 미 정복지까지 포함한 가나안 서편 땅을 이스라엘 아홉 지파와 므낫세 반 지파에게 나누어 주라고 지시하셨다(13:7).
(3) 레위 지파는 성소에서 하나님만을 위해 봉사하는데 전심전력 하도록 하기 위함이다. 그 대신 레위 지파는 하나님의 일을 함으로 십일조와 여러 제물을 받아 생계

를 유지할 수 있었다(민 18:1-24).

(4) 하나님께서는 모세에게 주셨던 도피성 설정(민 35:9-34; 신 19:1-3) 명령을 다시금 여호수아에게 주셨다(20:1-6). 이 도피성은 예수 그리스도로 말미암은 '구원'을 상징하는 것이다.

(5) 요단 강가에 세운 제단으로 분쟁이 일어날 뻔했으나 비느하스를 단장으로 한 요단 서편 지파 조사단의 충고와 질책으로 일이 원만하게 해결되었다(22:1-34).

(6) 세 가지 장례식 즉 요셉, 여호수아, 엘르아살은 에브라임 산지에 장사되었다.

사사기

책 이름	본서는 여호수아가 죽은 후 사울이 왕이 될 때까지의 약 350년간의 사사들의 활동으로 사사기라고 한다.
기록자	본서의 기록자는 사무엘로 본다. 그러나 사무엘이 기록자라고 인정할 증거가 있는 것은 아니다.
기록 연대	기록 연대는 대략 사울이나 다윗이 왕으로 다스리던 B.C 1050-1000년경으로 추정한다.

구약핵심정리

1. 사사기의 기록 목적

하나님께서는 옛날 아브라함과 약속하셨다. 그 약속에 따라 이스라엘은 가나안 땅을 얻게 되었다. 그러나 신실하신 하나님께 대하여 이스라엘은 불신실하였다. 그런 까닭에 그 약속의 땅에서 온전한 평화와 번영을 누리지 못하게 되었다.

한 마디로 이스라엘은 정치적 측면에서나 신앙적 측면에서도 선민으로서의 자기 정체 의식을 상실하여 하나님의 약속된 축복을 온전히 받지 못하고 방황하게 되었던 것이다.

그러나 이처럼 이스라엘이 정치, 종교적으로 어려움을 당하면서 하나님께 구원해 달라고 호소만 하면 즉각 사사를 세워 구원해 주셨다. 이런 생활이 반복된다. 사사기는 이런 맥락 하에서 '타락 - 징계 - 회개 - 구원 - 재타락'의 순환사를 기록한 것이다.

2. 사사들

사사기에는 열두 명의(그 중 한 사람은 여자) 사사들이 나온다. 이들은 하나님께서

구약핵심정리

특별히 뽑아 주신 사람들이다(6:34, 11:29, 13:25). 그러나 이들 중에 많은 이들이 개인적 생활에서 본이 되지 못하는 행동들을 많이 했다.

3. 사사기의 짜임새

■ 사사기는 '순환'(Cycle)을 보여 준다.
(타락 - 징계 - 회개 - 구원 - 재타락)

가나안 정복 실패 (1:1-3:6)	사사들의 활동 (3:7-16:31)	민족 분열과 신앙 타락 (17:1-21:25)
• 초기의 승리 • 거듭되는 패전 • 여호와 사자의 심판 • 책 전체의 요약	• 남부 지역의 사사 통치 • 북부 지역의 사사 통치 • 중부 지역의 사사 통치 • 동부 지역의 사사 통치 • 서부 지역의 사사 통치	• 우상숭배 • 부도덕 • 동족의 내전

4. 사사기의 내용

1) 가나안 정복 실패(1:1-3:6)

① 초기의 승리(1:1-18)

여호수아의 영도 하에서 이스라엘은 가나안 땅의 대부분을 하나님의 축복으로 점령했고 또 그 땅의 분배까지 마쳤다(수 13:1-21:45).

그러나 아직 완전히 몰아낸 것은 아니다. 여호수아는 적과 타협하지 말라고 경계했었다(수 23:1-24:33). 그러나 이제 이들은 바로 그 함정에 빠져 들고 있었다. 유다와 시므온 두 지파는 초기에 승리했다. 베섹(1:4), 예루살렘(1:8), 헤브론(1:10), 드빌(1:11), 스밧(1:17)과 가사, 아스글론, 에그론(1:18) 그리고 요셉의 집안은 벧엘을 점령했다(1:22). 그러나 나머지 지파는 적을 몰아내는 데 실패했다.

이스라엘은 여호와의 인도함을 받고 연속된 승리를 했으나, 타협의 연속으로 끝을 맺는다.

② 거듭되는 패전(1:19-36)

하나님께서는 축복 주시기를 원하신다. 그러나 이스라엘은 축복 받는 데 매우 소극적이었다. 그리고 태만했다. 그러나 죄에 대해 관용적이었고 적극적이었다. 결과는 '패전'의 연속이었다.

③ 사사기에는 하나의 주기가 나타난다.

평화 - 타락 - 징계(심판) - 회개 - 평화 - 다시 타락

2) 사사들의 활동(3:7-16:31)

(1) 옷니엘의 활동(3:7-11)

이스라엘은 여호와를 잊어버리고 바알과 아세라를 섬겼다. 그래서 하나님께서는 메소보다미아 왕 구산 리사다임을 들어 8년간 이스라엘을 압제하게 했다. 이때 하나님께서는 갈렙의 사위인 옷니엘을 들어 민족을 구원하게 하셨다. 그 후 40년 동안 태평하게 하셨다.

(2) 에훗의 활동(3:12-30)

또 하나님의 매를 맞을 행동이 나왔다. 그래서 하나님께서는 모압의 압제에서 구원키 위해 왼손잡이 '에훗'을 쓰셨다. 그 결과 80년간 태평을 누렸다.

(3) 삼갈의 활동(3:31)

요단 남서쪽에서 블레셋 사람에게 유린될 때 하나님께서는 삼갈을 일으켜 '소 모는 막대기'로 600명을 죽이고 이스라엘을 구원했다.

(4) 드보라(바락)(4:1-5:31)

여선지 사사 드보라는 바락을 불러 가나안 왕 야빈을 쳐 이스라엘을 구원했다. 이스라엘을 구원하기 위하여 바락과 야엘이란 사람을 쓰셨다. 5장에는 '승리의 찬양'이 나온다.

(5) 기드온(6:1-8:35)

미디안의 압제로 심한 고통을 받던 이스라엘은 하나님의 방법으로 요아스의 아들 기드온을 사사로 세우신다.

하나님께서는 기드온을 '큰 용사' (6:12)라고 불렀으나 처음에는 비겁자, 겁쟁이로 쉽게 따라오지 않았다. 그러나 하나님께서는 기드온에게 계속 용기를 주신다(6:12, 14, 16). 그리고 표적을 구하는 기드온에게 표적도 보여 주신다 (6:19-24).

결국 기드온은 하나님께 부름 받고 정복자로 변한다(6:33-7:14). 의병 3만 2천 명을 물리치고 3백 명의 용사와, 무기로는 나팔, 횃불, 항아리를 가지고 승리했다.

• 아비멜렉

이는 기드온의 많은 아내 가운데 세겜에서 취한 첩에게서 태어난 아들로서 70명의 이복형제들을 반석 위에서 죽이고 세겜 사람들의 왕이된 자이다. 이 일로 인해 요담의 '나무의 우화' (9:7-57)는 그대로 성취되었다.

(6) 돌라 - 23년 동안 사사 일을 충실하게 감당하였다.

(7) 야일 - 22년 동안 사사 일을 잘 감당한 사람이다.

(8) 입다

입다는 백성들로부터 쫓겨났으나 암몬 자손과의 전쟁에서 승리함으로 사사가 되었다. 그러나 성급한 서원 때문에 무남독녀인 딸을 번제로 드릴 수밖에 없는 슬픔의 사사였다.

(9) 입산 - 아들 30명과 딸 30명을 두었고 모두 이방인과 결혼하였다.

(10) 엘론 - 10년 동안 사사로서 이스라엘을 다스렸다.

(11) 압돈 - 아들 40명과 손자 30명이 있었고 8년 동안 사사로 이스라엘을 다스렸다.

(12) 삼손(13:1-16:31)

삼손은 그 어머니의 모태에서부터 나실인으로 태어났다(13:2-24). 그리고 아버지 마노아와 삼손의 어머니는 경건한 사람들로서 삼손을 경건하게 키웠다. 그러나 삼손은 나실인으로서의 행동을 버리고 이방 여인과 결혼하려는 과정에서 불상사가 일어났다.

삼손은 자신이 나실인임을 무시하였고(13:1-25), 경건한 부모의 충고를 무시하였으며(14:1-4), 자기의 고귀한 몸을 무시하였고(14:5-20), 하나님의 경고를 무시하였다(15:1-25). 그리고 고의적으로 죄와 더불어 장난을 하였다(16:1-31). 그래서 그는 나실인의 헌신을 상실한 것이다.

3) 민족 분열과 신앙 타락 (17:1-21:25)

여기 17-21장은 사사시대의 정신적, 영적 상태를 상징적으로 나타내주는 대표적 사건들이다. 즉 미가의 우상 숭배와 단 지파의 이동 사건(17:1-18:31), 그리고 기브아 거민들의 패역한 소행과 관련된 일련의 사건(19:1-21:25) 등이다.

그리고 이 부분의 사건은 사사 삼손 후에 일어난 사건이 아니라 이미 그 전에 일어난 사건인데 사사들의 활동 사건을 일괄적으로 기록하기 위하여 뒤로 밀려난 것이다.

룻
기

책 이름 본서의 이름은 여 주인공 '룻'의 이름을 따라 붙여졌다.

기록자 본서의 저자에 대한 정보는 전혀 없다. 탈무드와 유대 전
승은 사무엘이 사사기, 사무엘 상·하와 함께 본서를 기록
했다고 하지만 정확한 근거는 아니다.

기록 연대 사사기에서 기록된 기드온, 혹은 입다가 사사로 있을 때에
살았던 룻의 아름다운 이야기를 감동적으로 기록한 것으로
본다.

1. 인명과 지명이 주는 교훈

* 사람 이름과 그 뜻
  - 엘리멜렉(나의 하나님은 나의 왕)
  - 나오미(희락)
  - 말론(슬픔)
  - 기룐(병들었다)
  - 오르바(뒤로 물러선 자)
  - 룻(우정)
  - 보아스(부호, 예수)

* 지명과 그 뜻
  - 베들레헴(떡집, 교회)
  - 모압(죄악된 세상)

2. 룻기의 짜임새

■ 룻기는 '믿음의 구원과 영적 승리'를 보여 준다.

믿음의 선택 (1:1-22)	믿음의 위로 (2:1-23)	믿음의 헌신 (3:1-18)	믿음의 승리 (4:1-22)
• 엘리멜렉 가정의 타락 • 회개의 역사와 구원 • 믿음의 선택	• 축복의 시작 • 축복의 증가 • 넉넉한 축복	• 헌신의 용기 • 완전 헌신 • 헌신의 결과	• 율법의 실패 • 복음의 승리 • 넉넉한 승리 • 완전 승리 (다윗의 족보)

3. 룻기의 내용

룻기는 '나의 하나님은 나의 왕'으로 살아야 할 엘리멜렉 가정이 약간의 시험이 온다고 베들레헴(떡집, 교회)을 버리고 이방 지역인 모압(세상)으로 가면서 더 큰 어려움을 겪는 내용으로 시작된다.

그러나 시어머니를 따라 이스라엘로 온 이방 여인 룻이 다윗왕과 메시아의 조상이라는 엄청난 영광을 누리게 되는 모습을 볼 때, 이 책은 고부(고부)간의 화목을 권면하거나 여인의 현숙함만을 교훈하기 위해 기록된 책이 아니라 이방의 보잘 것 없는 비천한 여인이라 할지라도 '믿음을 선택'할 때 엄청난 축복을 받을 수 있음을 더욱 보여주는 책이다.

그리고 다윗 같은 위대한 왕마저 비천한 여인의 후손이라는 사실을 들어냄으로써 은연중 모든 인간은 하나님 앞에 자랑할 만한 것이 전혀 없는 죄인이라는 사실을 강조하고 있으며, 또한 이방 여인 룻을 통하여 '구원의 보편성'을 가르쳐 주고 있다.

또한 룻기는 일곱 명의 등장 인물의 이름과 두 군데 지명에 상징적인 뜻이 담겨 있으며 이는 전체 내용의 영적 의미를 더 깊고 활발하게 만들어 준다.

한편 룻기는 제1장은 모압 땅에서 룻이 '믿음을 선택'(구원)하고, 제2장은 보아스의 밭에서 '믿음의 위로' (축복)를 받고, 제3장은 '믿음의 용기' (헌신)를 얻고, 제4장은 성문에서 '믿음의 승리(완전 승리)' 를 얻는다는 순서로 내용이 전개된다.

1) 믿음의 선택 (구원) (1:1-22)

베들레헴에 살던 엘리멜렉은 흉년이 들자 모압으로 간다.

거기서 10년을 살면서 남자는 모두 죽고 나오미는 룻을 데리고 베들레헴으로 다시 돌아온다.

- 우리는 흉년(닥치는 시험들)을 이겨야 한다.
- 며느리 오르바는 모압 땅에 남았으나 룻은 끝까지 따른다(1:16-17).
- 신앙을 버리면 '생명 손실' , '물질 손실' , '평강 손실' 이 온다.
- 결국 '믿음' (남편들이 죽음), '소망' (두 아들이 죽음), '사랑' (여자들만 남음) 이 없어진다.

2) 믿음의 위로(축복) (2:1-23)

나오미는 룻을 데리고 베들레헴에 돌아온다. 그리고 보아스를 만나 그의 밭에서 곡식을 줍는다.

- 보아스(예수)를 만난 것이 축복의 시작이다.
- 이삭을 줍는 것이 축복의 시작이다(성경말씀).
- 보아스의 밭에서 줍는 것이 축복이다(복음적인 교회).
- 아침부터 저녁까지 줍는 것이 축복이다(부지런히, 성실하게)(롬 12:11).
- 다른 밭에 가면 안된다(다른 종교 혹은 이단).
- 넉넉한 축복을 받는다(한 에바 : 한 오멜의 열 배)(출16:36).
- 축복의 기간은 추수가 끝날 때까지이다(세상 끝날).

3) 믿음의 용기(헌신) (3:1-18)

하나님의 축복을 받았으면 우리들은 주님께 헌신해야 한다.

- 죄에서 구원을 받았고, 하나님의 사랑과 축복을 받았으면 안식할 곳을 찾아야 한다(예수 그리스도의 나라에 동참하는 것).
- 목욕(죄의 회개와 성화)하고, 기름을 바르고(성령 충만), 의복을 입어야 한다 (완전한 그리스도).

4) 믿음의 승리(승리) (4:1-22)

보아스는 합법적인 절차를 밟아 룻과 결혼한다.

- 율법은 실패했다. 보아스보다 더 가까운 친족은 자기 기업에 손해가 갈 것을 염려하여 기업을 기권했다.
- 증인 장로 10명은 기업 무를 것을 인정했다.
- 보아스와 결혼했다.
- 다윗의 조상이 되었다(4:18-22).

사무엘상

책 이름 본서를 사무엘상이라고 부르는 이유는 본서의 중심적인 인물이 사무엘이기 때문이다.

기록자 유대 전승 탈무드는 그 저자를 사무엘이라고 규정하고 있다.

기록 연대 본서는 남북 분열 왕국 시대 초기인 B.C 930-900년경에 선지학교에 소속된 한 익명의 편집자가 하나님의 영감으로 기록하였을 것이다.

1. 역사를 주관하시는 하나님

본서에서는 세 번이나 통치권이 이양되는 것을 볼 수 있다. 첫 번째는 엘리에게서 사무엘에게로, 두 번째는 신정체계에서 왕정체계로, 세 번째는 사울에게서 다윗에게로 옮겨졌다

15장 23절은 "왕이 여호와의 말씀을 버렸으므로 여호와께서도 왕을 버려 왕이 되지 못하게 하셨나이다."라고 했다. 이것은 역사 전환의 원인이 전적으로 '죄'에 있다는 것이다.

2. 사무엘상의 짜임새

■ 사무엘상은 '하나님이 택한 자를 구원하시고 은혜를 베푸신다'를 보여 준다.

사사이자 선지자인 사무엘 (1:1-7:17)	통일 왕국의 첫 번째 왕 사울 (8:1-15:35)	사울의 몰락과 다윗의 등장 (16:1-31:13)
• 한나의 기도와 사무엘 탄생 • 엘리 아들들의 범죄	• 왕을 요구하는 이스라엘 • 왕으로 부름 받은 사울	• 다윗이 기름부음 받음 • 다윗과 골리앗의 대결

사사이자 선지자인 사무엘 (1:1-7:17)	통일 왕국의 첫 번째 왕 사울 (8:1-15:35)	사울의 몰락과 다윗의 등장 (16:1-31:13)
• 새 지도자 사무엘의 소명 • 엘리 가문의 멸망 • 블레셋과 언약궤 • 사무엘의 지도력과 승리	• 암몬 자손을 이긴 사울 • 사무엘의 마지막 교훈 • 사울왕의 통치와 범죄	• 다윗과 요나단 • 다윗의 도피 • 사울 왕가의 멸망

3. 사무엘상의 내용

1) 마지막 사사 사무엘 (1:1-7:17)

① 한나의 기도와 사무엘의 출생 (1:1-2:11)

경건한 어머니 한나는 문제가 있을 때 하나님께 간절히 기도할 줄 아는 믿음의 사람이다. 하나님께서는 간절히 기도하는 사람을 만족케 하신다. 하나님의 응답은 한나에게서 '찬송'을 이끌어 낸다.

② 영적으로 어두운 엘리

사사시대는 영적으로 어두웠다. 엘리는 그 당시 영적 지도자이면서도 이 사명을 잘 감당하지 못했다. 그의 아들들은 건방지고, 육욕에 사로잡혀 있었다 (2:22). 하나님은 한 영적 지도자를 세우겠다고 말씀하신다(2:30-36).

③ 하나님께 부름을 받은 사무엘(3:1-21)

여호와의 말씀이 희귀하여 이상이 흔히 보이지 않았을 때 하나님께서는 어린 사무엘을 부르셨다(3:4, 6, 8, 10). 여호와께서 사무엘에게 말씀하신 것은 "내가 엘리 집을 영영토록 심판하시겠다."는 말이다.

④ 하나님의 영광이 이스라엘에게서 떠나다 (4:1-7:17).

하나님의 법궤는 하나님의 임재에 대한 상징으로 존중되어야 하는 것이지 종교적인 유품으로 사용되어서는 안된다. 결국 이 사건으로 인해 전쟁에서 4천 명, 그 후 3만 명이 죽게 되고, 법궤는 빼앗기고, 엘리의 두 아들과 충고 받은 엘리도 죽게 된다. 이 소식을 들은 엘리의 며느리이자 비느하스의 아내는 자신의 아들의 이름을 하나님이 영광이 떠났다는 뜻의 '이가봇'이라고 짓는다.

2) 통일 왕국의 첫 번째 왕 사울(8:1-15:35)

① 왕을 요구하는 이스라엘 백성들(8:1-10:27)

이스라엘 왕은 하나님이시다. 그러나 이스라엘 백성들은 왕을 요구하며 여호와 하나님을 거절한다. 모세는 일찍이 이 백성들의 요구를 예언하였다(신 17:14-20). 사울은 원래 겸손한 사람이었다(9:21, 10:22). 그리고 강건한 육체를 가졌고(10:23), 새로운 마음과(10:9) 영적인 능력도 있었다(10:10). 그리고 충성된 동료들도(10:26) 있었다.

② 암몬 자손을 이기는 사울 (11:1-12:25)

• 암몬 자손이 길르앗 야베스를 치려고 위협한 일과 사울이 그 싸움을 승리로 이끈 후 자신에 대하여 일어났던 반대 세력에 대해 관용을 베푼 것은 사울 왕의 위치를 견고하게 해주는 계기가 되었다.

• 사무엘의 고별 설교가 나온다(12:1-25).

③ 사울왕의 범죄(13:1-15:35)

"백성들은 나에게서 흩어지고, 사무엘 당신은 정한 날에 오지 않고, 블레셋은 전쟁을 하려고 한다. 그래서 내가 부득이하여 번제를 드렸나이다"(13:11-12). 사울왕은 초기의 겸손을 잃어버렸다(9:21). 그리고 교만해지고 불순종하게 된다(15:22).

3) 사울 왕가의 몰락과 다윗의 등장 (16:1-31:13)

① 다윗이 기름 부음을 받음(16:1-23)

"이가 그니 일어나 기름을 부으라." 이는 하나님께서 사무엘에게 하신 말씀이다. 사무엘도 사람의 외모만 보고 왕을 세우려고 하는 잘못을 할 뻔 했다.

② 다윗과 골리앗의 싸움(17:1-58)

다윗은 '이스라엘 군대의 하나님의 이름으로' (17:45) 나가 싸웠다. '전쟁은 여호와께 속했다' (17:47).

③ 다윗과 요나단(18:1-21:15)

다윗과 요나단은 모든 백성들에게 사랑과 인정을 받았다. 사울이 다윗을 죽이려고 음모를 꾸미지만, 요나단의 중재(19:1-7), 다윗의 재빠른 피신(19:8-10), 미갈의 도움(19:11-17), 그리고 사무엘의 보호와 하나님의 도우심으로 위험을 피할 수가 있었다(20:1-42). 다윗은 요나단의 도움으로 사울을 피해 무사히 궁중을 떠나 피난 생활을 할 수 있었다(20:1-42).

④ 다윗의 도피(22:1-24:22)

사울왕이 놉의 제사장들을 죽였다(22:1-23). 다윗은 도피하는 길에도 하나님께 물으며 피난을 한다.

⑤ 사무엘의 죽음과 아비가일(25:1-44)

위대한 지도자 사무엘이 죽었다. 그러나 그의 죽음은 단 한 절에 기록되고 있다(25:1). 어리석은 남편 나발과 지혜로운 아비가일은 매우 대조적이다. 결국 나발이 죽은 후에 다윗은 아비가일을 아내로 삼는다.

⑥ 사울 왕가의 멸망(26:1-31:13)

• 사울은 다윗을 박해하는 것이 잘못이라고 시인했으면서도(24:16-22) 또다시 다윗을 박해하기 시작한다. 다윗은 아비새와 함께 사울의 진영에 들어가 창과 물병만 가지고 나온다. 그리고 이것으로 사울의 마음을 돌린다(26:1-25).

• 27장과 29-30장은 다윗이 하나님의 뜻을 구할 때 얻은 승리를 다루고 있으며, 28장은 사울이 무당의 동굴에서 도움을 받고자 할 때의 무서운 실패를 다루고 있다.

• 율법에서 무당을 찾아가 물어보는 것은 금물이다(레 20:6). 그러나 사울

은 이것을 진행했다. 여기 신접한 여자가 불러 올린 것은 사무엘이 아니라 사탄이 조작한 가짜 사무엘로 보는 것이 옳다. 죽은 자의 영혼은 하늘로 올라 간다(전 3:21; 눅 16:22-23).

• 사울은 전사했다. 여기 사울이 패전한 길보아는 전에 드보라(삿 4:5)와 기드온(삿 7:1-25)이 승리한 장소이다. 그리고 사무엘하 1장 1-19절에는 사울의 죽음에 대한 또 다른 설명이 나온다.

옛날 사울은 아말렉을 죽이기를 거절했는데(15:1-35) 반대로 그들 중의 하나가 그를 죽였다.

• 사울 왕에게서 우리들은 몇 가지 좋은 교훈을 얻을 수 있다.

첫째 : 우리 주위에 나타나는 큰 죄들은 작은 일들에서 시작된다.

둘째 : 순종은 모든 것 위에 있어야 한다.

사
무
엘
하

책 이름 히브리 성경에는 사무엘상 · 하가 원래 한 권의 책이었는데 히브리어 성경을 개정 인쇄하면서부터 사무엘을 둘로 분리 하였다.

구약핵심정리

1. 사무엘하의 주제들

① 우리는 다윗의 인생을 통해 신앙 순결의 유지만이 인생 성공의 비결이라는 점과 아무리 위대한 자라도 방심하면 오히려 가장 끔찍한 죄를 지을 수 있다는 사실을 알게 된다. 하지만 그보다 더욱 중요한 것은 범죄 후 진실된 회개가 있느냐 없느냐는 진리를 연속적으로 배우게 된다.

② 다윗의 범죄 이후 연이은 암논의 근친상간과 압살롬의 암논 살해와 도피, 그리고 압살롬의 반역과 죽음은 한 죄악이 그것으로 끝나는 것이 아니라 계속해서 다른 범죄를 유발하며 가중되어 간다는 사실을 보여 준다.

2. 사무엘하의 짜임새

■ 사무엘하는 '하나님이 택한 자를 영원히 지켜 주신다'(삼하 7:14)를 보여 준다.

왕이 된 다윗 (1:1-5:25)	다윗의 영권 강화 (6:1-10:19)	범죄하는 다윗 (11:1-20:26)	다윗통치의 여러 일들 (21:1-24:25)
• 헤브론에서 유다 통치	• 다윗의 법궤 운반	• 다윗의 범죄	• 삼년의 기근

58 구약핵심정리

왕이 된 다윗 (1:1-5:25)	다윗의 왕권 강화 (6:1-10:19)	번성하는 다윗 (11:1-20:26)	다윗통치의 여러 일들 (21:1-24:25)
• 사울과 요나단의 죽음과 다윗의 애가 • 예루살렘에서 전 이스라엘 통치	• 다윗의 언약 체결 • 다윗의 공으이 통치 • 암몬과 아람에 대한 다윗의 승리	• 다윗 왕가의 재난 • 압살롬의 반란 • 다윗의 왕권 회복	• 블레셋에 대한 이스라엘의 승리 • 하나님께 대한 감사와 찬미 • 다윗 용사들의 공격 • 인구조사와 역병

3. 사무엘하의 내용

1) 왕이 된 다윗(1:1-5-5:25)

① 헤브론에서 유다 통치(1:1-4:12)

- 사울과 요나단의 죽음과 다윗의 애가. 사울의 죽음은 그동안의 상황을 고려해 볼 때 다윗을 기쁘게 하는 사건이지만 다윗은 오히려 슬픔의 애가를 부르며 그들의 죽음을 슬퍼한다.

- 다윗은 여호와께서 기름부어 세우신 종이 죽임을 당했을 때 '활의 노래'를 부르며 애도한다(삼상 20:20 이하).

- 다윗이 하나님의 뜻대로 왕위에 오르기는 했지만 이 자리를 든든하게 만드는 데까지는 어려움이 있었다.

- 아사헬의 죽음(2:1-32), 아브넬의 죽음(3:1-39), 이스보셋의 죽음(4:1-12) 등은 왕좌를 향한 다윗의 길이 피로 얼룩졌다는 것을 증거하고 있음을 볼 수 있다. 그러므로 다윗은 성전을 지을 수가 없었다(대상 22:8).

② 예루살렘에서 전 이스라엘 통치(5:1-5)

- 다윗은 세 번 기름부음을 받았다(삼상 16:1-23; 삼하 2:4, 5:3).

- 사울과 요나단의 죽음, 아브넬의 암살, 이스보셋의 죽음 등은 온 이스라엘이 자진해서 다윗을 그들의 왕으로 추대하는 계기가 되었다.

2) 왕권을 강화하는 다윗(6:1-10:19)

① 다윗의 법궤 운반(6:1-23)

- 법궤를 옮기는 것은 좋은 일이다. 그러나 먼저 하나님과 의논했어야 했다 (5:19, 23). 그러나 다윗은 정치적인 지도자들과 의논했다(대상 13:1-4).
- 법궤는 레위인 어깨에 메어 옮겨야 한다(민 3:27-31, 4:15, 7:9, 10:21). 그러나 다윗은 법궤를 새 수레에 실었고, 레위인이 아닌 웃사가 손으로 만졌다.
- 우리는 하나님의 일은 하나님의 방법으로만 해야 함을 알아야 한다. 그래서 법궤가 오벧 에돔의 집에 석달이나 있었다.
- 다윗은 성경을 잘 파악하고(대상 15:1-2, 12-13) 하나님의 뜻에 적합한지를 조심있게 살핀 후(대상 15:13) 조심있게 운반했다. 이때 부른 노래가 시편 24편, 105편 등이다(대상 16:7).
- 다윗이 기쁨을 이기지 못하여 다윗의 위신과 체통을 내세우지 못한 것을 비난하다가 저주받게 되는 미갈의 모습은 매우 불행한 사건이다.

② 다윗의 언약 체결(7:1-29)

다윗은 하나님의 궤를 모실 성전을 지으려고 계획한다. 그러나 하나님은 다윗의 뜻을 수락하지 않고 오히려 다윗을 위하여 성을 지으시겠다고 말씀하신다.

그리고 본 장의 내용은 아브라함과 모세에게 주신 하나님의 언약과 더불어 메시아 나라와 통치에 관계되는 매우 중요한 언약이다. 이 약속의 궁극적 성취는 예수 그리스도 안에서 이루어졌다(눅 1:28-33).

③ 다윗의 정복들(8:1-10:19)

- 다윗이 이스라엘 주변의 여러 국가들을 정복함으로 그의 왕권이 더욱 확립되고 안정되어지고 있음을 알 수 있다.
- 다윗은 요나단의 아들 므비보셋이 살아있음을 알고 그를 불러다가 대우하며 옛 친구 요나단과의 우정을 보여준다(9:1-13).

- 다윗은 암몬과 그 동맹국인 아람 사람들을 쳐부수고 나라를 안정시킨다 (10:1-19).

3) 범죄하는 다윗(11:1-20:31)

① 다윗의 범죄와 회개(12:1-12:31)

- 다윗이 범죄하게 된 이유는 승리와 번영을 누린 후에 자신감을 얻었고, 전쟁터에 나가야 할 사람이 집에서 머뭇거렸고, 저녁 시간에 침상에 누워 게으름을 피웠고, 또 자기의 욕심을 제어하지 못했기 때문이다.
- 다윗은 나단 선지자의 비유를 통하여 자신의 죄를 깨닫고 인정한다. 그리고 다윗은 통회한다. 시편 32편과 51편은 다윗이 통회하는 모습이다. 12장 마지막 부분에는 다윗의 회개와 하나님의 용서가 나오며 솔로몬의 출생도 나온다.

② 칼이 네 집에서 떠나지 아니하리라(13:1-20:26).

- 암논이 이복 누이 다말을 범하는 것과 이로 인한 압살롬의 암논 살해는 다윗의 죄의 결과이다(13:1-14:33).
- 압살롬의 반란 사건은 다윗이 범죄 했을 때 나단 선지자를 통하여 말한 12장 10절의 응답이다(15:1-18:33).

4) 다윗 통치의 여러 일들 (21:1-24:25)

- 사울이 기브온 사람을 죽인 까닭으로 다윗의 시대에 3년간 계속된 기근을 해결하는 과정이 기록되었으며, 또한 다윗의 용사들이 블레셋과의 싸움에서 블레셋의 거인들을 물리친 용맹성이 기록되었다(21:1-22).
- 하나님을 찬양하는 찬미가 나오며(22:1-51), 다윗의 마지막 말과 다윗의 용사 37인의 업적과 명단이 나온다(23:1-39).
- 다윗의 인구조사는 다윗의 마음이 교만하여 하나님을 의지하지 않고 군대의

수를 더 의지하는 행위이다(24:1-25).

- 그러나 다윗은 인구조사 후에 자신의 불신앙을 철저히 회개한다. 인구조사로 인하여 3일간의 온역으로 7만 명이 죽었다. 다윗은 아라우나 타작마당에서 번제와 화목제를 드려 하나님과의 관계를 회복한다.

- 이 번제와 화목제를 드린 장소에서 다윗의 아들 솔로몬이 장차 하나님의 전을 건축하게 된다(대하 3:1).

구약핵심정리

책이름	히브리 성경에서는 열왕기상·하를 한 권의 책으로 간주하여 책 이름을 '멜라킴'(왕들)이라고 부른다.
기록자	열왕기상·하의 기록자는 바벨론 지역에서 포로 생활을 하던 유대인 중 한 사람일 것으로 추정된다.
기록 연대	열왕기의 기록 연대는 B.C 560년 - 538년경으로 추정된다.

1. 본서의 특징

본서는 단순히 분열 왕국 시대의 여러 왕들의 치세를 기록하고 있는 것이 아니라 위대한 종교적 교훈들을 가르치기 위한 목적으로 기록되었다. 즉 본서의 기록자는 역사를 평가하는 확실한 신앙적 기준을 가지고 이스라엘과 유다의 멸망은 그들의 우상 숭배와 모세의 율법에 대하여 부주의한 태도 때문에 하나님께서 심판하신 것으로 평가한다.

이런 의미에서 열왕기상·하의 전체 메시지는 하나님께서 자기의 언약을 지키는 왕과 국가는 축복하시지만 율법을 어기는 자에게는 어김없이 진노의 심판을 내리신다는 것이다.

2. 열왕기상의 짜임새

■ 열왕기상은 '왕국의 분열'을 보여 준다.

세 번째 왕 솔로몬 (1:1-11:43)	남·북 분열 왕국 (12:1-14:31)	남·북 왕의 통치 (15:1-22:53)
• 솔로몬의 왕위 계승과 왕권 확립	• 북쪽 지파들의 반란	• 두 왕의 남 유다 통치

세 번째 왕 솔로몬 (1:1-11:43)	남·북 분열 왕국 (12:1-14:31)	남·북 왕의 통치 (15:1-22:53)
• 솔로몬 왕의 지혜와 행정 조직 • 솔로몬 왕의 성전과 궁전 건축 • 솔로몬 왕의 타락과 징계	• 여로보암 1세의 북 이스라엘 통치 • 르호보암의 남 유다 통치	• 다섯 왕의 북 이스라엘 통치 • 아합의 북 이스라엘 통치 • 선지자 엘리야의 사역 • 여호사밧의 남 유다 통치 • 아하시야의 북 이스라엘 통치

3. 열왕기상의 내용

1) 통일 왕국의 세 번째 왕 솔로몬 (1:1-11:43)

① 솔로몬의 왕위 계승과 왕권 확립(1:1-2:46)

- "한 세대는 가고 한 세대는 오되 땅은 영원히 있도다."(전 1:4)라는 말씀처럼 다윗의 40년 통치는 종말을 짓고 그의 아들 솔로몬이 그 뒤를 계승한다.

- 솔로몬의 왕위 계승은 순탄치 않았다. 다윗의 넷째 아들 아도니아가 다윗의 충실한 신하였던 요압과 제사장 아비아달의 힘을 얻어 압살롬의 전철을 밟는다. 그러나 선지자 나단과 솔로몬의 생모 밧세바가 다윗에게 이 사실을 알리고 솔로몬에게 기름을 부어 왕위를 계승한다. 아도니아는 겨우 제단 뿔을 잡음으로 솔로몬의 긍휼을 입게 된다.

② 솔로몬 왕의 지혜와 행정조직(3:1-4:34)

기브온 산당에서의 지혜를 구하기 위한 일천번제는 하나님의 마음을 감동시켰고 이는 솔로몬의 초기의 경건한 모습을 보여 준다. 그러므로 하나님은 솔로몬에게 부귀영화를 주심과 더불어 조직도 완벽하게 조직할 수 있도록 온 이스라엘을 다스리는 12장관과 그들의 관할지도 튼튼하게 만들어 주었다.

③ 솔로몬 왕의 성전과 궁전 건축(5:1-8:66)

- 전체 계획을 한 사람은 다윗이였다. 그러나 실제적인 일을 한 것은 솔로몬이다. 다윗은 계획을 가지고 있었으므로(대상 28:11-21) 값비싼 재료들을 이

미 준비해 놓았다(대상 22:5, 14, 16).

- 두로의 이방 왕 히람은 필요한 목재와 기술자들을 제공할 것을 약속했다. 솔로몬은 곡식 이 만석과 순전한 올리브 기름 20석을 해마다 지불했다(왕상 9:10-14).
- 인력은 시간제로 등록하거나 징발되는 것으로 동원되었고 무거운 '노예 노동'은 가나안 사람들이 맡아서 했다. 이들은 약 15만이였고, 유대인 3만 명은 '정규적인 일'을 하였다. 그리고 1만 명이 한 달은 일하고 두 달은 집을 돌보았다.
- 성전은 하나님께서 설계하셔서 다윗에게 계시하신(대상 28:11-19) 그대로 건축되었으며, 이 성전은 지상 최고의 걸작품이다. 옛날 성막도 여호와께서 모세에게 명하신대로 만들었다.

④ 솔로몬 왕의 타락과 징계(9:1-11:43)

이 부분은 위대한 건축 계획을 완성한 후 지혜롭고 경건한 왕이 어떻게 점차 영적으로 쇠퇴해 갔으며, 왕국의 분열을 초래했는가를 보여 준다. 솔로몬은 동맹(9:10-14, 10:13)과 욕심으로(2:1-46) 타락한다.

2) 남·북 분열 과정(12:1-14:31)

① 북쪽 지파들의 반란

- 젊은 사람들의 조언을 듣고 어리석은 판단을 내린 르호보암은 결국 여로보암의 반역을 자아냈다.
- 그 후 르호보암은 아도니람을 보내어 사태 수습을 시도했으나 아도니람만 이스라엘 열 지파에게 죽임을 당한다. 그는 다시 18만 대군을 이끌고 정복을 시도해 보지만 스마야에게 임한 하나님의 말씀을 듣고 되돌아 옴으로 남·북 분열은 더 이상 어쩔 수 없게 되었다.
- 하나님의 경고도 무시하고 계속 우상을 숭배하는 여로보암의 행위는 결국

아들을 병들게 하고 왕가의 멸절까지 가져왔다.

② 르호보암 남 유다 통치

르호보암은 41세에 왕이 되어 17년 동안 유다를 통치하였으나 악한 일로 일관했다. 그런 까닭에 하나님께서는 애굽을 통해 남 유다를 치신다.

3) 남ㆍ북 왕의 통치(15:1-22:53)

① 남 유다 왕의 통치(15:1-24)

아비암(2대), 아사(3대), 여호사밧(4대) 왕들이다.

② 북 이스라엘 왕의 통치(15:25-16:34)

나답(2대), 바아사(3대), 엘라(4대), 시므리(5대), 오므리(6 대), 아합(7대) 왕들이다.

③ 선지자 엘리야의 사적(17:1-19:21)

- 17장에는 두 가지의 기적 기사가 적혀 있다. 3년 6개월 동안 사르밧 과부의 집에서 통의 가루와 병의 기름이 마르지 않는 기적과, 사르밧 과부의 죽은 아들이 다시 소생되는 사건이다.
- 18장에는 '하나님'과 '바알' 가운데 누가 참 신인지를 가리는 '갈멜산의 대결'이 나온다. 결국 엘리야가 이겼고, 비가 내리게 된다(18:36-37, 41-46).
- 19장은 갈멜산 대결의 결과로 이세벨은 분노하며 엘리야를 죽이려고 한다. 엘리야는 광야로 도망하여 로뎀 나무 아래 누워 괴로워한다. 그 후 하나님께서 제공한 음식을 먹고 호렙산에 도착한다. 여기서 엘리야는 '하나님의 세미한 음성'을 듣고 하나님의 능력을 체험한다.
- 엘리야는 이후 후계자가 될 '엘리사'를 얻는다.

④ 엘리야 후의 사건들(20:1-22:40)

나봇의 포도원을 이세벨이 흉계를 꾸며 빼앗았다. 엘리야의 책망은 그들이 비참한 최후를 맞게 될 것을 예언한다. 미가야의 예언대로 아합은 길르앗 라못의 전투에서 최후를 맞이 하게 된다.

⑤ 남 유다 왕 여호사밧의 통치(22:41-50)

여호사밧은 35세에 왕이 되었고, 이십오 년을 통치했다.

이 왕은 신앙 운동, 군비 확장, 재판 제도의 체계를 세웠다.

⑥ 북 이스라엘의 8대 왕 아하시야의 통치(22:51-53)

아하시야는 아합 왕과 악녀 이세벨의 아들로 악한 왕이다. 그리고 이세벨의 뒤를 좇아 우상을 섬긴 자이다. 결국 그는 난간에서 떨어져 죽게 된다.

열
왕
기
하

본서는 열왕기상과 한 권의 책이었으나 70인역(LXX)의 헬라어 번역
이 너무 많아 둘로 나누어진 것이다. 그러므로 모든 면에서 열왕기
상과 결코 분리될 수 없는 관련성을 지니고 있다.

1. 주요 내용

열왕기상과 연속적인 맥락에서 본서는 아합의 죽음을 분기점으로 그 후의 역사를
기록하고 있다.

특별히 본서는 B.C 722년에 북쪽 이스라엘이 앗수르에게 멸망되기까지의 과정과,
B.C 586년에 남쪽 유다가 바벨론에 포로로 잡혀가기까지의 과정을 기록하면서 하나
님께서 '역사의 주관자' 되심을 부각시키고 있다.

특히 하나님의 택한 백성들의 운명이 전적으로 하나님의 언약과 율법에 대한 순종
과 불순종의 여부에 달려있음을 보여주는 본서는 오늘을 살아가는 우리들에게 실로
엄청난 도전을 던져주고 있다.

2. 주요 선지자들

본서에는 왕들의 행적 뿐 아니라 많은 선지자들의 활동도 기록되어 있다.

• 남 유다 : 오바댜, 요엘, 이사야, 미가, 나훔, 하박국, 스바냐, 예레미야 등

• 북 이스라엘 : 엘리사, 아모스, 호세아 등

3. 열왕기하의 짜임새

■ 열왕기하는 '역사의 주관자'를 보여 준다.

남·북 분열 왕국 시대 (1:1-17:41)	남 왕국 유다의 잔존 왕국 시대 (18:1-25:30)
• 갑절의 영감을 주옵소서 • 엘리사의 활동 • 남·북 왕들의 활동 • 북 이스라엘의 멸망	• 히스기아 남 유다 통치 • 요시아의 통치 • 남 유다의 멸망

1) 남·북 분열 왕국 시대(1:1-17:41)

① 아하시야의 북이스라엘 통치(왕상 22:51-왕하 1:18)

열왕기상 22장 51-53절에 이어 계속 등장하는 아하시야는 악한 왕이며 이방
신 바알세불을 의지하는 왕이다. 이를 엘리야가 책망한다.

② 여호람의 북 이스라엘 통치(2:1-3:27)

③ 엘리야에게 있는 영감을 나에게 '갑절이나 주소서'(2:1-4:44)

엘리야는 이적과 기사를 여덟 번 일으키지만 엘리사는 열 여섯 번 일으키는
것을 볼 수 있다(왕상 17:1-왕하 8:29).

④ 엘리사의 사역(4:1-44)

• 젊은이들이 엘리사를 "대머리여 올라가라."고 놀린다. 그 당시 세상이 이렇
게 악했었다. 암 곰 두 마리가 나타나 이들을 찢어 죽였다.

• 엘리사는 여호사밧의 동맹국을 도와 민족을 구했다.

• 선지자의 생도의 아내를 도와준 일, 수넴 여인의 아이를 살린 일, 가루를 사
용해서 독을 제거한 일, 보리떡 20개로 100명의 성도를 먹인 일은 엘리사의
기적들이다.

⑤ 나아만의 문둥병을 고침(5:1-27)

나아만의 고백이 11절의 "내 생각에는 불가능 했는데"에서 15절의 "내가 이제 아니이다."로 변한다.

나아만의 문둥병은 게하시에게 옮겨졌다. 게하시는 물욕으로 부끄러움을 당했다. 성경은 물질의 유혹에 빠져 어려움을 당한 사람들을 보여 준다. 아간(수 7:1-26)이 그랬고, 가룟 유다(마 27:3-10; 행 1:16-20)가 그랬다.

⑥ 계속되어지는 엘리사의 이적들(6:1-8:29)
- 도끼날이 물에 빠진 것에 대한 이적(6:1-7)
- 수리아 침략자들을 사로잡음(6:8-23)
- 성을 구하는 일(6:24-7:20)
- 수넴 여인을 보호함(8:1-6)
- 아람 왕을 심판함(8:7-29)

⑦ 예후의 북 이스라엘 통치(9:1-10:36)

예후는 '여호와의 손에 붙들린 복수의 도구'(9:7)이다.

비록 우리는 여호와에 대한 그의 열성을 인정하지 않을 수 없으나(10:16) 그는 지나치게 피를 흘렸다.

호세아 1장 4절에는 그의 무자비한 살인 행위로 인하여 예후의 집을 심판하실 것이라고 하셨다.

⑧ 요아스의 남 유다 통치(11:1-12:21)

아달랴는 자기 아들 아하시야가 죽은 것을 보고 왕의 가족들을 쓸어버리겠다고 결심한다. 그러나 그 중에서도 한 어린 소년이 구출되어 7년을 보호받고 자랐다. 이리하여 하나님은 다윗의 씨가 유다의 보좌를 유지해 가리라는 그의 약속을 성취시켰다.

여호야다는 섭정 왕후 아달랴가 전혀 음모를 눈치채지 못하도록 행동하여 요아스를 왕으로 삼는 일을 성사시켰다. 이것은 종교적인 부흥 운동이기도 하였다.

어린 요아스에게 율법책이 주어졌으며(11:12; 신 17:18) 그는 여호와의 백성을 섬길 것을 맹세하였다. 그리고 성전을 정결케 할 것과 바알 숭배자들과 그들의 우상을 제거하도록 허락하였다.

후에 대제사장 여호야다가 죽자 요아스는 마음이 변질되어 우상 숭배를 했고 결국 자기의 부하에게 살해당한다.

⑨ **여호아스(11대)와 요아스(12대)가 북 이스라엘을 통치함(13:1-25)**

이 본문에 엘리사의 죽음이 나온다(13:14-25).

⑩ **아마샤의 남 유다 통치(14:1-22)**

아마샤는 9대 왕위에 오르자 아버지 요아스를 살해한 부하들을 처단하고, 에돔을 정복했다. 이 일로 북 이스라엘과 전쟁을 하다 포로가 되었으나 풀려난다.

⑪ **여로보암 2세의 북 이스라엘 통치(14:23-29)**

이 왕은 다윗 시대와 비교할 만큼 강력한 통치력을 행사하고, 영토 역시 북 이스라엘 역사상 가장 넓게 확장했으나 본서에는 매우 짧게 기록되어 있다. 그 이유는 하나님 보시기에 악을 행했기 때문이다.

⑫ **아사랴(웃시야)의 남 유다 통치(15:1-7)**

이 왕 초기에는 선지자 스가랴의 도움을 받아 블레셋, 암몬 등을 정복하고 하나님 보시기에 정직하게 행했다. 그러나 스가랴가 죽은 후에 교만하여져 성전에서 분향하다 문둥병에 걸린다

⑬스가랴, 살룸, 므나헴, 부가히야, 베가 등이 북 이스라엘을 통치한다.

⑭요담, 아하스 등이 남 유다를 통치한다(15:32-16:20).

⑮ **호세아의 북 이스라엘 통치(17:1-41)**

19대 호세아는 북 이스라엘의 역사 약 210년간의 종지부를 찍는 마지막 왕이 된다. 그는 앗수르를 배반하고 애굽을 의지하다가 주전 722년에 앗수르에

게 망한다.

2) 남 왕국 유다의 잔존 왕국 시대(18:1-25:30)
  ① 히스기야의 남 유다 통치(18:1-20:21)
    B.C 722년에 앗수르에 의해 북 이스라엘이 멸망한 이후부터는 남 유다에 대
  해서만 기록되어 있다. 히스기야는 남 유다의 왕 중 가장 훌륭한 왕이다(왕하
  18:1-20:21; 대하 29:1-32:33). 그는 종교개혁을 단행하고 토지확장, 문화 확장,
  경제 등에서 탁월한 능력을 발휘한다. 그의 병을 위한 기도는 우리에게 큰 감
  명과 도전을 준다.
  ② 므낫세, 아몬의 유다 통치가 계속 된다(21:1-26).
  ③ 요시야의 유다 통치(22:1-23:30)
    이 왕의 특이할 만한 업적은 성전 수리와 율법책의 발견이다.
                    ● 남 유다의 네 차례의 큰 종교 부흥 운동
    * 아사 왕(15:1-38)   * 요아스 왕(대하 23:1-24:16)
    * 히스기야 왕(대하 29:1-30:27)   * 요시야 왕(34:1-33)
  ④ 여호아하스의 통치(애굽의 포로됨)(23:31-34)
  ⑤ 여호야김, 여호야긴, 시드기야의 통치(23:35-25:21)
    결국 바벨론은 1차, 2차, 3차를 통해 이스라엘을 포로로 잡아간다. 주전 586
  년 4월 9일에 예루살렘 성이 함락되어 시드기야를 비롯한 대부분의 백성들이
  바벨론 포로로 끌려가고, 60여 명의 유다 지도자들이 죽임을 당한다.
    느부갓네살은 '빈천한 국민'(25:12)을 다스리도록 그달리야를 총독으로 임
  명한다(25:22-30).

<table>
<tr><td rowspan="5" style="font-size:2em">역
대
상</td><td>책 이름</td><td>히브리 원전에서는 역대상·하가 사무엘, 열왕기와 마찬가지로 분리되어 있지 않는 한 권의 책으로 있었다.</td></tr>
<tr><td>기록자</td><td>유대 전승 탈무드에 의하면 본서의 저자는 에스라와 느헤미야의 저자인 에스라라고 한다.</td></tr>
<tr><td>기록 연대</td><td>기록자가 에스라라고 볼 때 그 기록 연대는 에스라의 활동 시기였던 바벨론 2차포로 귀환 직후인 B.C 450년경으로 추정된다.</td></tr>
</table>

1. 본서의 기록 목적

모세의 율법을 확립하기 위한 열정을 지닌 에스라(스 7:10)는 B.C 458년에 바벨론에서 팔레스틴에 있던 유대인 공동체로 돌아온다. 그는 성전의 제사를 회복하고(스 7:19-23, 27, 8:33, 34), 몇몇 유대인들이 이방인들과 결혼을 하던 잡혼을 금지시킨다(스 9:1-10:14).

그 후 B.C 445년 느헤미야가 돌아와서 성벽 재건을 시작하여 그 공사를 마친다(스 4:17-23; 느 6:15-16). 그리고 모세의 율법이 완전히 확립된다(느 8:1-18). 따라서 역대기의 기록 목적은 신정 정치를 재건하도록 촉구하고 있는 것이다.

2. 역대상의 짜임새

■ 역대상은 '하나님의 통치(1)'를 보여준다.

족보 (1:1-9:44)	사울 (10:1-14)	다윗 (11:1-29:30)
• 아담에서 아브라함	• 사울의 족보	• 새 왕 다윗과 용사들

족보 (1:1-9:44)	사울 (10:1-14)	다윗 (11:1-29:30)
• 아브라함에서 야곱 • 야곱에서 다윗 • 다윗에서 포로기 • 이스라엘의 12지파별 • 남은 자들의 계보	• 사울의 전사 • 사울의 시체 모독 • 사울의 사망 원인	• 언약궤 • 다윗의 정복 • 인구 조사 • 성전 건축 준비 • 다윗의 후기

3. 역대상의 내용

역대상은 크게 두 부분으로 나눈다.

첫째는 1-9장인데 본서의 기본 집필 의도인 선민 이스라엘 역사의 연속성 및 정통성을 가장 확연히 요약 정리하고자 아담부터 포로 귀한 세대까지의 12지파별 족보를 요약·제시하고 있다.

둘째는 10-29장까지는 선민 이스라엘의 역사가, 더욱 정확히는 남 왕국 유다의 역사가 B.C 586년의 바벨론 유수라는 결정적 패망 이후에도 단절되지 않고 연결되게 된 원동력이 되었던 다윗 언약을 받았던 바로 그 장본인이자 다윗 왕조의 첫 왕이기도 했던 다윗의 일대기를 보고하고 있다.

1) 족보(1:1-9:44)
① 아담에서 아브라함
  - 홍수 이전의 족보가 나온다.
  - 셋 - 여호와를 섬기는 자의 조상
  - 에노스 - 비로소 사람들이 여호와의 이름을 불렀다.
  - 에녹 - 죽지 않고 승천했다.
  - 므두셀라 - 인류 역사상 최 장수자
  - 노아와 세 아들

- 노아는 의인이며, 완전한 사람이고, 방주를 준비한 사람
- 아들 셈, 함, 야벳을 두었다.

② 아브라함에서 야곱
- 아브라함, 이삭, 야곱, 요셉으로 이어진다.
- 야곱의 열 두 아들은 이스라엘의 12지파를 만든다.

③ 야곱에서 다윗
- 12지파 중 유다 지파가 영적 맥을 이어 간다.
- 유다에서 다윗까지의 선민 족보가 나온다(2:3-17).

④ 다윗에서 포로기까지의 족보
- 다윗의 아들들
- 솔로몬에서 시드기야까지(3:10-16)

⑤ 이스라엘의 12지파별 족보(5:1-8:40)

⑥ 대제사장 족보와 레위 지파의 이름이 나온다.

⑦ 남은 자(예루살렘 귀환 후의 사람)들의 족보 (9:1-34)
- 귀환한 일반인들
- 귀환한 제사장들
- 귀환한 레위인들

2) 사울
① 사울의 족보(9:35-44)
② 사울의 전사(10:1-6)
  사울은 인간적인 명예와 자존심에 의해 자살했으며 또 이는 사울의 왕권이 다윗에게 넘어갔음을 분명히 보여준다.

3) 다윗 (10:1-29:30)

에스라는 역대기에서 다윗, 솔로몬, 그리고 그 후대를 기록할 때 그들의 정치 · 군사적 측면보다도 그들이 여호와께 어떠한 자세를 취했으며, 그에 따른 각각의 결과는 무엇이었느냐에 초점을 맞추어 즉 종교적 측면에 초점을 맞추어 기록하고 있다.

따라서 다윗 왕의 경우에도 많은 부분이 생략되고 주로 그의 종교적 측면의 업적과 실수가 상대적으로 강조 · 부각되고 있는 것이다.

① 다윗 왕의 등극 배경(10:1-14)

통일 이스라엘의 첫 왕이요, 다윗의 선왕이었으나 하나님 앞에 불신실하여 폐위당한 사울의 사망 기사가 다윗의 등극 배경으로 제시된다. 또한 다윗이 여호와께 기름부음 받은 이래 정복자로서 이룬 업적의 기사가 서론으로 나타난다.

② 언약궤(13:1-17:27)

다윗은 예루살렘을 통일 왕국의 수도로 정했다. 그리고 하나님의 기름부음을 받은 왕으로서 백성들을 다스리기 위하여 여호와 신앙이 가장 중요함을 알고 법궤를 예루살렘으로 안치한다. 그 후 다윗 언약이 주어진 배경 및 내용을 소개한다.

③ 다윗의 정복(18:1-20:8)

다윗은 하나님의 신실한 왕으로 자기에게 맡겨진 사명을 다한다. 특히 왕국을 확장하기 위하여 주위를 정복한다(블레셋, 모압, 소바, 아람, 에돔 등). 또한 행정을 조직한다. 계속해서 정복 사업을 펼쳐 나간다.

④ 다윗의 인구조사 및 성전 건축 준비(21:1-27:34)

다윗은 인구조사로 철저하게 회개해야만 했다. 그 후 성전 건축을 위한 준비를 철저하게 한다.

⑤ 다윗의 후기 일들(28:1-29:30)

다윗은 모든 지도자들과 솔로몬에게 성전 건축을 당부한다. 또한 백성들에

구약핵심정리

게 솔로몬과 성전 건축을 잘하라고 권면한다. 그 후 솔로몬이 왕이 되며, 다윗은 죽음을 맞이한다.

역대하

책 이름 본래 한 권의 책이던 역대기가 역대 상·하로 분리된 것이다. 그래서 '역대하'라고 한다.

기록자 및 기록 연대 역대상과 동일하다.

1. 역대하의 짜임새

■ 역대하는 '하나님의 통치(2)'를 보여 준다.

솔로몬 왕의 통치 (1:1-9:31)	남 유다 열왕들의 통치 (10:1-36:23)
• 솔로몬의 통치 시작 • 솔로몬의 성전 건축 • 솔로몬의 선한 통치 • 솔로몬의 죽음	• 르호보암의 통치 시작 • 시드기야의 통치 끝남 • 고레스의 성전 재건에 대한 칙령

2. 역대하의 내용

본서는 솔로몬의 치세와 남 유다 열왕들의 이모양 저모양의 모습들을 보여 주고 있다. 그리고 이 가운데 역사하시고, 통치하시는 하나님의 섭리와 여호와의 위대하심을 발견하게 된다.

• 1-9장까지는 솔로몬의 즉위와 성전 건축 과정을 상세히 묘사함으로써 고대 이스라엘이 선민으로서 충실하던 시대의 모습을, 제사장적 관점에서는 성전 제사 제

도의 부흥이라는 주제를 보여 주고 있다.

- 10-36장까지는 이스라엘의 남·북 왕조의 타락상과 그 결과로 성전이 함락되는 하나님의 심판 과정이 기록되어 있다. 이런 상황 속에서도 미약하나마 신앙 부흥 운동이 일어나 신앙의 명맥은 유지되었다. 그리고 멸망 후 하나님의 무조건적 은혜로 말미암아 포로들이 귀환하게 된다. 이는 선민의 명맥이 유지되고 새 역사를 전개할 기회가 주어졌음을 암시하고 있는 것이다.

1) 솔로몬 왕의 통치(1:1-9:31)

① 솔로몬의 통치 시작(1:1-17)

솔로몬은 통치를 시작하면서 일천번제를 드림으로 지혜와 지식을 구한다. 하나님께서는 지혜와 지식뿐만 아니라 부와 재물과 존영도 주셨다.

② 솔로몬의 성전 건축(2:1-7:22)

솔로몬은 성전 건축을 시작했다. 그리고 성전 건축 감사 예식(5:1-7:22)을 진행하여 '다윗의 언약'을 확인했다.

③ 솔로몬의 선한 통치(8:1-9:31)

- 영토 확장, 제사 준수, 해상 교역 등이 이루어졌다.
- 스바 여왕의 방문과 솔로몬의 영화가 기록되었다.

④ 솔로몬의 죽음

왕위 40년 생활을 마치고, 아들 르호보암에게 왕위를 돌리고 운명한다.

2) 남 유다 열왕들의 통치(10:1-36:23)

① 르호보암의 통치(1대, 17년 통치, 악한 왕)(10:1-12:16)

세금의 과세 징수로 인하여 왕국이 분리되었다. 처음에는 강해 보였으나 후에 애굽의 침입을 받고 약해졌다.

② 아비야의 통치(2대, 3년 통치, 악한 왕)(13:1-22)

북 이스라엘 왕 여로보암과의 전투에서 승리했다.

③ 아사의 통치(3대, 41년 통치, 선한 왕)(14:1-16:14)

아사는 종교개혁을 단행했다. 구스와의 전쟁에서 승리했다.

선지자 아사랴의 말을 듣고 제2차 종교개혁을 단행했다. 그러나 아사 왕은 하나니의 견책을 듣고 그를 옥에 가두었다.

④ 여호사밧의 통치(4대, 25년 통치, 선한 왕)(17:1-20:37)

여호사밧은 선정을 하며 제1차 종교개혁을 했다. 그리고 종교 교육 정책과 국방 정책을 시행하며 국력을 강하게 했다. 그러나 북 왕국 아합 왕과 동맹을 맺고 연혼까지 했다는 것은 여호사밧의 큰 실수이다. 이로 인해 참 선지자 미가야를 핍박했다.

⑤ 여호람의 통치(5대, 8년 통치, 악한 왕)(21:1-20)

여호람은 아합 왕의 딸이며 자기 아내인 아달랴의 영향으로 악한 왕이 되었다.

⑥ 아하시야의 통치(6대, 1년 통치, 악한 왕)(22:1-9)

어머니 아달랴의 영향으로 악한 왕이 되었다. 아하시야는 북 이스라엘의 왕인 외삼촌 요람에게 병문안 갔다가 예후에 의해 죽임을 당했다.

⑦ 아달랴의 통치(7대, 6년 통치, 악한 왕)(22:10-23:21)

아들 아하시야가 죽자 아달랴가 왕의 자리를 차지하고 다윗 왕가의 씨를 말리기 위해 피비린내 나는 대학살을 단행한다. 여기서 살아남은 자가 요아스이다. 제사장 여호야다가 종교개혁을 하고, 아달랴를 처형하고, 요아스를 왕으로 세운다.

⑧ 요아스의 통치(8대, 40년 통치, 불안정한 왕)(24:1-27)

요아스는 일곱 살에 왕이 되었다. 제사장 여호야다의 많은 조언 아래 성전까지 중수했다. 그러나 요아스는 후에 우상 숭배와, 여호야다의 아들 선지자 스가랴를 죽이는 악을 행했다. 하나님께서는 아람 군대를 통하여 유다에 징계를 내린다.

⑨ 아마샤의 통치(9대, 29년 통치, 불안정한 왕)(25:1-28)

처음에는 선정했으나, 후에 에돔과의 전쟁에서 승리하자 우상을 숭배하고 죄를 지었다.

⑩ 웃시야의 통치(10대, 52년 통치, 불안전한 왕)(26:1-23)

웃시야의 초기 통치에 나라가 매우 번영·발전했다. 통치 후반기에는 교만하여져 하나님의 제단에 분향하다가 문둥병자가 되어 비참하게 죽었다.

⑪ 요담의 통치(11대, 16년 통치, 선한 왕)(27:1-9)

요담은 선정했으며, 건축사업도 했고, 암몬도 징벌했다.

⑫ 아하스의 치리(12대, 16년 통치, 악한 왕)(28:1-27)

아하스는 악정을 한 왕으로 우상 숭배까지 한 악한 왕이다.

⑬ 히스기야의 치리(13대, 29년 통치, 선한 왕)(29:1-32:33)

히스기야는 유다 왕들 가운데 가장 특출한 대개혁자이다. 그는 정치적, 군사적으로 특출했을 뿐만 아니라 특히 신앙회복을 위해 성전 정결, 유월절 준수, 생활 규례 재정비 등이 세밀하게 기록되어 있다. 그리고 그가 병들어 죽게 되었을 때 하나님께 기도한 모습(왕하 20:1-7)은 믿는 우리들에게 큰 감명을 준다.

⑭ 므낫세의 통치(14대, 55년 통치, 악한 왕)(33:1-20)

남 유다 왕 중에서 제일 오래 통치했으나 악한 왕이었다. 종교 개혁을 했으나 불완전한 개혁으로 효과가 없었다.

⑮ 아몬의 통치(15대, 2년 통치, 악한 왕)(33:21-25)

아버지와는 달리 불과 2년만 통치했다. 다윗 왕조의 정통성을 수호하는 국민들에 의해 살해되었다.

⑯ 요시야의 통치(16대, 31년 통치, 선한 왕)(34:1-35:27)

요시야는 대대적인 종교개혁을 단행하면서 성전을 중수했다. 그는 이 때 발견된 율법 책을 보면서 철저히 회개했다. 여 선지자 훌다의 예언은 유대의 회개와 요시야 왕의 축복이다.

⑰ 여호아하스의 통치(17대, 3개월 통치, 악한 왕)(36:1-3)

　23세에 왕이 된 이 사람은 애굽 왕에 의해 밀려났다.

⑱ 여호야김의 통치(18대, 11년 통치, 악한 왕)(36:4-8)

　애굽에 의해 왕이 된 여호야김은 애굽이 바벨론에 의해 패망하자 바벨론에 끌려갔다. 이 때 다니엘도 바벨론으로 끌려갔다.

⑲ 여호야긴의 통치(19대, 3개월 통치, 악한 왕)(36:9-10)

⑳ 시드기야 통치(20대, 11년 통치, 악한 왕)(36:11-21)

　시드기야는 당시 국제적인 정세와 거짓 선지자의 충동으로 바벨론에게 완전히 망하게 되었고 성전은 파괴됐다.

에스라

책 이름	본서는 본서의 주인공의 이름을 따라 '에스라'라고 부른다.
기록자	에스라가 본서의 저자이다.
기록 연대	본서는 B.C 444년 느헤미야 총독 부임 직후에 기록되었다.

구약핵심정리

1. 에스라의 기록 목적

성경 중에서 포로 귀환 시대와 연관된 역사서는 에스라, 느헤미야, 에스더이지만 이 가운데서도 1, 2차 포로 귀환에 대해 기록한 에스라가 이 시대 역사의 가장 많은 부분을 수록하고 있다.

본서는 이스라엘 백성들의 포로 과정과 고레스의 포로 귀환 조서를 그 말미에 기록한 역대하와 연결되어 포로 귀환에 관한 약속(렘 25:12-14, 29:10-14)을 하나님이 어떻게 성취하셨는가를 구체적으로 보여주기 위해 기록되었다.

더 나아가 본서의 내용은 '교회' 곧 하나님의 백성들이 신약의 바벨론, 즉 심판과 저주받을 세상에서 구원받아 거룩한 성, 새 예루살렘에 들어가게 되리라는 계시록의 예언(계 18:1-22:21)이 확실히 성취될 것임을 미리 보여 주는 한 모형이기도 하다.

2. 바벨론 포로 때부터 귀환한 후 성곽 재건까지의 연표

B.C 606 - 605 - 바벨론의 침략 시작과 포로의 국외 추방

587 - 예루살렘이 함락됨

538 - 고레스의 유대 민족의 귀환 허락

536 - 약 50,000명의 유대인 귀환

535 - 성전 재건이 시작되었으나 공사가 중단됨(스 4:1-24).

520 - 16년 후 공사가 다시 시작됨, 학개·스가랴의 사역

515 - 성전이 완공되어 헌납됨

476 - 에스더가 바사의 왕비가 됨

458 - 에스라가 영적개혁을 주도함(스 7:1-10:44)

445 - 느헤미야가 귀환하여 성곽을 재건하고 정부를 세움

3. 이 시대의 지도자들

1) 에스라

'에스라'라는 이름은 '도움'이라는 뜻이다. 그는 제사장이며 서기관이며 애국자였고 경건한 기도의 사람이며(8:21-23) 유명한 성경 연구자로 율법을 회복하는 데 도움을 주었다. 또한 자기 백성의 영적 회복에 큰 부담을 가진 사람(9:3-4)이며 군대 호위없이 귀환하는 백성을 인도한 지도자(약 2천 명)이다.

2) 느헤미아

이 사람은 평신도로서 바사국의 술 관리자이며 총리까지 오른 사람이다.

3) 스룹바벨

다윗 가문의 왕족이며, 그의 직책은 '방백'이었는데 이 말은 총독이라는 뜻이다.

4) 여호수아

이 시대의 대제사장(학 1:1, 12, 14; 슥 3:1-10; 스 3:2)이다.

5) 학개, 스가랴

성전 건축에 힘쓴 선지자이다.

4. 에스라의 짜임새

■ 에스라는 '하나님의 말씀을 붙잡자' 는 메시지를 보여 준다.

예루살렘 성전 재건(1:1-6:22)		신앙 개혁 운동 (7:1-10:44)	
제1차 포로 귀환 (1:1-2:70)	성전 재건 (3:1-6:22)	제2차 포로 귀환 (7:1-8:36)	이스라엘의 대개혁운동 (9:1-10:44)
• 고레스의 포로 귀환 및 성전 재건 허가 칙령 • 이스라엘의 헌물 및 고레스의 성전 기명 반환 • 제1차 귀환자들을 계수 • 귀환자의 총계	• 성전 기초 공사 • 이스라엘에 대한 대적의 방해 • 성전 건축의 재개와 완공 • 유월절 의식 준비	• 포로 귀환에 대한 아닥사스왕의 포고 • 2차 귀환자들에 대한 계수와 귀환을 위한 준비 • 2차 귀환환자들의 예루살렘 도착	• 이방 여인들과 통혼한 유대인들의 죄악 • 에스라의 회개 기도 • 이스라엘의 대각성운동

5. 에스라의 내용

1) 포로 귀한 자들의 예루살렘 성전 재건(1:1-6:22)

① 스룹바벨 인솔하에 제1차 포로 귀환(1:1-2:70)

• 고레스 포로 귀환 및 성전 허가 칙령(1:1-4)

역대하 36장 22-23절과 에스라 1장 1-4절은 같은 말이고, 하나님께서는 고레스가 태어나기 전에 이미 그의 탄생과 큰 일 할 것을 예언하셨다(사 44:28-45:3). 이 예언은 실제로 이루어졌다.

- 이스라엘의 헌물과 고레스가 주어 보낸 성전 지을 보물들은 과거 바벨론의 느브갓네살이 예루살렘 성전에서 가져갔던 물건들이다(대하 36:7; 단 1:2). 이것들을 반환하였다.
- 귀환자의 총계는 4만 9천 8백 9십 7명인데 이는 어린이, 여자, 그리고 각지에 흩어져 있는 북부 10지파 중에서 귀환 때 합류한 자(스 1:5) 등의 총계이고 이 숫자는 느헤미아에 기록되어 있는 통계(7:66-67)와도 비슷하다.

② 성전 기초 공사(3:1-13)

유대 신앙은 제단 중심의 신앙이다. 그래서 이들은 하나님의 축복을 기대하면서 성전을 재건하는 것이다. 백성들은 헌금을 하고, 왕으로부터 성전 건축에 필요한 재료들을 마련하기 위하여 기부금을 받았다(1:5-11). 하나님은 불가능한 일을 시작하셨다. 이에 대해 노래하는 부분이 예레미아 33장 1-11절이다. 물론 예전의 화려한 성전과 비교하여 초라하기 때문에 우는 사람도 있었다. 그래서 학개는 과거에 살지 말라고 권면한다(학 2:3).

③ 사마리아인들의 방해

사마리아인들은 그들도 유대인들이 일하는 것을 돕겠다고 했으나 스룹바벨과 예수아는 그들의 도움을 거절했다. 이들은 이방인들과의 혼혈로 이루어진 반민족이었다(왕하 17:1-41; 요 4:20-24). 그래서 14년 동안(주전 534-520) 성전 일이 중단되었다. 4장과 5장 사이는 5년의 세월이 흘렀다. 이 때 학개와 스가랴가 하나님의 말씀을 선포하기 시작했다. 그 결과 성전 재건의 일이 끝날 수가 있었다(주전 520-515년).

2) 포로 귀환자들의 신앙 개혁 운동 (7:1-10:44)

① 에스라 인솔 하에 제2차 포로 귀환 (7:1-8:36)
- 6장과 7장 사이에는 58년의 기간이 흘렀다.
- 아닥사스다 왕은 465년에서 435년 사이에 바사를 통치한 사람인데 즉위 7

년에 그는 제사장이며 서기관인 에스라를 예루살렘에 돌아가도록 허락하여 그들의 영적인 필요를 돕도록 하였다.

- 바벨론에서 예루살렘 까지는 약 1,000마일로 4개월이 걸렸다. 하루에 평균 7마일(약 10Km) 여행한 것이다.

- 에스라는 예루살렘에 도착하여 3가지를 결심했다.

   * 성경 말씀을 자신이 먼저 연구하기로
   * 성경 말씀을 자신이 먼저 준행하기로
   * 성경 말씀을 백성들에게 가르치기로

② 이스라엘 대개혁 운동(9:1-10:44)

- 에스라는 유대인들이 이방인들과 통혼하는 이야기를 듣고 속옷과 겉옷을 찢고 머리털과 수염을 뜯으며 기가 막혀 주저앉았다. 그리고 그는 "내가 부끄러워 얼굴을 들지 못하오니…"라고 회개 기도를 한다(10:1). 에스라는 이렇게 가르친다. "죄를 고백하라. 그리고 이방인 아내들을 버리라." 이것은 회개와 배상이었으며, 이 두가지는 병행하는 것이다. 10장 15절에 보면 4명이 이 일을 반대하고 나섰다. 이 일은 12월부터 4월까지 계속되었다.

- 10장 18-44절은 17명의 제사장, 10명의 레위인, 87명의 사람에게서 이방 여인을 아내로 취한 죄가 발견되었다. 제사장들이 고의적으로 하나님께 불순종했다는 것은 참으로 놀라운 일이다. 영적인 지도자들이 타락할 때, 일반인들에게서는 무엇을 기대할 수 있겠는가?

느
헤
미
야

책 이름 히브리 성경에서는 본서의 주요 인물의 이름을 따서 '느헤미야'라고 부른다.

기록자 본서 전체의 서론격인 1장 1절은 본서의 기록자가 '느헤미야'라는 사실을 가르쳐준다.

기록 연대 본서의 기록 연대는 느헤미야가 예루살렘에 귀환한 아닥사스다 제20년(B.C 445년, 참조 2:1-9)에서부터 그가 바사에 돌아갔다가 다시 예루살렘으로 온 아닥사스다 제32년(B.C 433년, 참조 13:6) 이후의 몇 년간에 걸친 사건들을 기록하고 있기 때문에 B.C 433년 이후이다.

1. 느헤미야 기록 목적

본서는 3차 포로 귀환까지 끝내고 예루살렘을 중심으로 유대 땅에 재정착을 완전히 마친 상태에서, 3차포로 귀환 때부터의 역사를 에스라에 이어 기술하여 후대의 신앙 생활에 간증과 지침이 되게 하고자 기록된 것이다. 따라서 본서의 일차 독자는 성벽 재건을 마치고 언약의 갱신을 통하여 영적 부흥을 경험한 자들이다.

느헤미야는 이들에게 온갖 어려움을 극복하고 오늘에 이르렀음을 밝힘으로써 회복된 선민 공동체를 성결하게 유지시킬 것을 역사적 교훈을 통하여 촉구하고 있는 것이다.

2. 느헤미야의 짜임새

■ 느헤미야는 '승리케 하는 기도'를 보여 준다.

예루살렘 성벽의 재건 (1:1-7:73)	이스라엘 백성들의 개혁 운동 (8:1-13:31)
• 예루살렘 소식을 듣고 기도하는 느헤미야	• 에스라의 율법 강론

예루살렘 성벽의 재건 (1:1-7:73)	이스라엘 백성들의 개혁 운동 (8:1-13:31)
• 아닥사스다 왕으로부터 허락을 받고 귀환하는 느헤미야 • 느헤미야의 성벽 재건 준비 • 느헤미야의 성벽 재건 완공	• 에스라의 언약 갱신 • 백성들의 예루살렘 재정착 • 제사장, 레위인 가계 조사 • 예루살렘 성전 봉헌식 • 느헤미야에 의한 개혁 운동

3. 느헤미야의 내용

1) 예루살렘 성벽의 재건 (1:1-7:73)

① 예루살렘 소식을 듣고 기도하는 느헤미야 (1:1-11)

느헤미야는 동생 하나니로부터 고국 소식을 듣고 매우 안타까워한다. 느헤미야는 금식 기도하면서 고국으로 돌아갈 것을 결심하고 아닥사스다 왕에게 요청한다.

② 아닥사스다 왕으로부터 허락을 받고 귀환하는 느헤미야

때를 기다리는 사람은 항상 기도로 하나님께서 허락하시는 그 때를 참고 기다려야 한다. 느헤미야는 넉 달을 기다렸다. 그리고 왕으로부터 허락을 받아냈다. 그리고 예루살렘에 도착했다. 조심스럽게 밤에만 밖에 나가 주위를 살피고 성벽 재건 준비를 한다. 후에 느헤미야의 이야기를 들은 유다 사람들과 제사장들 및 다수는 "우리가 예루살렘을 중건하여 다시 수치를 받지 말자."라고 하며 힘을 모았다. 그러나 몇몇 사람들은 '비웃고 반대한다.'

③ 성벽 건축을 성공시키는 느헤미야

작업은 대제사장 엘리아십이 인도자가 되어 제사장과 백성들이 협력하는 방식으로 진행되었다. 특히 성문마다 분명한 영적 교훈을 담고 있는 것을 볼 수 있다(3:1-32).

• 양문(3:1) - 십자가상에서 이루신 그리스도의 희생을 보여준다(요 10:1-42). 이 문이 제일 먼저 수리되었는데 이것은 모든 교회 일에 앞서 구원의 확신

부터 있어야 한다는 것을 의미한다. 이 문에는 자물쇠나 출입을 금지하는 어떠한 장치도 없다. 즉 죄인들에게 활짝 열려진 문이다.

- 어문(3:3) - 영혼을 구원하는 '사람 낚는 어부' 를 상징한다(막 1:7).
- 구문(3:6) - 하나님의 말씀은 옛 길과 옛 진리 즉 근본적인 진리이다.
- 골짜기 문(3:13) - 여호와 앞에서의 겸손을 말한다(빌 2:6-8).
- 분문(3:14) - 쓰레기와 폐물을 버리는 문으로 삶의 정화이다(사 1:16-17).
- 샘문(3:15) - 성령의 사역을 예증한다(요 7:37-39).
- 수문(3:26) - 신자를 성결케 하는 말씀을 보여준다(에 15:26; 시 119:9).
- 마문(3:28) - 전쟁을 의미하며, 영적 싸움의 준비가 되어야 한다(딤후 2:1-4).
- 동문(3:29) - 주님의 재림을 상징한다.
- 함밉갓문(3:31) - 하나님의 심판을 보여주는데 히브리어 '밉갓' 은 '약속', '계산', '인구조사', '점호' 를 의미한다. 마지막 때 하나님은 심판을 위해 모든 영혼들을 한 자리에 모을 것이다.

　　이 문들이 주는 교훈은 구원(양문)으로부터 심판(함밉갓)에 이른다

④ 적대 세력에도 굴하지 않는 느헤미야(4:1-7:73)

　　하나님의 일을 하는 하나님의 사람에게는 항상 반대 세력이 따르기 마련이다. 그러나 느헤미야처럼 참고, 견디고, 이겨야 한다.

- 조롱하는 세력들(4:1-6)인 산발랏, 도비야, 게셈 이 세 사람의 조롱 앞에 느헤미야는 기도로 응수했다.
- 무력으로 도전한다(4:7-9). 이 도전에 느헤미야는 기도하고 또 파수꾼을 세워 놓았다.
- 실의에 빠지게 한다(4:10). 유다 사람들은 이제 힘이 빠져 더 이상 성벽을 지을 수 없다고 한다.
- 두려움을 준다(4:11-13). 적들이 쳐들어온다는 뜬소문이 느헤미야에게 열 번이나 들렸다. 그래서 느헤미야는 성에 파수꾼을 세웠다.

- 이기적인 마음을 버려라(5:1-19). 느헤미야는 율법을 들어 백성들에게 호소하였다(출 22:25). 그리고 자신의 훌륭한 모범을 설명하였다(5:10). 문제가 해결되었다.
- 간사함을 물리처라(6:1-4). 네 번씩이나 적들이 만나자고 요구하나 물리쳤다.
- 모함을 이겨야 한다(6:5-6). 마귀의 무기는 항상 모함이다.
- 위협을 가한다(6:10-14). 스마야를 매수하여 느헤미야를 위협했으나, 성 역사가 52일 만에 완공되었다.

2) 이스라엘 백성들의 개혁 운동 (8:1-13:31)

① 에스라의 율법 강론 (8:1-10:39)

- 드디어 물질적인 건축은 끝났다. 이제 느헤미야는 백성들의 영적인 건축이 필요함을 알고 율법 학사였던 에스라를 모신다. 에스라는 특별히 만든 나무 강단에 서서 오늘날의 설교 같은 모양의 설교와 회개 기도를 하며 새벽부터 정오까지 이 수문 앞 광장의 집회를 진행하였다.
- 7월의 첫날은 나팔절(국가의 회복)이었고, 10일은 속죄일(구원)이었으며, 15-22일은 장막절(천년왕국)이었다(레 23:23-44).
- 9장에서 나오는 기도는 구약 성경을 요약하고 있다. 10장은 하나님과의 언약 관계로 돌아간 용기있고 경건한 사람들의 명단을 수록하고 있다. 그리고 많은 사람들이 이 집회에서 '깨달아 알게 된 말씀을 지켰다' (10:28-29).

② 예루살렘 성벽 봉헌식(11:1-12:47)

예루살렘 성 안에서 살 수 있는 사람들을 제비뽑아 결정했다. 이어서 성벽 봉헌식이 시작된다. 백성들을 2개 조로 나누어서 하나는 에스라가, 또 하나는 느헤미야가 인도했다.

③ 느헤미야에 의한 개혁 운동(13:1-31)

느헤미야가 몇 년 동안 바벨론에 가 있을 때 백성들은 다시 죄악에 빠졌다.

이들은 이방인 아내를 얻었고(13:21-31), 도비아와 동맹을 맺었고(13:28), 영적 지도자를 지원하지 않았고(13:10-14), 안식일을 지키지 않았다(13:15-22).

본서, 느헤미야는 기도로 시작되고(1:4-11), 기도로 끝난다(13:22,39,31)

에
스
더

책 이름   본서의 개역 성경 제목인 '에스더'는 본서의 주인공의 바사 (Persia)식 이름인 '에스테르'에서 유래한다. 한편 성경 이름 중에서 여인의 이름을 그대로 사용한 것은 '룻기'와 '에스더' 두 권뿐이다.

기록자   본서의 기록자는 확실히 밝혀져 있지 않다. 어떤 학자들은 '모르드개'로 보며(요세푸스, 알렉산리아, 클레멘트), 또 어떤 학자는 '에스라'로 보기도 한다(어거스틴).

기록 연대   본서의 기록 연대는 다리오의 뒤를 이은 아하수에로 왕의 치세 중인 B.C 486-465년 사이이다.

1. 본서의 기록 목적

본서에는 하나님의 이름이 단 한 번도 언급되지 않았으며 그리스도의 구속 사역과 직접적으로 연관된 예언이나 묘사도 전혀 없다. 그럼에도 불구하고 본서에는 하나님의 구속 사역의 기적적인 특징을 가장 선명하게 드러내는 그리스도의 구속 사역의 본질과 매우 밀접하게 연관된 예표적 사건이 기록되어 있다.

본서는 이방 민족 가운데 흩어져 살고 있던 유다인들이 몰살당할 위기 가운데서 구원을 얻게 되는 극적인 장면을 소개해 주고 있다. 비록 표면적으로는 하나님의 이름이 드러나 있지 않다 할지라도 구원 사건의 배후에 보이지 않는 하나님의 손길이 함께 하고 있다는 사실을 깨달을 수 있다.

우리는 본서를 통해서 하나님께서는 우리의 어리석음이나 연약함에도 불구하고 끊임없이 우리를 돌보시고 보호해 주신다는 사실을 깨닫게 된다. 그리하여 우리는 개인적인 파산의 위기나 민족의 재난을 만나게 될 때에도 하나님의 도우심을 기다릴 수 있는 확신과 소망을 가질 수 있게 된다.

2. 에스더의 짜임새

■ 에스더에서는 '승리케 하는 헌신을 붙잡자'를 보여 준다.

유다 민족이 당한 위기 (1:1-3:15)	에스더의 용기 있는 헌신 (4:1-5:14)	구원 받은 하나님의 백성 (6:1-10:3)
• 왕후 와스디의 폐위 • 왕후가 된 에스더 • 역모를 말한 모르드개 • 하만의 유다인 말살 음모	• 모르드개의 탄원 • 에스더의 결심 • 왕 앞에 나아간 에스더의 용기 • 에스더가 베푼 잔치 • 하만이 세운 교수대	• 존귀케 된 모르드개 • 하만의 수치 • 하만의 최후 • 유다인 구원을 위한 준비 • 대적에 대한 유다인의 승리 • 유다인의 축제

3. 에스더의 내용

1) 유다 민족이 당한 위기 (1:1-3:15)

① 왕후 와스디의 폐위(1:1-22)

아버지 고레스를 이어 아들 아하수에로(크세르크세스) 왕이 즉위했다. 그후 잔치 자리에 왕후 와스디가 부름을 받았으나 참석치 않아서 결국 왕후 자리를 폐위당했다.

② 왕후가 된 에스더(2:1-23)

그리스와의 전쟁에서 크세르크세스는 막심한 피해를 입었다. 그리고 왕후가 폐위되고 4년이 지나는 동안(2:16) 꽤 외로웠을 것이다. 그래서 새로운 왕후를 구했다. 에스더의 사촌 모르드개는 에스더를 적극적으로 지원했고, 에스더가 왕후로 발탁되었다.

③ 하만의 유다인 말살 음모(3:1-15)

왕의 특별한 총애를 받게 된 '하만'은 '모르드개'의 태도에 불만을 품고 온 유다 민족을 몰살시키려는 음모를 꾸민다. 하만은 일만 달란트(2천 5백만 달

구약핵심정리

러)를 왕에게 바치고 유다인을 죽일 권한을 얻는다. 우리들은 마귀의 궤계가 얼마나 악랄하고 끈질긴지를 볼 수 있다.

2) 에스더의 용기 있는 헌신 (4:1-5:14)

① 모르드개의 탄원(4:1-17)

하만의 흉계를 안 모르드개와 많은 유다인들이 크게 애통하며, 금식하며, 부르짖고, 굵은 베를 입고 재에 누운 자가 무수했다.

② 왕 앞에 나간 에스더(5:1-13)

에스더는 밤낮 3일간의 금식(4:16)을 마친 후에 담대히 왕 앞으로 나아가게 되었고 결국 왕의 특별한 은총을 얻어 소원을 아뢸 기회를 얻게 된다. 그렇지만 하만은 모르드개를 더욱 못마땅하게 생각하여 그를 매달아 죽이기 위해 나무를 세운다. 우리들은 점점 더 긴장이 고조되어가는 이 사건을 보면서 계속적으로 전개되는 구원의 과정을 볼 수 있다.

③ 하만이 세운 교수대(5:14)

하만은 그의 부인과 친구와 의논하여 오십 규빗(75자)이나 되는 높은 나무를 세워 여기에 모르드개를 달려고 했다. 그러나 이 교수대에는 '하만' 자신이 매달리게 된다.

3) 구원 받은 하나님의 백성 (6:1-10:3)

① 존귀하게 된 모르드개(6:1-7:10)

잠이 오지 않는 밤에 왕은 모르드개의 공적을 찾아냈다. 그런데 모르드개의 영예는 그를 원수처럼 여기고 있던 하만에게는 더 할 수 없는 굴욕과 수치를 안겨주었다. 우리는 세상에서 환난과 핍박을 당할 때 궁극적으로 승리케 하시는 그리스도의 지원을 바라보아야 한다. 에스더는 왕에게 '재산' 이나 '영예'를 요구하지 않았다. 에스더는 '민족의 생명' 을 요구했다. 그리고 '하만' 이 음모의 주범인 것을 알렸다.

② 하만의 수치와 최후(8:1-17)

하만은 '모르드개' 를 죽이려고 자신이 만든 그 나무에 자기가 '달렸다' (7:10). 하만이 처형을 당한 뒤에 에스더는 '왕이 하만에게 내렸던 조서' 를 취소하여 줄 것을 요구했다. 그러나 왕은 이미 내린 조소를 취하 할 수 없으므로 다시 조소를 내려 유다인들이 스스로를 방어할 수 있도록 하였다.

③ 유다인의 축제(9:1-10:3)

9장은 유다인들이 아달(12)월 13일을 기하여 대적들을 진멸하는 모습을 소개한다. 이로 인하여 유다인들에게는 구원의 즐거움이 넘치게 되었으며 '부림절' 이라는 절기가 생겨나게 된 것이다.

＊ 부림절

• 부림절은 유다인이 하만의 계교로 인한 죽음의 위험에서부터 구원받은 날을 기념하기 위해 제정된 날이다.
• 이 절기는 매년 아달월(12월) 14-15일 양일이며 유월절로부터 꼭 한 달 전이다.
• '부림' 이란 말은 '제비뽑기' (3:7)라는 뜻의 히브리어 '푸르' 에서부터 유래된 말인데 하만이 유다인들을 도륙하기 위해 제비뽑아 정한 그날이 바로 유다인에게 '구원의 날' 이 되었다.
• 유다인들은 '부림절' 을 각처에서 기쁨의 날로 지켰으며 또한 '관용과 구제' 의 날로 지켰다(9:22).
• 그리하여 바로 이때부터 부림절은 유월절과 함께 '구원' 과 '해방' 의 날로서 오늘날까지 지켜지고 있다.

욥기

책 이름	본서의 책 이름은 본서의 주인공 욥의 이름 그대로 붙여졌다. 그리고 개혁 성경에는 '욥의 이야기'라는 것을 부각시켜서 본서 제목을 '욥기'로 표기한 것이다.
기록자	본서의 기록자는 분명하지 않다. 다만 추측되는 사람들은 모세, 욥, 엘리후, 솔로몬, 이사야, 예레미야, 에스라 등이다.
기록연대	본서의 주인공인 욥이 살던 시대인 족장 시대가 가장 유력하다.

구약핵심정리

1. 본서의 기록 목적

순전하고, 정직하고, 하나님을 경외하며 악에서 떠난 한 사람이 있었다. 즉 그는 '의인'이었다. 그러나 이 의인은 까닭없이 큰 어려움을 당한다. 당대에 유명한 석학들인 친구들이 찾아와 그럴싸한 논리들을 전개하지만 시원한 대답을 주지 못한다.

심지어 '고난당하여 만신창이가 된 욥' 까지도 그 해답을 알지 못한다. 우리는 이런 상황에 처해 있을 때 시원한 답을 얻지 못해 얼마나 당황하는가? 그러나 답은 분명하다. '하나님은 성도들을 다루심에 있어서 절대 주권을 가지고 계시고 순종적인 그리스도인의 생활에 있어서는 그에게 유익이 되지 않거나 하나님께 영광이 되지 않는 일은 절대로 생기지 않는다.'

2. 욥기의 짜임새

■ 욥기는 '고난'을 보여 준다.

욥에게 닥친 어려움 (1:1-3:26)	친구의 변론과 욥의 답변 (4:1-37:24)	욥에게 말씀하시는 하나님 (38:1-42:17)
• 욥의 신앙과 부요함 • 사탄이 허락 받고 욥을 시험함 • 욥의 순전함 • 집요한 사탄의 공격 • 욥의 좌절과 한탄	• 엘리바스의 변론과 욥의 답변 • 빌닷의 변론과 욥의 답변 • 소발의 변론과 욥의 답변 • 엘리후의 변론	• 하나님의 말씀과 욥의 답변 • 하나님이 욥을 비판한 자들을 문책함 • 하나님이 욥을 회복시켜 주심

3. 욥기의 내용

1) 욥에게 닥친 어려움(1:1-3:26)

① 욥의 신앙과 부요함(1:1-5)

- 욥은 '우스' 라는 곳에 살고 있는 이방사람이다. 비록 욥은 이방사람이었으나 하나님을 잘 섬기는 신앙인이었다.
- 단적으로 욥의 신앙은 이렇게 표현된다. "순전하고, 정직하고, 하나님을 경외하고, 악에서 떠난 사람"(1:1)
- 2-3절에서 욥이 매우 부요한 자였다는 것을 대충 설명한다.

② 사탄이 허락을 받고 욥을 시험함(1:6-2:13)

- 사탄은 하나님께 허락을 받고 욥을 시험하되 먼저 외적인 시험을 한다. 즉 재물을 빼앗아 갔고, 자녀 10명을 빼앗아 갔고, 명예까지 빼앗아 갔다. 그러나 욥의 고백(1:20-22)은 분명하다.
- 사탄의 두 번째 시험은 내적 시험이다. 즉 육체의 병, 아내의 비방, 친구들의 냉담이다.

③ 욥의 좌절과 한탄(3:1-26)

- 욥은 고난의 긴 침묵을 깨고 자신의 심정을 시적 운율에 실어 '욥의 애가'를 부른다.

- 이 애가는 세 부분으로 되어 있는데 첫째, 자신의 생일을 저주하는 대목(3:1-10), 둘째, 죽음의 세계를 동경하는 대목(3:11-19), 셋째, 죽을 수조차 없는 희망이 끊긴 자신의 상태를 묘사하는 대목(3:20-26)이다.

2) 친구들의 변론과 욥의 답변 (4:1-37:24)
① 엘리바스의 변론과 욥의 답변

	엘리바스의 변론	성경	욥의 답변	성경
제 1 차	• 욥은 죄인이다. • 죄인은 반드시 고난을 받는다. • 죄를 인정하고 죄 값을 순순히 받아드려라 • 욥에게 철저한 회개를 촉구한다.	4장 ~ 5장	• 욥은 자신의 결백을 주장하면서 죽음을 원한다. • 욥은 친구를 질책하면서 이들의 권면의 허점을 지적한다. • 욥은 인생의 허망함을 토로하며 하나님께 호소한다.	6장 ~ 7장
제 2 차	• 욥은 자신을 지혜있다 말하지만 지혜가 없다. • 욥의 말 자체가 죄악의 결과이다. • 욥에게 인과응보의 논리적 귀결로 악인이 맞을 결과를 열거한다.	15장	• 욥은 엘리바스를 '번뇌케 하는 안위자'라고 비판한다. • 욥은 엘리바스의 말이 '허망한 말'이라고 비판한다. • 욥은 내가 너희라면 '더 효과적으로 위로' 했을 것이라고 말한다. • 욥은 자신의 결백을 확신한다.	16장 ~ 17장
제 3 차	• 욥의 고난은 욥이 죄인이기 때문이다. • 욥이 심각한 징벌에 처하지 않기를 바란다.	22장	• 욥은 하나님께 직접 항의한다. • 욥은 행악자들이 왜 번영하는가를 하나님께 묻는다.	23장 ~ 24장

② 빌닷의 변론과 욥의 답변

	빌닷의 변론	성경	욥의 답변	성경
제 1 차	• 하나님은 절대로 심판을 굽게 하지 않는다. • 욥의 자녀들의 죽음은 죄때문이다. • 그러므로 회개하면 형통케 된다.	8장	• 하나님 앞에 의로운 자가 없다. • 인간은 나약하다. • 중보자가 필요하다. • 욥의 탄원이 나온다.	9장 ~ 10장
제 2 차	• 욥이 마땅히 회개해야 하는 처지에 있지만 그러하지 않는다. • 악인은 그가 의뢰하던 장막에서 뽑는다.	18장	• 친구들이 열 번이나 꾸짖고 학대했다. • 욥은 고민하다 육체 밖에서 하나님을 본다는 부활신앙을 본다.	19장 ~ 20장
제 3 차	• 하나님은 위대하시다. • 그러나 인간은 비천하다.	25장	• 빌닷의 변론은 허구다. • 창조계에 나타난 하나님의 능력을 보아라.	26장 ~ 31장

③ 소발의 변론과 욥의 답변

	소발의 변론	성경	욥의 답변	성경
제1차	• 소발은 결백을 주장하는 욥에 대하여 질책한다. • 회개하는 자는 복을 받고 회개하지 않는 자는 멸망한다.	11장	• 친구들의 독선을 질책한다. • 하나님의 절대적인 주권적 섭리와 능력을 강조한다. • 인간의 연약함을 탄식한다.	12장 ~ 14장
제2차	• 악인의 번영은 일시적이다. • 악인의 파멸은 필연적이다.	20장	• 이 세상은 선악이 함께 공존한다. • 의인도 고난을 받을 수 있고 악인도 번영할 수 있다.	21장

④ 엘리후의 변론

- 엘리후의 신앙은 변론을 전개해 가는 논리로 보아 성숙된 신앙자이다. 그는 최종적인 심판과 하나님의 긍휼에 의한 구원의 소망을 확신한다(33:24-30).
- 그는 고난을 하나님의 주권적 섭리 속에서 파악하여, '연단의 기회'로 이해하였다(33:29-30).

3) 욥에게 말씀하시는 하나님(38:1-42:17)

① 하나님의 말씀과 욥의 답변(38:1-42:6)

- 하나님은 욥에게 "네게 묻는 것을 대답하라."고 하시면서 창조에 대한 말씀부터 시작하신다(38:4-11). 그리고 '무생물의 자연'(38:22-30)과 '동물의 생태'(38:39-39:30)에 대해서 말씀하신다.
- 하나님은 욥에게 "네가 나를 비난하고 나와 논쟁을 했는데 네 대답을 들어보자."라고 말씀하신다. 욥은 자기의 무능함과 겸손함을 찾는다(40:3-5). 그러나 욥은 아직도 회개하지 않았다.
- 하나님은 욥에게 두 마리의 큰 짐승인 하마(40:15-24)와 악어(41:1-34)의 이야기를 하신다. 그 결과로 욥은 자신을 겸비하고 회개했다(42:1-6).

② 하나님께서 욥을 비판한 자들을 문책함(42:7-9)

욥이 자신을 낮추자 하나님은 욥을 높여 주셨다(벧전 5:6; 약 4:10). 그리고 욥의 친구들을 꾸짖으셨다.

③ 하나님이 욥을 회복시켜 주심(42:10-17)

　　욥이 자신의 신앙적 무지와 친구들의 죄 용서를 위한 중보기도와 제사까지
드린 것을 보신 하나님께서는 욥을 회복시켜 주셨는데, 재산이 갑절로 늘어나
고(42:10), 친지와 관계가 회복되고(42:11), 자녀를 얻게 되고(42:13-15), 장수의
축복(42:16-17)을 받는 등 갑절의 축복을 받는다.

시 편

책 이름 시편은 하나님에 의해 영감받은 여러 사람들이 지은 많은 시들을 모아서 한 권의 시집으로 만든 책이다. 시편에는 찬양시, 간구와 참회 시, 시온 시, 민족애가, 메시아 예언 시 등 다양한 시들이 있다. 그러나 이 시편을 '찬양'이라고 하는 것이 가장 적절한 명칭일 것이다.

기록자 이 시편의 저자는 매우 다양하다. 그러나 그런 가운데 저자들을 살펴보면 다윗(73편), 아삽(12편), 고라자손(11편), 솔로몬(2편), 모세(1편), 헤만(1편), 에단(1편), 그리고 기록 미상이 50편이다.

기록 연대 기록 연대도 정확하게 파악할 수 없으나 대략 B.C 5세기의 포로 귀환 시대의 고라 자손들의 시에 이르기까지 1000년 이상의 기간으로 정리할 수 있다.

1. 시편의 가치

예배를 위한 필수 요소였던 이 시편은 우리 개인의 심령의 갈급함을 채워주는 풍성한 영혼의 양식이다. 이 시편은 또한 '하나님의 아들'(인자, 메시아)에 대한 예언적인 언급들을 많이 포함하고 있어서, 예수님의 인격과 사역을 이해하는 데에 중요한 배경을 제공해 주고 있다.

2. 시편의 구성 형식

＊ 시편을 각 시의 주요 사건과 시인의 태도를 중심으로 살펴보면, 다음과 같은 많은 형식들을 보게 된다.

1) 교훈 시 : 1, 5, 7, 15, 17, 50, 73, 94, 101편

2) 메시아 시

① 왕이신 메시아 : 2, 18, 20, 21, 45, 61, 72, 89, 110, 132편

② 고통당하는 메시아 : 22, 35, 41, 55, 69, 109편

③ 인자(人子)로서의 메시아 : 16, 40편

3) 할렐루야(찬양) 시 : 106, 111-113, 115-117, 135, 146 -150편

4) 감사의 시 : 16, 18편

5) 순례(巡禮) 시 : '성전에 올라가는 노래' 라는 표제가 붙어 있음, 120-143편

6) 역사 시 : 78, 105, 106, 136편

7) 참회 시 : 6, 32, 38, 51, 102, 130, 143편

8) 저주 시 : 35, 52, 58, 59, 69, 83, 109, 137, 140편

9) 애원 또는 중재 시 : 86편

* 다윗이 묘사한 그리스도

1) 선한 목자 : 23편

2) 반석 : 27:5, 28:1, 31:2-3, 40:2, 61:2, 62:6-7

3) 빛 : 27:1, 43:3, 118:27

4) 구속자 : 19:14, 69:18, 72:14, 77:16

5) 왕 : 2, 21, 24, 45, 72, 110편

6) 제사장 : 40편

3. 시편의 짜임새

■ 시편은 '경배와 찬양' 을 보여준다.

제 1 권 (1:1-41:13) 〈인간〉	제 2 권 (42:1-72:19) 〈이스라엘〉	제 3 권 (73:1-89:52) 〈성막〉	제 4 권 (90:1-106:48) 〈땅〉	제 5 권 (107:1-150:6) 〈말씀〉
창세기와 일치	출애굽기와 일치	레위기와 일치	민수기와 일치	신명기와 일치
• 하나님의 축복 • 인간의 타락 • 적그리스도가 극에 달함	• 이스라엘의 멸망 • 이스라엘의 구속 자 • 이스라엘의 구원	• 성소의 황폐 • 성소의 건설과 축복의 넘침	• 축복의 필요 • 축복의 기대 • 축복의 즐거움	• 그리스도를 예언 하는 노래 • 큰 절기에 부르는 할렐루야 시 • 순례자의 노래 • 감사의 찬송 • 승리의 할렐루야

4. 시편의 내용

1) 하나님의 축복과 타락과 회복(창세기와 일치) (1 : 1-41 : 13)

① 두 종류의 사람과 두 가지 길(1:1-6)

② 그 아들에게 입 맞추라(2:1-12)

- 이 시는 다윗 언약(삼하 7:8-16)에 근거한 다윗 왕가를 위한 시인 동시에 메시아 왕국의 왕 되시는 우리 주 예수 그리스도를 위한 시이다

- '기름 부음 받은자' (2:2), '하나님이 세우신 왕' (2:6) '하나님의 아들' (2:7) 등은 만물의 소유와 심판권을 위임받으신 주님을 말한다

③ '주의 이름이 어찌 그리 아름다운지요' (8:1-9)

- 이 시는 '하나님의 창조 사역' 과 '인간을 권고하시는 그 사랑' 을 살펴볼 때 온 땅과 하늘에 충만한 주의 아름다움을 볼 수 있다고 노래한다.

- '주의 이름' , 이것은 그의 인격을 보여 준다.

④ 하나님의 계시

- 하나님은 '두 가지' 를 통하여 나를 안다고 하셨다. 그 하나는 '자연' 이고 또 하나는 '말씀' 이다.

⑤ 완전한 복음 제시(22:1-24:10)

- 22편은 '십자가' 를 보여준다.

  * 1절 - 십자가에서 외치심(마 27:46; 막 15:34)

  * 2절 - 빛과 어두움이 교체 되었다(마 27:45).

  * 6-8절 - 사람들이 십자가를 보고 조롱함(마 27:39-44; 막 15:29 하)

  * 11-12절 - 아무도 베풀지 않았다(마 26:56).

  * 16절 - 주님이 손과 발을 찔리셨다(마 27:35).

  * 17절 - 그는 벌거벗음과 수치를 당하셨다(요 19:36).

  * 18절 - 옷을 제비 뽑는다(요 19:23-24; 마 27:35).

- 24편은 '부활'을 보여준다.
  * 이 시는 왕이 시온으로 들어오는 것을 묘사한다(계 19:11-16).
  * 3-4절은 승리하신 주님을 보여준다.
- 23편은 '생활'을 보여준다.
  * '십자가의 구속'을 받은 '성도'는 하늘 나라에 가기 전에 이 땅에서 '승리의 삶'을 살아간다.

2) 이스라엘의 파멸과 구속자의 구원(출애굽기와 일치)(42:1-72:20)
① 나의 힘이 되신 하나님(42:1-43:5)
② 이스라엘의 구속자(51:60)
③ 이스라엘의 구원(61:1-72:19)

3) 축복이 충만한 가운데 건설을 바라봄(레위기와 일치)(73:1-89:52)
① 성소의 황폐(73:1-83:18)
② 성소의 건설과 축복의 넘침(84:1-89:52)

4) 축복의 필요와 기대와 즐거움(민수기와 일치)(90:1-106:48)
① 축복의 필요(90:1-94:23)
② 축복의 기대(95:1-100:5)
③ 축복의 즐거움(101:1-106:48)

5) 하나님의 말씀으로 치료하심(신명기와 일치)(107:1-150:6)
① 시편 119편은 성경에서 가장 긴 장이다(총 176절).
- 성경은 무엇인가?
    깨끗하게 하는 물(9), 부와 보물(14, 72, 127, 162), 동료와 친구(24), 노래

(54), 꿀(103), 등불(105, 130), 기업(111)

- 성경이 하는 일은 어떤 것인가 ?

  축복한다(1-2), 생명을 준다(25, 37, 40, 50, 88, 93), 힘을 준다(28), 자유를 준다(45), 지혜롭게 한다(66, 97-104), 친구를 만든다(63), 위로를 준다(50, 76, 82, 92), 방향을 제시한다(133).

- 우리가 성경으로 해야 할 일

  사랑하라(97,159), 존중하라(72,158), 연구하라(7, 12, 18, 26-27), 암기하라 (11), 묵상하라(15, 23, 48, 78, 97, 99, 148), 신뢰하라(42), 순종하라(1-8), 선포하라(13, 26)

② 승리의 할렐루야 (146:1-150:6)

- 이 부분의 시는 할렐루야로 시작하여 할렐루야로 끝난다.
- 이 '할렐루야 송영시' 는 승리를 의미한다.

잠언

책 이름	본서를 한글 개역성경은 '잠언'이라고 번역하고 있다.
기록자	본서의 기록자는 솔로몬이다(1:1, 10:1, 25:1). 열왕기상 4 장 29-34절과 전도서 12장 9-10절을 연결해 보면 본서의 기록자가 솔로몬임을 알 수 있다.
기록 연대	본서의 기록 연대는 솔로몬의 재위 기간인 B.C 970-930년 일 것이다. 솔로몬은 젊은 시절에 '아가'를 저술했고 그의 생 애를 뒤돌아보면서 저술한 전도서는 그의 말년일 것이고, 이 잠언은 지혜의 왕으로서 큰 명성을 얻고 있었던 중년기에 쓰 여졌을 것이다.

1. 잠언의 주제

잠언은 '지혜'이다. 이 잠언에서 성도들은 '영적인 지혜'를 배우고 구해야 한다. 성경은 '세상 지혜'가 있고, 위로부터 오는 '하나님의 지혜'가 있다고 가르친다(고전 2:1-8; 약 3:13-18).

잠언 8장 22-31절은 솔로몬의 지혜를 논하면서 곧 지혜, 그것은 예수 그리스도라고 말한다. 이 부분에서 지혜는 영원하다(8:22-26), 모든 만물의 창조자이다(8:27-29), 하나님의 사랑을 받는 자이다(8:30-31)라고 말하고 있다.

지혜로운 사람의 성품은 '교훈에 귀를 기울인다'(1:5), '듣는 말에 순종한다'(10:8), '배운 것을 간직한다'(10:4), '다른 사람을 여호와께 인도한다'(11:30), '죄를 피한다'(14:16), '자기의 혀를 지킨다'(16:23), '자신의 일과에 부지런하다'(10:5).

우리는 잠언에서 일상생활에서 실천할 수 있는 지혜를 많이 얻는데 곧 혀, 돈, 우정, 가정, 사업관계 등에 관한 것이다. 그러므로 우리가 하루에 잠언을 한 장씩 읽는다면 큰 유익을 얻을 수 있고, 한 달이면 잠언 전체를 읽을 수 있다.

2. 잠언의 짜임새

■ 잠언은 '지혜' 를 보여 준다.

지혜와 어리석음 (1:1-9:18)	솔로몬의 다른 잠언들 (10:1-22:16)	왕과 통치자를 위한 잠언 (22:17-31:31)
• 어리석은 자는 지혜의 초대를 거부한다. • 하나님의 지혜를 잡으라. • 지혜의 부름에 응했을 때 생기는 축복	• 의인과 악인의 삶 • 하나님께서 주관하시는 삶 • 여러 가르침의 잠언들	• 지혜 있는 자들의 잠언 • 히스기야 왕의 신하들이 편집한 잠언들 • 아굴의 잠언 • 르무엘 어머니의 잠언

1) 지혜와 어리석음

① 어리석은 자는 지혜의 초대를 거부한다(1:1-33).

- 지혜는 어리석은 자, 거만한 자, 미련한 자를 초대한다(1:22).
- 어리석은 자는 '지혜의 말을 듣기 싫어한다.' 그리고 '손을 펴도 오지 않는다.' 또한 '지혜의 교훈을 멸시한다'(1:24-25).

② 하나님의 지혜를 붙잡으라(2:1-4:27).

- 지혜는 우리의 길을 보호하신다(2:7-8, 11-12, 16).
- 지혜는 우리의 길을 인도하신다(3:5-6).
- 지혜는 우리의 길을 완전케 하신다(4:11-13, 18).

③ 지혜의 부름에 응했을 때 생기는 축복(5:1-9:18).

- 확실한 구원이다. 잠언 5장은 '음녀' 에 대한 기록이며, 요한계시록에서는 '음녀의 멸망' 을 보여 준다(계 17:1-18:24). 6장에는 하나님이 싫어하시는 것이 나온다. 이는 '교만한 눈', '거짓된 혀', '피를 흘리는 손', '악한 계교를 꾀하는 마음', '빨리 악으로 달려가는 발', '잘못된 증인', '형제사이를 이간하는 자' 이다.
- 확실한 부요이다(8:1-36). 지혜는 은, 정금, 진주 보다 더 낫다.

- 확실한 생명이다(9:1-18). 어리석은 자는 생명을 버린다. 그러나 지혜로운 자는 생명을 얻는다(9:6, 11).

2) 솔로몬의 다른 잠언들(10:1-22:16)

① 의인과 악인의 삶(10:1-15:33)

- 어리석은 자, 속이는 저울, 교만한 자, 사특한 자, 험담을 좋아하는 자, 도략이 없는 자, 타인을 위해 보증하는 자는 멸망한다(11:1-31).
- 훈계를 좋아하는 자, 의인의 생각, 진리를 말하는 자, 실한 입술을 가진 자는 하나님께서 인정하시고, 복을 받게 된다(12:1-28).
- 언어 생활, 재물, 자녀 교육에 있어 의인과 악인사이에는 큰 차이가 있다(13:1-25).
- 화를 빨리 내는 사람은 어리석은 취급을 받게 된다. 화를 더디 내는 사람은 큰 이해심이 있는 사람이다. 하나님을 경외하는 것은 생명의 원천이다(14:1-35).
- 부드러운 대답은 화를 가라앉힌다. 친절한 말은 생명나무이다. 정당한 기도는 하나님이 기뻐하신다.

② 하나님께서 주관하시는 삶(16:1-18:24)

- 인간의 모든 일이 여호와의 장중에 달려있다(16:1-33).
- 화목케도 하고, 다툼을 일으키기도 하는 근원이 '사람의 언행' 임으로 화평케 하는 자(마 5:9)의 사명에 힘쓰라(17:1-28).
- 바보의 입은 그를 파멸시킨다. 그리고 바보라도 잠잠하면 현명한 취급을 받는다. 제비뽑는 것은 다툼을 그치게 한다(18:1-24).

③ 여러 가르침의 잠언들(19:1-22:16)

- 가난해도 떳떳이 사는 것, 미련한 자, 세속적인 재물을 이길 수 있는 방법, 용서, 징계 등을 논하고 지혜를 구하라고 한다(19:1-29).
- 음주의 폐단, 게으른 자, 의인의 후손, 남을 속이는 행위, 원수는 하나님께

맡기라는 교훈 등이 우리에게 권고된다(20:1-30).

- 하나님께서 인간을 보시는 관점, 성도들은 의와 공평을 행해야 한다. 높은 눈, 교만한 마음, 악인의 형통은 당장 좋은 것 같아도 결국 죄를 낳게 된다. 악인의 재물은 하나님께서 가증히 보신다(21:1-31).
- 금·은보다 은혜를 택하라. 악인은 악을 심고, 패망을 거두며, 게으름으로 인해 가난하게 될 것이며, 그리고 가난한 자를 학대하면 가난하게 될 것이다.

3) 왕과 통치자를 위한 잠언(22:17-31:31)

① 지혜있는 자들의 잠언(22:17-24:34)

- 지혜있는 자들의 잠언 목적은 여호와를 의뢰하는 자들을 만들기 위함이고(22:19), 진리의 말씀을 깨닫기 위함이고(22:21), 진리의 말씀으로 대답하기 위함(22:21)이다.
- 지혜자들의 교훈을 듣는 자들의 태도는 '귀를 기울이고' (22:17), '그 말씀에 마음을 두며' (22:17), '그 말씀을 마음에 보존하고' (22:18), 그 말씀을 입술에 있게 하여야' (22:18) 한다.
- 이들의 구체적인 내용은 탐욕에 대한 경고, 재물의 허무함, 자녀 교육에 대한 지침, 술 취함에 대한 절제이다. 그리고 의인과 악인, 지혜로운 자와 어리석은 자의 생활을 비교하면서 종말을 소개하며 교훈한다(23:1-24:34).

② 히스기야 왕의 신하들이 편집한 잠언들(25:1-29:27)

- 왕과의 관계, 이웃과의 관계, 어리석은 자와의 관계, 게으름뱅이와의 관계를 말하고 있다(25:1-26:16).
- 거짓된 혀, 생활에 대한 잠언, 악인과 의인, 지혜로운 자의 생활을 말하고 있다(26:17-29:27).

③ 아굴의 잠언(30:1-33)

- 아굴이란 사람의 신분에 대한 기록은 전혀 없다. 그러나 그는 마치 신약의 사도같은 인물이다(고전 15:9-10; 엡 3:8, 9; 딤전 1:15-16).
- 아굴은 개인적인 말(30:1-14)과 여러 가지 말(30:15-33)로 교훈하고 있다.

④ 르무엘 어머니의 잠언(31:1-31)

- 르무엘이 어떤 인물인지는 전혀 알려지지 않는다.
- 르무엘은 자기 어머니의 훈계를 기록하고(31:2-9), 또 자기 어머니의 모습과 같은 현숙한 여인을 등장시켜 교훈한다(31:10-31).

<table>
<tr><td rowspan="4">전
도
서

</td><td>책 이름</td><td>본서 제목은 히브리어 성경의 '코헬렛'에 그 기원을 두고 있는데 그 뜻은 '설교자' 혹은 '전도자'라는 말이다. 우리 말 성경은 '전도자의 말'이라는 뜻에서 '전도서'라 부르고 있는 것이다.</td></tr>
<tr><td>기록자</td><td>본서의 기록자는 각종 유대 전승 및 초대 교회 시대의 수많은 교부들의 공인에 의해 본서의 표제가 밝히는 대로 '다윗의 아들 예루살렘 왕'(1:1) 곧 솔로몬 왕으로 알려져 왔다.</td></tr>
<tr><td>기록 연대</td><td>본서의 기록이 솔로몬으로 확정됨에 따라 기록 연대는 솔로몬이 인생 역경을 모두 경험한 후 그의 왕 말기인 B.C 935년경으로 볼 수 있다.</td></tr>
</table>

1. 본서의 기록 목적 및 중심 사상

본서는 염세적인 사상(pessimism)이나, 허무주의적인 사상(Nihilism)을 찬양하는 책이 아니며, 또한 세상의 물질적인 것을 중시하는 유물주의적 사고방식(Materialism)을 권장하는 책도 아니다. 오히려 본서는 '하나님을 깨닫고'(12:1), '그의 뜻대로 살 것'을 강조한다.

따라서 본서의 기록 목적은 인간으로 하여금 '하나님만을 경외하고 그의 명령을 지키도록 하기 위함'(12:13)이다. 전도서에 자주 등장하는 단어는 '지혜'(50회), '마음'(40회), '헛되다'(39회), '해 아래서'(29회) 등이다. 이 단어들은 또한 전도서의 주요 주제를 강력히 암시하는 단어들이다.

이런 단어들 가운데 '헛되다'와 '해 아래서'를 중심 단어로 볼 때 인간 각자의 참다운 삶의 의미는 하나님 안에서 찾아야 한다는 것과 하나님의 뜻을 따라 살아야 한다는 본서의 기록 목적을 발견할 수 있다.

2. 전도서의 짜임새

■ 전도서는 '인간의 본분'을 보여 준다.

첫 번째 교훈 모든 것이 헛되다 (1:1-3:22)	두 번째 교훈 모든 것이 허무하다 (4:1-5:20)	세 번째 교훈 모든 것이 부실없다 (6:1-8:13)	네 번째 교훈 하나님을 경외하라 (8:14-12:14)
• 전도서의 서론 • 지혜, 쾌락(즐거움)은 인생 문제를 해결하지 못한다. • 수고는 인생문제를 해결하지 못한다. • 하나님이 없으면 만족이 없다. • 만사는 기한과 때가 있다. • 만사는 목적으로가득 차 있다. • 인생은 하나님 안에서 즐거움을 누릴 수 있다.	• 학대를 받아도 위로자가 없다. • 수고해도 안식이 없다. • 도와줄 친구가 없다. • 계속성 없는 권력은 무익하다. • 하나님을 경배하라. • 하나님께서 주시지 않으면 만족이 없다. • 하나님이 주시는 것으로 만족하라.	• 재물, 부요, 존귀는 헛된 것이다. • 장수하는 것도 헛된 것이다. • 지혜있는 것도 헛된 것이다. • 보다 나은 것을 추구하라.	• 즐길 수 있는 대로 즐겨라 • 지혜와 어리석음을 배워라. • 왕들의 통치를 배워라. • 선한일을 배워라. • 젊었을 때 하나님을 배워라. • 인간의 본분을 배워라.

3. 전도서의 내용

1) 첫 번째 교훈 - 모든 것이 헛되도다(1:1-3:22).

① 전도서의 서론(1:1-11)

• 본서의 서론에서는 하나님의 언약의 계승자임을 강조하는 '다윗의 아들', 이스라엘의 통치자임을 강조하는 '예루살렘의 왕', 그리고 뛰어난 지혜로써 인생의 문제를 탐구하였음을 강조하는 '전도자'라는 3중적인 자기소개를 통해 역사상 가장 뛰어난 지혜를 소유하였던 자이며, 온갖 부귀영화를 누렸던 솔로몬이 본서의 저자임을 소개하고 있다.

• 저자는 2절에서 인생의 헛됨을 계속 반복하여 외치면서 본서 전체에서 다

룰 '허무 문제'를 제시한다.

- 본서에는 '해 아래'(29회), '헛되다'(39회), '하늘 아래'(3회), '땅 위에'(7회), '하나님'(40회), '마음'(40회), '지혜'(50회) 등의 단어가 반복적으로 등장한다.

② 인생 문제의 열쇠(1:12-2:23)

- 1장 12-18절에는 '지혜'와 '지식'이란 단어가 자주 나온다. 이는 솔로몬 자신은 이 땅의 그 누구보다도 '지혜'와 '지식'을 소유한 사람이지만 이것으로는 인생 문제를 해결할 수 없다고 강조하는 것이다. 솔로몬은 모든 인간의 활동들이 '바람을 잡으려는 것'에 불과하며 참된 성취가 불가능하다고 한다(1:14).

- 2장 1-11절에서는 '쾌락(즐거움)'은 인생의 문제를 해결할 수 없다고 강조하고 있다. 2장 12-23절에서는 '수고'도 인생의 문제를 해결해 줄 수 없다고 강조하고 있다. 솔로몬은 건물도 짓고, 투자도 하며, 생산도 하였다. 그러나 그런 활동들은 생각만 해도 역겹다고 말하고 있다(2:18).

③ 하나님 안에 만족이 있다. (2:24-3:22)

- 1장 12절에서 2장 23절에는 '하나님'이란 단어가 단 한 번(1:13) 기록되어 있으나, 2장 24절에서 3장 22절에서는 계속 '하나님'이란 단어가 나오고 있다. 우리는 이를 통해 '하나님이 개입'하실 때 만족이 있고, 하나님이 없으면 만족이 없다(2:24-26)는 진리를 발견할 수 있다.

- 만사는 기한과 때가 있다(3:1-8). 만사는 목적으로 가득 차 있다(3:9-15). 인생은 하나님 안에서 즐거움을 누릴 수 있다(3:16-22).

2) 두 번째 교훈 - 모든 것이 허무하다(4:1-5:20).

① 허무한 것들(4:1-16)

학대를 받아도 위로자가 없다는 것이다. 학대받는 자가 눈물을 흘려도, 학대하는 자가 권세가 있으니 이 권세가 무서워 학대받는 자를 위로할 길이 없다는 것이다(4:1-3).

아무리 수고하며 노력해도 이것을 시기하는 세력들이 있으니 차라리 한 손에만 가득한 것이 낫다는 것이다(4:4-6).

8절에는 탐욕에 매여 다른 어떤 사람들과도 자신의 이익을 나눌 생각을 버리고 혼자 억척스럽게 일만하는 자를 묘사하고 있다. 이런 사람들은 친구까지도 잃게 된다. 친구를 갖는 일은 커다란 축복임을 알아야 한다.

② 하나님을 경배하라(5:1-7).

인간이 하나님 앞에 설 때 보다 겸손하고 순종하는 태도를 가져야 하며, 서원하는 것도 진실되게 해야 한다.

③ 하나님께서 주시지 않으면 만족이 없다(5:8-20).

빈민을 학대하고, 공의를 박멸하는 것을 보는 것은 매우 슬픈 일이다. 재산이 아무리 많아도 그것이 만족을 주지 못한다(5:8-12). 하나님께서 주시는 것만이 만족을 준다.

3) 세 번째 교훈 - 모든 것이 부질 없는 것이다(6:1-8:13).

① 세상 일이 모두 허무하다(6:1-12).

재물의 부요, 존귀를 하나님께 받았으나 능히 누리지 못하니 허무하다(6:2). 다산과 장수에도 심령에 낙이 족하지 못하다(6:3). 인간은 지혜의 한계를 느끼므로 하나님의 주권에 순종해야 한다(6:10).

② 보다 나은 것을 추구하라(7:1-8:13).

아름다운 이름이 보배로운 기름(7:1)보다 낫고, 초상집에 가는 것이 잔치 집에 가는 것(7:2)보다 낫다. 참는 마음이 성급한 마음보다 낫고(7:8-9), 지혜가 돈보다(7:11-12), 하나님께 복종이 반항보다(7:13-14), 하나님을 경외하는 것이 그 어떤 것보다 낫다(7:15-22). 하나님을 기뻐하는 것이 인간의 꾀보다 낫고(7:23-

29), 분별력이 시기보다(8:1-5), 하나님을 경외하는 것이 악보다 낫다(8:6-13).

4) 네 번째 교훈 - 모든 것에 하나님을 믿음으로 경외하라(8:14-12:14).

즐길 수 있는 대로 즐겨라(8:14-9:16). 지혜자와 우매자가 주는 교훈을 배워라
(9:17-10:20). 최선을 다해 선을 행하라(11:1-8). 젊었을 때 하나님을 섬겨라.

결론 : 일의 결국을 다 들었으니 '하나님을 경외하고, 그 명령을 지키는 것' 이
인간의 본분이다.

아가

책 이름	영어 성경은 히브리어 성경의 제목을 직역한 '아스마 아스마톤' 즉 'Song of Song'을 제목으로 삼았다. 한글 개역성경도 '아름답고 정결한 노래'라는 뜻을 가진 '아가'를 본서의 제목으로 삼은 것이다.
기록자	본서의 기록자가 솔로몬이라는 사실은 거의 확실하다.
기록연대	본서는 솔로몬의 재위 기간(B.C 970-930년)중에서도 초기에 해당하는 B.C 970-960년일 것으로 추정된다.

1. 본서를 어떻게 해석할 것인가?

한 성경을 어떠한 방법으로 해석할 것인가에 따라 그 성경의 의미와 그 안에 있는 진리가 크게 달라질 수 있다. 그럼 아가를 어떻게 해석할 것인가?

1) 첫째 : 풍유적 해석 방법

아가의 두 남녀 주인공 사이의 사랑을 그린 노래들을 하나님과 그의 선민인 이스라엘 또는 그리스도와 신약 교회 사이의 거룩한 사랑을 보여주는 알레고리(Allegory)라고 보는 견해이다.

그리고 노래의 1차적 내용 그 자체는 그다지 정확한 역사적 사실에 기인한 것도 아니며, 따라서 아가는 두 남녀 사이의 사랑이라는 관점에서 여타한 신학적 가치도 갖지 않는다고 본다. 이는 유대교나 초대 및 중세 시대의 기독교권에서 널리 지지되던 견해였다.

2) 둘째 : 문자적(사실주의적) 해석 방법

이 해석 방법은 본서를 결혼 축가 혹은 연애 시로만 이해하고 더 이상의 영적 의미나 교훈을 찾으려 하지 않는 방법이다.

3) 셋째 : 모형적(상징적, 예표론적) 해석 방법

모형적 해석을 내세우는 학파에서는 아가의 인물들과 사건들을 영적 진리에 대한 암시로 본다. 그러나 풍유적 해석처럼 그러한 암시들을 어떤 측정된 영적 진리에다 무리하게 끼워 맞추지는 않는다.

이 견해는 다음과 같은 캠블 모간(Campbell Morgan)의 말 속에 잘 요약되어 있다.

"아가는 먼저 단순하고 우아한 인간적 애정 시로 취급되어야 한다. 그 다음 단계에서 우리들은 본 시가가 인간의 영과 성령의 영, 그리고 궁극적으로 교회와 그리스도 사이의 교제의 기쁨을 노래한 보다 높은 차원의 가치를 드러낸 것으로 승화시켜 이해해야 한다. 이 견해가 가장 무난한 해석인 듯하다."

아가는 동양적인 사랑의 시로서 매우 사실적인 언어로 표현되긴 했지만, 본 시에 나오는 신부는 교회에 대한 하나의 모형이며, 솔로몬은 예수 그리스도의 예표라 볼 수 있다. 우리들은 신부와 솔로몬 사이의 상호적인 사랑을 생각할 때에 보다 높고 보다 나은 차원의 사랑을 생각하지 않을 수 없다. 그래서 아가를 공부하면 우리들에 대한 주님의 사랑을 한층 더 잘 이해하게 되고, 또한 우리들이 주님께 바쳐야 할 사랑에 관해서도 배우게 된다.

2. 아가의 짜임새

■ 아가는 '사랑'을 보여준다.

연인의 노래 (1:1-3:5)	결혼식 노래 (3:6-5:1)	신혼부부의 노래 (5:2-8:14)
• 표제	• 축하하는 예루살렘 여인들의	• 결혼 초기에 임한 사랑의 갈등

연인의 노래 (1:1-3:5)	결혼식 노래 (3:6-5:1)	신혼부부의 노래 (5:2-8:14)

• 술람미 여인의 노래
• 솔로몬의 노래
• 솔로몬과 술람미 여인의 혼인
  약속
• 꿈속에서 솔로몬을 애타게 찾
  아 헤메는 술람미 여인
	노래
	• 신랑 솔로몬의 노래(첫 번째와
	  두 번째)
	• 신부의 간단한 화답의 노래
		• 신랑을 그리워하는 신부의 노래
		• 신랑과 신부의 사랑 회복
		• 춤추는 술람미 여인을 찬사하
		  는 예루살렘 여인들
		• 신랑신부의 노래
		• 신랑신부의 친정 방문
		• 신랑신부 마지막 교창

3. 아가의 내용

1) 여인의 노래 (1:1-3:5)

① 표제(1:1)

솔로몬의 아가는 하나님과 그의 백성간의 구속사적 사랑을 노래한 위대하고도 아름다운 노래이다.

② 솔로몬과 술람미 여인의 연인 시절의 열렬한 밀회와 벅찬 그리움의 감정이 잘 나타나 있다. 그리고 이들은 그들의 정열을 결혼까지 이끌어 간다. 술람미 여인이 꿈에 솔로몬을 잃어버리고 애타게 찾다가 급기야 찾아 그 기쁨을 성중의 사람들과 나누는 모습을 볼 수 있다.

2) 결혼식의 노래(3:6-5:1)

① 예루살렘 여인들의 노래(3:6-11)

이제 사랑을 나누던 두 연인이 마침내 온 세상의 축복 속에서 올리게 된 결혼식의 장엄하고도 즐거운 정경이 예루살렘 여인들의 합창으로 묘사된다.

그녀는 60명의 용사들이 호위하는 왕의 가마를 타고 예루살렘 왕궁으로 가고 있다. 그녀가 탄 가마는 레바논의 나무로 만들어졌으며 금과 은과 비싼 천으로 장식되어 있다.

한편 신랑(솔로몬 왕)은 그 머리에 면류관을 쓴 채 신부의 도착을 기다리고 있다.

이는 장차 주님께서 재림하신 후 이루어질 '어린양의 혼인잔치'(계 19:6-10)를 상징하고 있다.

② 술람미 여인의 아름다움을 노래하는 찬사 중 신혼의 환희와 아울러 신부의 육체적인 미가 충분히 표현되고 있다(4:1-16).

그녀의 신체 중 7부분을 들어 예찬하고 있는데 눈, 머리털, 이, 입술, 뺨, 목, 유방 등이다. 하나님께서는 인간의 정신뿐만 아니라 육체까지도 아름답게 지으셨으니 인간의 육체가 약하다고 생각해서는 안 된다.

3) 신혼부부의 노래(5:2-8:14)

① 결혼 초기에 일어난 사랑의 갈등(5:2-6:1)

결혼 초기에 문제가 생겼는데 그것은 신랑의 간절한 만남의 소원을 뿌리치고 거절하는데 원인이 있다. 기다리다 지친 신랑은 되돌아 간다. 그 후에야 신부가 잘못을 깨닫고 애타게 신랑을 찾아 헤맨다.

② 신랑신부의 사랑 회복(6:2-8:12)

약간의 갈등이 있었으나 두 연인은 이것을 극복하고 사랑을 승화시킨다. 신랑신부는 항상 대기하고 있는 예루살렘 합창단의 축하 노래와 더불어 더 깊고 아름다운 부부의 생활로 발전해 간다.

③ 신랑신부의 마지막 교창(8:13-14)

이 부분은 2장 8-9절, 그리고 2장 17절과 비슷한 내용이다. 신랑신부는 서로 끊임없이 갈망하고, 사모하는 심정으로 살아야 한다. 한편 이것은 요한계시록 22장 20-21절과 연결해 볼 수 있는 구절로, 우리는 사랑하는 신자의 가슴을 떠나 계신 주님을 향해 "주 예수여 오시옵소서."라고 외쳐야 한다. 이 때 주님께서는 "내가 진실로 속히 오리라."고 회답하실 것이다.

이
사
야

책 이름   본서의 제목은 이 책의 기록자인 이사야 이름을 따라 '이
         사야'라고 명명하였다.

기록자   본서의 저자가 아모스의 아들 '이사야'임을 유대인들의 전
         통에서나 교회의 전통에서 일반적으로 인정한다.

기록 연대 본서는 약 60여년간에 걸쳐 기록된 것으로 추정되며, 기
         록 연대는 B.C 739-680년경으로 본다.

1. 본서의 통일성 문제

본서의 통일성 문제에 대한 비평학자들의 의견이 분분하지만 우리들은 이사야 선
지자의 단일 저작이라고 믿고 있다.

2. 이사야의 짜임새

■ 이사야는 '구원과 축복'을 보여 준다. 그래서 이사야를 가리켜
   '구약의 복음서' 혹은 '이사야 복음'이라고 부른다.

악한 세상의 심판과 남은 자의 회복 (1:1-35:10)	히스기야 때의 기록 (36:1-39:8)	구원과 회복에 대한 예언 (40:1-66:24)
• 남 유다의 심판 예언과 보호의 약속 • 열방에 대한 예언 • 하나님의 최후 심판과 메시아 왕국의 승리 • 이스라엘과 유다에 대한 경고	• 히스기야의 신앙에 의해 앗수르로부터 구원됨 • 히스기야의 병치료와 생명 연장 • 히스기야의 실수와 남 유다 멸망 예고	• 하나님의 권능과 선민 회복 예언 • 메시아의 수난과 승리 • 하나님과의 관계 회복과 미래에 대한 예언 • 이스라엘의 회복과 메시아 왕국의 축복

3. 이사야의 내용

본서는 예언서 가운데 장수로는 가장 길고(66장), 분량 면에서는 예레미야 다음으로 많은 내용이 담긴 책이다. 본서는 신약의 로마서나 갈라디아서처럼 체계적으로 '구원'의 문제를 다루지는 않지만, 전체적으로 기독교 '구원론' 전반에 대해 일목요연하게 잘 보여 주고 있다.

본서는 내용의 전개가 크게 3부로 구분된다.

• 제1부는 1-35장으로 악한 현 세상의 세계 만민에 대한 하나님이 심판 예언과 남은 자의 회복 약속을 다룬다.

• 제2부는 36-39장으로 소위 삽입구라 한다. 이것은 히스기야 당시에 세 가지 역사 사건, 즉 앗수르 왕 산헤립의 예루살렘 침공과 격퇴, 히스기야 왕의 질병 치유, 그리고 히스기야의 실수 및 바벨론에 의한 남 유다 멸망 예언이다.

• 제3부는 40-66장인데 택한 백성의 구원을 예비하시고 이루시는 하나님의 구원 섭리와 그 결과를 언급한다.

• 한편 본서는 3부로 구성되어 있으나 그 내용으로 볼 때 1-39장과 40-66장, 이렇게 전 · 후로 나눌 수도 있다. 전반부는 '인간의 죄악과 하나님의 심판'을, 후반부는 메시아 사역으로 말미암는 '구원과 축복'을 주로 다룬다.

1) 악한 세상의 심판과 남은 자의 회복(1:1-35:10)
  ① 남 유다의 심판 예언과 보호의 약속(1:1-12:6)

• 하나님께서는 유다의 죄를 지적하신다. 그리고 책망하신다. 그 후 하나님은 심판을 단호히 선포하신다.

• 심판의 도구로 앗수르를 들어 쓰신다.

• 그러나 은혜로우신 하나님께서는 '남은 자'를 통하여 소망을 주시고 그의 말씀에 순종하는 경건한 자들을 굳게 붙잡아 주실 것을 약속하신다.

② 열방에 대한 예언(13:1-23:18)

- 하나님과 그의 택한 백성을 대적하며 교만히 행할 뿐만 아니라 권력과 재물로 육신의 만족만을 좇는 음란하고 악한 열방 10개 국인 바벨론(13:1-22, 14:4-23:18, 21:1-10), 앗수르(14:24-27, 17:12-14), 블레셋(14:28-32), 모압(15:1-16:14), 아람(17:1-3), 북 이스라엘(17:4-11), 애굽(19:1-20:6), 에돔(21:11-12), 아라비아(21:13-17), 두로(23:1-18)에 대한 하나님의 엄중한 심판을 경고하고 있다.
- 남 유다 역시 비록 하나님의 택한 백성이지만 범죄한 이상 이방인들과 동일한 심판을 면할 수 없다는 사실(22:1-25)과 다만 여호와께 돌아오는 소수의 남은 자만이 구원과 복을 얻게 될 것임을 선포하고 있다(14:1-3).

③ 하나님의 최후 심판과 메시아 왕국의 승리(24:1-27:13)

- 이 부분은 이 세상에 대한 하나님의 최후 심판과 메시아 왕국의 승리를 선포한다.
- 13-23장에서 언급한 역사의 진행 중에 나타날 하나님의 철저한 공의의 심판 원리가 역사의 마지막 날에 이 세상에 속한 모든 나라들에게 적용되어 멸망을 당할 자와 축복된 메시아 왕국에 들어갈 자들의 형편이 극명한 대조를 이루게 될 것임을 보여준다. 그래서 이 부분을 가리켜 학자들은 소위 '이사야의 소묵시록'이라고 부르기도 한다.

④ 화와 복의 노래(28:1-35:10)

- 이스라엘과 유다에 대한 경고 1-27장의 결론으로 선민 이스라엘과 열방에 대한 '화와 복'을 보여주며, 악한 세상에서 하나님을 경외하는 경건한 남은 자의 구원이라는 주제를 더욱 심화·발전시켜 보여준다.

2) 히스기야 때의 기록 (36:1-39:8)

① 앗수르의 멸망(36:1-37:38)

B.C 701년에 있었던 앗수르 왕 산헤립의 제2차 예루살렘 침공과 히스기야

기도에 응답한 결과로 앗수르가 멸망함

② 히스기야의 병을 고치심(38:1-22)

　기도의 응답으로 15년간 생명이 연장됨

③ 히스기야의 실수와 남 유다 멸망 예언(39:1-8)

- 히스기야는 바벨론 사신들에게 왕국의 모든 보물과 무기를 내 보임으로써 자신의 힘을 자랑하는 교만을 드러냈다.
- 이로 인하여 바벨론에 의해 멸망할 것이라는 예언을 듣게 됨

3) 구원과 회복에 대한 예언(40:1-66:24)

　이 부분은 이사야 당대가 아니라 이사야 시대로부터 약 150년 후에나 있을 바벨론 포로 및 귀환 시대를 역사적 배경으로 하여 택한 백성에 대한 하나님의 구원 섭리를 보여주고 있다.

① 하나님의 권능과 선민 회복 예언(40:1-48:22)

- 하나님께서는 바사 왕 고레스를 도구로 선민 이스라엘을 바벨론 포로에서 해방시킬 것을 예언한다.
- 하나님은 절대 구원자로서 권능과 주권을 행사하신다. 그리고 모든 우상 숭배를 경고하시면서 여호와 유일 신앙을 권고하신다.

② 메시아의 수난과 승리(49:1-57:21)

　세 편의 '여호와의 종 노래' (49:1-7, 50:4-9, 52:13-53:12)를 중심으로 하여 여호와께서 구속자요, 대속자이신 메시아를 통하여 택한 백성들의 구원을 위한 구속 사역을 이루실 것을 보여준다.

③ 하나님과의 관계 회복과 미래에 대한 예언(58:1-66:24)

　바벨론으로부터 귀환, 하나님과 이스라엘 간의 교회 회복, 그리고 메시아 왕국으로 택한 백성들이 누릴 영광과 축복을 예언한다.

예레미야

책 이름	본서는 주인공이자 기록자인 선지자 예레미야의 이름을 본따서 제목이 붙여진 것이다.
기록자	본서의 저자가 '예레미야'인 것은 내·외 증거로 알 수 있다.
기록 연대	본서의 기록 연대는 예레미야의 사역 기간만큼 길게 보아야 한다.

구약핵심정리

1. '눈물의 선지자' 예레미야

예레미야는 요시야 왕 13년인 B.C 627년에 비교적 어린 나이(대략 20세로 추정됨)에 하나님의 부르심을 받아 예언 활동을 시작하였고, 요시야 왕을 도와서 종교 개혁의 일익을 담당하기도 했다. 그러나 요시야 왕이 죽은 후에는 유다의 회개를 촉구하며, 회개하지 않으면 유다는 멸망할 것이라고 예언하여 많은 배척을 받았고, 특히 침략자 바벨론에 대항하지 말고 차라리 그들을 섬기라고 권하다가 반역자로 몰리기도 했다. 따라서 사랑하는 동족들로부터 배척을 받아가면서까지 오직 하나님이 명하신대로 유다의 멸망을 예언해야만 했던 그는 진정 눈물의 선지자가 될 수밖에 없었던 것이다.

2. 예레미야의 짜임새

■ 예레미야는 '하나님의 공의와 사랑'을 보여준다

예레미야의 소명 (1:1-19)	예루살렘 함락 이전 (2:1-39:18)	예루살렘 함락 이후 (40:1-52:34)
• 서론	• 유다를 향한 열 두 편의 심판	• 이스라엘 주변 국가들의 심판

예레미야의 소명 (1:1-19)	예루살렘 함락 이전 (2:1-39:18)	예루살렘 함락 이후 (40:1-52:34)
• 소명 • 확신을 주심 • 권고	경고에 관한 설교 • 유다를 향한 예언	경고 • 바룩이 첨가한 역사적 부록

3. 예레미야의 내용

예레미야는 이미 북 왕국 이스라엘이 앗수르에 의해 멸망하고(B.C 722년) 남 왕국 유다마저 멸망을 향해 치달아 가던 B.C 7세기 말부터 유다가 바벨론에 의해 멸망한(B.C 586년) 직후인 B.C 6세기까지의 암울한 시대 상황을 역사적 배경으로 하여 종교적, 도덕적으로 극심하게 타락한 유다 백성들을 향해 하나님의 준엄한 심판경고와 그 성취, 그리고 새로운 구원의 소망을 주는 회복의 메시지를 선포하는 것을 주 내용으로 하고 있다.

1) 예레미야의 소명(1:1-19)

① 서론(1:1-3)

예레미야는 제사장 가문 출신이다. 그의 소명 시기는 유다 왕 중에서 가장 경건한 요시야 왕(16대) 때부터 시작된다. 그의 활동 기간은 유다의 말기이다.

② 권면(1:11-19)

하나님께서는 예레미야가 선뜻 순응하지 못하는 소명에 대해 두 가지 환상을 보여준다. 첫째는 '살구나무 가지 환상' (1:11-12)이고, 둘째는 '북쪽에서부터 기운 끓은 가마 환상' (1:13-16)이다.

2) 예루살렘 함락 이전(2:1-39:18)

① 요시야의 통치(2:1-12:17)

- 유다의 죄를 지적하고 회개를 촉구한다(2:1-6:30).
- 예레미야의 경고와 선지자의 슬픔(7:1-9:26)
- 백성들의 우상 숭배와 불순종이 계속되는 것을 보여준다(10:1-12:17).

② 여호야김의 통치(13:1-20:18, 25:1-27:11)

- 예레미야의 큰 적들은 제사장들과 선지자들이었다(26:7-8).
- 예레미야의 예언은 다니엘에서 이루어졌다(25:1-14).
- 예레미야는 왕 앞에서 그의 잘못된 행위를 비난했다(22:13-19).
- 예레미야는 계속 비난을 받아도 절대로 굴하지 않았다.

③ 시드기야의 통치(21:1-24:10, 27:12-39:18)

- 바벨론의 제2차 예루살렘 침공(B.C 597년)과 유다 백성들의 바벨론 포로가 단행된 이후 바벨론의 느부갓네살에 의해 왕위에 오른 시드기야는 유다 백성들의 70년 포로 생활이 하나님의 뜻이므로(25:11) 바벨론의 주권에 복종하라는 예레미야의 권고를 무시하고 주변 열방들과 반 바벨론 동맹을 맺고 바벨론에 항거한다. 그리고 그 당시인 시드기야 제4년 곧 B.C 593년 전·후를 시대적 배경으로 하여 유다 백성들의 바벨론 포로가 길지 않을 것이라는 거짓 예언으로 백성들을 호도함으로써 시드기야를 비롯하여 유다 백성들로 하여금 하나님의 주권적인 뜻을 거스려 바벨론에 항거하도록 선동한 거짓 선지자들을 향한 심판 경고를 언급하고 있다.
- 제 30-33장은 본서에서 소위 '위로의 책'이라 불리우는 부분으로 선민 이스라엘의 회복 및 영광스런 메시아 왕국의 도래에 대한 예언을 언급하고 있다.

3) 예루살렘 함락 이후(40:1-52:34)

이 부분에서 하나님과 그의 백성을 대적하며 교만하게 행동할 뿐만 아니라 권력과 제물로 육신의 만족만을 좇는 음란하고 악한 나라를 심판하는 모습을 본다.

① 이스라엘 주변의 10나라들(46:1-51:64)

- 애굽(46:28)
- 불레셋(47:1-7)
- 모압(48:1-47)
- 암몬(49:1-6)
- 에돔(49:7-22)
- 다메섹(49:23-27)
- 게달과 하솔(49:28-33)
- 엘람 (49:34-39)
- 바벨론 (50:51-64)

② 바룩이 첨가한 역사적 기록

B.C 586년에 있었던 예루살렘의 멸망과 그 이후의 사건들이 나온다. 이러한 본문은 열왕기하 24장 18절에서 25장 30절의 내용과 문자적으로도 일치한다. 즉, 이는 예레미야가 유다를 향해 선포한 예언이 분명히 성취되었음을 밝히는 것이다. 예레미야는 계속 비난을 받아도 절대로 굴하지 않았다.

예레미야애가

책 이름 영어 성경의 제목과 한글 개역성경의 제목은 '애가'라고 했는데 이 애가란 '슬픔의 노래' 혹은 '눈물의 노래'란 말이다.

기록자 전통적으로 유대인들과 기독교에서는 예레미야가 본서의 기록자인 것으로 본다.

기록 연대 기록 연대는 B.C 586년 즉, 예루살렘 멸망(왕하 25:8-12) 직후라고 할 수 있다.

1. 예레미야애가의 기록 목적

예레미야는 이스라엘 백성들을 향하여 회개를 촉구하고 여호와 하나님을 향하여는 조속한 구원을 간구한다.

하나님의 징계는 심판이 목적이 아니라 이 징계를 통하여 이스라엘 백성들이 자신들의 실상을 제대로 깨닫고 회개하는 데 있으며, 그리고 하나님의 심판을 겸허히 받아드리며 순종하는 데 있다.

2. 예레미야애가의 짜임새

■ 예레미야애가는 '애통과 소망'을 보여준다.

애가 (1)	애가 (2)	애가 (3)	애가 (4)	애가 (5)
위로할 자가 없다 (1:1-22)	여호와여 감찰하소서 (2:1-22)	구원을 바라고 심심하라 (3:1-66)	의인의 피를 흘렸도다 (4:1-22)	우리가 당한것을 기억하소서 (5:1-22)
• 예루살렘의 파괴 • 예루살렘 함락과	• 예루살렘 멸망의 참상은 하나님의	• 하나님의 진노의 매를 맞는 자의	• 파괴와 기근으로 인한 예루살렘 참	• 하나님의 멸망을 보고 호소와 회개

애가 (1)	애가 (2)	애가 (3)	애가 (4)	애가 (5)
위로할 자가 없다 (1:1-22)	여호와여 감찰하소서 (2:1-22)	구원을 바라고 잠잠하라 (3:1-66)	의인의 피를 흘렸도다 (4:1-22)	우리가 당한것을 기억하소서 (5:1-22)
황폐화는 자신들의 죄 때문임 • 선민을 도륙한 악한 자들에게 공의의 심판을 내려달라는 선지자의 호소	진노임 • 예루살렘을 향한 예레미야의 권면 • 여호와 하나님을 향한 선지자의 애원	탄식 • 구원의 소망을 언급함 • 멸망의 심판에 대한 고뇌 • 예레미야가 하나님을 향하여 애절한 구원을 호소 하고 있다.	상 • 거짓 선지자와 제사장들의 죄악 • 이방 나라를 의지함 • 회복의 소망을 선언함	• 하나님의 사랑과 언약을 믿고 조속한 회복 간구

3. 예레미야애가의 내용

1) 애가 (1) - 위로할 자가 없다(1:1-22).

① 예루살렘의 파괴(1:1-9 상반절).

바벨론 군대에 의해 함락된 예루살렘을 함락 전과 비교하며 슬퍼한다.

② 함락의 원인(1:9 하반절-11)

예루살렘의 함락은 원수들의 잔악한 행위이나, 결국 백성들의 죄악으로 인하여 함락되었다.

③ 열방을 향한 선지자의 간증(1:12-19)

자신의 죄에 대한 하나님의 진노를 여러 가지 비유로 묘사하며 참상의 결과를 보여 주었다.

④ 원수(바벨론)를 도륙하고 원수를 갚아 달라고 호소함

2) 애가(2) - 여호와여 감찰하소서(2:1-22).

① 예루살렘 참상의 원인(2:1-12)

군대의 약함이나 외부 조건이 아닌 유다의 범죄에 대한 하나님의 진노이다.

② 예레미야의 권면(2:13-19)

예루살렘 함락은 수치스럽고 고통스러운 일이다. 그러나 이것은 하나님의 공의로우신 진노이다.

③ 선지자의 애원(2:20-22)

선지자는 현재의 상황을 그대로 아뢰면서 하나님께 자비와 긍휼을 베풀어 달라고 애원한다. 또한 진노를 거두어 달라고 애원한다.

3) 애가(3) - 구원을 바라고 잠잠하라(3:1-66).

① 하나님의 진노로 매를 맞는 자의 탄식(3:1-18)

예레미야 역시 매를 맞는 백성의 일원으로 탄식한다. 이 탄식을 여러 가지 비유와 상징으로 호소한다.

② 구원의 소망을 언급함(3:19-41)

하나님은 자비와 긍휼이 무한하시기 때문에 택한 백성을 버리지 않을 것이다. 신실하신 하나님을 바라보면서 새로운 구원의 소망을 가지게 된 것을 선포한다.

③ 멸망의 심판에 대한 고뇌(3:42-54)

예레미야는 유다가 회복될 것을 확신했으나(겔 31:1-33:33) 당면한 현실이 너무 고통스럽고 처참했기 때문에 그의 입에서 또 다시 탄식이 터져 나왔다.

④ 구원을 바라보고 호소함(3:55-66)

예레미야는 유다의 구원을 하나님께 간절히 호소하고, 또한 이를 확신한다. 그리고 원수에 대한 보응을 요청한다.

4) 애가(4) - 의인의 피를 흘렸도다(4:1-22).

① 예루살렘 멸망을 목도한 자의 탄식(4:1-10)

과거 번영했던 예루살렘을 회상하며 현재의 비참하고 무능하게 무너진 예루살렘을 바라본다. 이런 예루살렘의 무너짐은 백성들의 범죄의 결과이다.

② 거짓 지도자들의 죄악(4:11-16)

예루살렘 함락의 가장 큰 원인은 거짓 선지자들과 거짓 제사장들의 죄로 인한 결과이다(4:13).

③ 이방 나라를 의지함(4:17-20)

예루살렘의 무너진 또 다른 원인은 애굽 같은 이방 나라를 의지한 데 있음을 분명히 말한다. 그래서 예레미야는 17절에서 "우리를 구원치 못할 나라를 바라보고 바라보았도다."라고 탄식하고 있다.

④ 회복의 소망을 선언함(4:21-22)

예레미야는 절망 중에 간직한 회복의 소망을 선언한다. 그리고 예루살렘 함락 당시 즐거워하고 기뻐했던(욥 1:10-12) 에돔의 멸망을 예언함으로 여전히 유다가 하나님의 백성임을 강력히 시사한다.

5) 애가(5)-우리가 당한 것을 기억하소서(5:1-22).

① 멸망의 심판에 처한 선민의 호소와 회개(5:1-18)

예레미야는 여기서 전 유다와 백성을 대표하여 말한다. 현재 너무나 '어려운 고통에 처해 있다.'고 고백하며 이런 원인이 '자신들의 범죄'에 있음을 고백한다.

② 조속한 회복을 위한 간절한 기도(5:19-22)

예레미야는 '하나님께서는 인간의 이해를 초월하신다는 사실'과 '하나님의 사랑과 언약에 대한 신실함'에 근거하여 선민의 조속한 회복을 비는 간구를 한다. 예레미야는 단지 한 국가의 멸망과 회복을 간구하는 것이 아니라 '구속사적 섭리'를 통찰하고 하나님께 선민의 구원을 간구하고 있는 것이다.

<table>
<tr><td rowspan="3">에
스
겔</td><td>책 이름</td><td>본서는 이사야, 예레미야, 에스겔, 소선지서로 이루어진
후기 예언서 가운데 세 번째 책이다.</td></tr>
<tr><td>기록자</td><td>본서는 하나님으로부터 환상과 계시를 받은 에스겔의 저작
이란 사실이 별 문제없이 받아들여지고 있다.</td></tr>
<tr><td>기록 연대</td><td>본서의 기록 연대는 에스겔이 최초에 환상을 본 여호야긴
왕이 사로 잡힌지 5년 4월 5일(B.C 593년)로부터 시작
하여(1:1-2) 마지막 환상을 본 제27년 정월초 일일(B.C
571년)까지(29:17)로 선지자 활동을 한 22년 동안 본서
를 기록하였다고 볼 수 있다.</td></tr>
</table>

구약핵심정리

1. 시대적 배경

에스겔이 예언 활동을 한 시기는 B.C 592-570년이었다. 따라서 그가 선지자로 부름 받은 때는 아직 예루살렘이 바벨론에 의해 완전히 멸망되기(B.C 586년) 약 7년 전이었음을 알 수 있다. 이 때는 B.C 605년으로 이미 바벨론이 유브라데 강변의 갈그미스에서 바로느고가 이끈 애굽을 크게 무찔러 세계의 패권을 쥔 후였고(왕하 24:7; 렘 46:2), 유다도 제1차 및 2차 침략을 당해서 정치, 경제적으로 나라의 중요한 인물들이 바벨론에 포로로 잡혀온 후였다(왕하 24:1, 10:17).

그럼에도 불구하고 유다는 회개하기는 커녕 더욱 하나님께서 기뻐하시지 않는 우상숭배와 부도덕한 행위들을 계속했다(5:6, 7, 6:13; 렘 23:10-14 등). 그리고 유다는 결코 자신들은 멸망하지 않으며(33:24) 도리어 바벨론이 곧 멸망하고 이미 잡혀간 포로들은 본토(팔레스틴)로 귀환하게 될 것이라고 생각했고 그러한 망상은 거짓 선지자들의 거짓 예언에 의해 크게 고무되고 있었다(렘 14:13-18, 28:1-4).

거기에 맞서서 유다 땅에서는 예레미야 선지자가 '너희가 범죄하였고 또 여러 번 회개할 기회를 주었어도 회개하지 아니했으므로 바벨론의 포로가 될 것이며 70년 후에 회복될 것' 이라는 하나님의 예언을 선포하고 있었고(렘 21:7) 에스겔은 포로로 잡혀 와 있는 바벨론 땅 그발 강가에서 하나님의 메시지를 전하고 있었던 것이다(3:15).

2. 에스겔의 짜임새

■ 에스겔은 '하나님의 영광의 떠남과 회복' 을 보여 준다.

에스겔의 소명 (1:1-3:27)	예루살렘 파괴의 예언 (4:1-24:27)	이방 나라들 심판 예언 (25:1-32:32)	회복과 메시아 왕국 (33:1-48:35)
하나님의 영광이 나타남	하나님의 영광이 떠남	하나님의 영광과 주변 나라	하나님의 영광이 돌아옴

• 환상을 본 때와 장소
• 네 생물의 환상
• 궁창의 환상
• 궁창 위 하늘 보좌의
  환상
• 에스겔의 선지자 소명
	• 예루살렘 멸망을 예언
	  하는 4가지 상징
	• 유다 멸망을 예언하는
	  두 메시지
	• 유다 심판을 예언하는
	  이상들
	• 유다 심판을 예언하는
	  상징, 비유, 메시지
	• 유다 패역의 역사와
	  관련된 심판
		• 이방 나라들의 죄목
		  에는 우상숭배 죄뿐
		  만 아니라 이스라엘
		  에 대한 학대죄도 포
		  함된다.
		• 이방 7나라(암몬, 모
		  압, 에돔, 블레셋. 두
		  로, 시돈, 애굽)
			• 선민 이스라엘의 회복
			• 곡과 마곡의 전쟁
			• 메시아 왕국을 예언함
			• 새 성전 건축
			• 새 예배
			• 새 땅의 확보

3. 에스겔의 내용

1) 에스겔의 소명 (1:1-3:27) - 하나님의 영광이 나타남

① 환상을 본 때와 장소(1:1-2:10)

이미 두 번의 바벨론 침략으로 나라의 힘이 거의 상실되었음에도 불구하고 유다는 여전히 거짓 선지자(렘 28:1-29:32)들의 말을 듣고 '유다는 결코 망하지 않는다' 고 믿고 있었다. 이런 상황에 있을 때, 하나님께서는 그발 강가에 있는 에스겔에게 이상으로 나타나셨다(B.C 593년 4월 5일).

에스겔은 네 생물 환상, 네 바퀴 환상, 궁창의 환상, 그리고 궁창 위의 하늘 보좌의 환상을 보았다.

② 에스겔의 선지자 소명(3:1-27)

　　'두루마리'를 먹으라고 했다(말씀). 두려워하거나 무서워하지 말라(담대하라). 하늘의 영광의 찬송을 들었다(하나님의 도우심). 에스겔을 파수꾼으로 세우셨다(하나님께서 맡기셨다). 그러나 에스겔이 고난을 당하게 될 것이라는 사실도 말씀해 주신다

2) 예루살렘 파괴의 예언(4:1-24:27) - 하나님의 영광이 떠남
　① 네 가지 상징적 행동(예루살렘 멸망 예언)(4:1-5:17)
　　• 반석 위에 그린 그림(4:1-3) - 예루살렘이 포위됨
　　• 좌편 우편으로 눕는 예언(4:4-8) - 포로 기간을 보여줌
　　• 쇠똥으로 구운 떡을 먹는 행동(4:9-17) - 포위시 심한 기근
　　• 털을 깎는 행위(5:1-4) - 예루살렘이 함락될 때 당할 고난
　② 두 메시지(유다 멸망)(6:1-7:27)
　　우상 숭배는 하나님이 가장 싫어하시는 죄이다.
　③ 상징, 비유 메시지를 통한 유다 심판 내용(12:1-19:14)
　　시드기야 왕이 바벨론으로 포로로 잡혀가는 것과(12:1-28) 거짓 예언 선지자와 우상 숭배한 장로가 심판 받는다(13:1-14:23). 그리고 불에 던져진 포도나무 비유와 음란한 여인의 비유를 통해 죄의 심각성을 보여주며 멸망의 필연성을 보여준다(15:1-16:63).
　　에스겔의 유다 왕을 위한 애가(19:1-14)
　④ 유다 패역의 역사와 관련된 심판(20:1-24:21)
　　• 하나님이 택한 백성이지만 계속 죄를 지어 왔다(20:1-49).
　　• 더 이상 자비를 베풀 수 없고 칼에 의해 살육된다(21:1-32).
　　• 그 참상은 끓는 가마와 같아질 것이다(24:1-27).

3) 이방 나라들의 심판예언 (25:1-32:32) - 하나님의 영광과 주변 나라

하나님께서 도구로 사용했던 이방 나라들이 자기들의 소임을 감당하지 않고 우상을 섬기며 구속사의 길을 왜곡되게 한 죄를 묻는다.

① 암몬(25:1-7) - 성소가 더러워지고 땅이 황무하게 될 때 멸시하고 조롱했다.

② 모압(25:8-11) - 유다 민족을 무시한 죄

③ 에돔(25:12-14) - 유다와 형제국가이면서도 원한을 품었다.

④ 블레셋(25:15-17) - 선민을 계속 더럽혔다.

⑤ 두로(26:1-28:19) - 교만하므로 심판을 받는다.

⑥ 시돈(28:20-26) - 하나님을 무시했다.

⑦ 애굽(29:1-32:32) - 교만하고 선민을 돕지 아니했다.

4) 회복과 메시아 왕국(33:1-48:35) -하나님의 영광이 돌아옴

① 선민 이스라엘의 회복 예언(33:1-37:28)

회개 촉구(33:1-33), 거짓 선지자의 회개(34:1-31), 에돔의 심판(35:1-15), 이스라엘의 회복(36:1-38)과 마른 뼈의 환상에서 남·북이 통일되어 강대국이 될 것(37:1-28)이 예언된다

② 곡과 마곡의 전쟁(38:1-39:29)

이 부분은 본문들과 연결이 되어 있지 않은 것 같으나 이 말은 세상 마지막 때에 하나님의 대승리가 있을 것을 보여주는 것이다(계 20:8-9).

③ 메시아 왕국의 영광(40:1-48:35)

• 지금까지는 현실에서 이루어진 회복들을 다루었다. 그러나 40장부터는 초월적이고, 신비로운 메시아 왕국의 축복상을 예언한다.

• 새 성전 건축(40:1-43:27), 새 예배(44:1-46:24), 새 땅의 확보(47:1-48:35)는 새로운 이스라엘 회복과 동시에 신약시대의 교회의 성립을 상징하는 것이다.

• 더 나아가 '그리스도의 재림' 즉 메시아 왕국에서 이는 완전히 이루어진다.

구약핵심정리

다
니
엘

책 이름 '다니엘'이란 책 이름은 본서에 기록된 사건들의 주인공인 다니엘의 이름을 따라 붙인 것이다.

기록자 본서는 다니엘의 저작이라는 견해가 정통적으로 인정되어져 왔다.

기록 연대 기록 연대를 더욱 좁게 추정해 보자면 다니엘의 가장 마지막 묵시인 소위 힛데겔 강가의 묵시(10:1-12:13)를 받은 B.C 530년 사이로 추정된다.

1. 다니엘의 배경 및 다니엘의 연구 목적

다니엘은 유다 왕족으로 여호야김 3년(주전 606년), 그의 나이 16, 17세쯤 되던 때에 그의 친구(사드락, 메삭, 아벳느고)들과 같이 바벨론으로(제1차) 포송되었다.

그 후 3년 만에 왕의 꿈(금신상의 꿈)을 해석하므로 전국 총리 대신이 되었다. 그 후 70년간 재상으로서 3대왕을 거쳤으며(느부갓네살, 다리오, 고레스) 바사왕 고레스의 해방령에 의하여 유다인들은 해방 되어 고국에 돌아갔으나 그는 돌아가지 않고 바벨론에 머물러 있다가 2년 후에 90세의 고령으로 별세했다.

본서의 목적은 하나님께서 세상의 시작과 진행과 끝을 미리 아시고 주장하시는 전능하신 분이시라는 것을 확신시키기 위함이며(사 42:9, 46:9; 호 12:10; 벧후 1:21; 민 12:6), 마지막 때를 위해 기록된 다니엘의 예언을 통해 말세의 성도인 우리가 그때의 상황과 교훈을 이해하고 오늘에 적용하여 임박한 위기를 용기와 확신과 지혜로써 대처할 수 있게 하기 위함이다(단 8:7, 10:14, 12:4, 13; 고전 10:11-12).

더 나아가 성화의 표본적인 생애를 살아간 영성과 지성의 거인 다니엘과 불 시련에서 승리한 탁월한 신앙의 챔피언들의 생애가 보여 주는 영감적인 가르침을 통하여 우리도 그러한 교훈을 생활에서 실천할 수 있게 하기 위함이다(겔 14:14; 히 11:33, 44).

2. 다니엘의 짜임새

■ 다니엘은 '하나님의 주권과 때'를 보여 준다.

역사적인 사실과 그 해석 (1:1-6:28)	환상적인 것과 그 해석 (7:1-12:13)
• 바벨론 궁전에서의 다니엘 • 느부갓네살 왕의 꿈과 다니엘의 해석 • 풀무불의 시련과 승리 • 높은 나무의 환상 • 벨사살 왕의 잔치 • 사자굴에서의 다니엘	• 네 짐승의 이상 • 수양과 수염소의 이상 • 70이레에 관한 예언 • 다니엘의 세 이레 금식과 영계의 전쟁 • 열국의 전쟁에 대한 예언 • 세상 종말

3. 다니엘의 내용

1) 역사적 사실과 그 해석(1:1-6:28)

(1) 바벨론 궁전에서의 다니엘(1:1-21)

① 느브갓네살 왕궁에 있게 된 다니엘(1:1-7)

다니엘은 B.C 605년에 바벨론에 끌려갔다. 이때 함께 끌려간 사람 중에 사드락, 메삭, 아벳느고도 있었다.

② 뜻을 정한 다니엘(1:8-16)

다니엘은 바벨론의 음식으로 하나님의 백성의 몸을 더럽히지 않기로 작정했다.

③ 다니엘의 지혜와 축복(1:17-21)

다니엘은 열흘간의 시험을 이겼다. 그러므로 다니엘은 영육의 축복을 받았다.

(2) 느브갓네살의 꿈과 다니엘의 해석(2:1-49)

　　다니엘은 친구들과 함께 기도했다. 하나님이 그 꿈과 해석까지 보여 주셨다. 이 꿈의 내용은 바벨론으로부터 그리스도의 재림까지의 인류 역사의 개요였다.

(3) 풀무불의 시련과 승리(3:1-30)

　　① 왕의 교만과 금 신상(3:1-7)

　　② 불 속에서의 구원과 하나님 찬양(3:8-30)

　　　　하나님의 능력으로 구원받았다. 그 결과 느부갓네살 왕이 하나님을 높였다.

(4) 높은 나무의 환상(4:1-37)

　　느브갓네살 왕은 꿈대로 일곱 해 동안 고통을 당하였다.

(5) 벨사살 왕의 잔치(5:1-31)

　　① 벽에 쓰여진 글(5:1-9)

　　　　벨사살 왕은 예루살렘에서 가져온 성 기물로 술을 마셨다. 그런데 갑자기 손이 나타나 벽에 '메네 메네 데겔 우바르신' 이란 글을 썼다.

　　② 해석하는 다니엘(5:10-31)

　　　　다니엘은 이 글자의 뜻을 해석해 낸다. 이는 '세어서 저울에 달아보니 부족하다.' 라는 뜻이다. 그리고 그날 밤 왕은 죽었다.

(6) 사자 굴에서의 다니엘(6:1-28)

　　① 사자굴 속에 던져지는 다니엘(6:1-15)

　　② 건짐 받는 다니엘(6:16-28)

2) 환상과 그 해석

(1) 네 짐승의 이상(7:1-28)

　　① 네 짐승의 모양과 뜻(7:1-14)

　　　　• 첫째 짐승은 사자 같고, 이것은 바벨론을 말한다.

- 둘째 짐승은 곰 같고, 이것은 메데 · 바사이다.
- 셋째 짐승은 표범 같고, 이것은 헬라이다.
- 넷째 짐승은 무서운 짐승이고, 이것은 로마이다.

② 넷째 짐승(7:15-28)

이 넷째 짐승은 열 뿔이 달려있고, 작은 뿔 하나가 열 뿔 중에서 나왔다. 그리고 셋을 뿌리까지 뽑았다. 이 작은 뿔은 로마를 의미하며 더 나아가서는 마지막 세계 통치자 적그리스도를 상징한다.

(2) 수양과 수염소의 이상 (8:1-27)

① 수양은 누구인가?

여기 수양은 '메데와 바사'이다. 두 뿔 중 한 뿔이 더 길다는 것은 '바사'를 말한다.

② 수염소는 누구인가?

여기 수염소는 헬라이다. 수염소의 '작은 뿔'은 시리아의 8대왕 '안티오커스 에피파네스'인데 이 왕이 예루살렘에 들어온 주전 171년부터 마카비 전쟁으로 예루살렘 성전을 탈환한 주전 165년까지가 2,300주야이다. 또한 이 '안티오커스 에피파네스'는 마지막 적그리스도를 상징한다.

(3) 70이레에 관한 예언(9:1-27)

① 70이레에 대한 예언(9:24-26)

- 70이레에 여섯 가지 사건이 일어난다(9:24).
- 일곱 이레와 육십 이 이레는 '예루살렘을 중건하라'는 영이 날 때부터이다(2차 귀환, 주전 457년).
- 육십 이 이레와 한 이레 사이에 약 2000년이 흐른다.

② 마지막 한 이레(9:27)

재생 로마에서 적그리스도가 등장한다. 이 적그리스도로 인하여 7년 대환난이 일어난다. 7년 대환난이 지나면 주님이 지상 재림하시고, 천년 왕국,

백 보좌 심판, 그리고 신천 신지로 연결된다.

(4) 최후의 이상(10:1-12:13)

①다니엘의 세 이레 금식과 영계의 전쟁이 일어난다(10:1-21).

②헬라의 알렉산더 대왕이 죽은 후에 나라가 넷으로 갈라지면서 애굽과 시리
아 사이에 150년 동안 네 번 전쟁이 일어난다.

③안티오쿠스 에피파네스같은 세계 총통이 일어날 것을 모형으로 보여준다
(11:1-45).

④별과 같이 빛나는 성도가 되어야 한다(12:1-13).

⑤1,335일이란 7년 환난 중, 삼년 반(1,260일)이 끝나고 이 땅을 정결케 한 후
천년 왕국이 오는데 그 정결케 하는 기간을 말하는 것일 것이다(겔 39장 참
조).

호
세
아

책 이름 본서의 저자인 호세아의 이름을 따서 제목을 호세아로 그
대로 반영한 것이다.

기록자 본서의 기록자는 호세아 선지자이다.

기록 연대 여로보암 2세(B.C 793-753년)의 통치 말기인 B.C 755년
경부터 북 이스라엘 멸망 직전인 B.C 723년 사이로 본다.

1. 본서의 기록 목적

예레미야는 남 유다의 멸망을 뼈저리게 외쳤다. 그러나 호세아는 북 이스라엘의 패
망을 경고하고 있는 것이다. 특히 본서에서는 패역한 이스라엘을 '부도덕한 아내' 로
묘사하고 있는데 이것은 그들에 대한 하나님의 변함없는 사랑을 보여주기 위함이다.

정절을 버린 아내처럼 이스라엘이 자신들의 주가 되시는 하나님을 버렸다는 사실
을 지적하면서 이제라도 회개하고 주님의 품으로 돌아오라는 것이 호세아의 기록 목
적이다(6:1-3).

2. 호세아의 짜임새

■ 호세아는 '하나님의 신실한 사랑' 을 보여 준다.

죄가 드러남 (1:1-3:5)	죄가 선포됨 (4:1-10:15)	여호와께로 돌아오라 (11:1-14:9)
• 음란한 아내를 취하라. • 음란한 자식들을 낳으라.	• 이스라엘의 죄 • 지도자들의 죄	• 내가 어찌 너희를 버리겠느냐. • 어찌 바람을 먹느냐.

죄가 드러남 (1:1-3:5)	죄가 선포됨 (4:1-10:15)	여호와께로 돌아오라 (11:1-14:9)
• 음란한 아내의 생활 • 음란한 아내의 속전	• 호세아의 외침 • 우상 숭배의 죄 • 심판을 선고하다.	• 여호와께로 돌아오라.

3. 호세아의 내용

1) 죄가 드러남(1:1-3:5)

① 음란한 아내를 취하라(1:2).

하나님께서는 음란한 '고멜'이란 여인을 취할 것을 명령하셨다. 여기 '음
란'이란 이미 행동화된 음란을 말하는 것으로 '창녀'를 말하는 것이다. 이것
은 환상 중에서 일어난 것이 아니라 실제 결혼한 것이다(1:3, 3:1-2).

② 음란한 자녀들(1:3-9)

• 이스르엘(하나님께서 그의 백성을 흩으심)

예후의 한 일(왕하 8:27-9:37, 10:11)을 이스라엘 족속 나라에 적용시키겠
다는 뜻이다.

• 로루하마(긍휼히 여김을 받지 못한다.)

이것은 북 이스라엘의 멸망을 의미한다. 그러나 남 유다는 긍휼을 베푸시
겠다는 것이다.

• 로암미(너희는 내 백성이 아니다.)

이 이름의 뜻도 북 이스라엘의 심판을 경고하는 것이다.

③ 음란한 아내의 생활(2:1-3:5)

• 북 이스라엘은 우상 숭배로 그들의 부끄러운 죄가 드러났다. 그래서 하나님
께서는 이들을 '발가벗기겠고' 그리고 '목말라 죽게 할 것이고' 또한 '자
녀를 긍휼히 여기지 아니하겠다.'고 말씀하신다.

- 3장 3-5절에서 우리는 이스라엘의 영적 상태를 볼 수 있다.
- 호세아는 고멜을 속량해 오기 위해 은 15개와 보리 1.5호멜의 값을 치른다. 이것은 구약 시대의 여종 한 명의 몸값에 해당되는 값이다(출 21:32; 레 27:4). 한편 예수님께서는 '은 30개에 팔리움을 당하셨다'(마 26:15). 우리는 구약 유대인들과 마찬가지로 신약의 그리스도인에게 있어서도 영적 음행이 있음을 알아야 한다(요일 2:15-17; 계 2:1-7; 약 4:1-10).
- 세상을 사랑하며, 죄를 위하여 사는 그리스도인들은 그들의 구주께 잘못을 범하는 것이다. 바울도 이러한 일에 대하여 고린도교회에 경고하였다(고후 11:1-3). 오늘날 교회에서 이러한 일이 얼마나 심각한지를 알아야 한다.

2) 죄가 선포됨 (4:1-10:15)
① 북 이스라엘의 죄(4:1-2)
- 하나님을 상대한 종교적인 죄 - 진실, 인애, 지식
- 사람들을 상대한 도덕적인 죄 - 저주, 사위(거짓말), 살인, 투절(도둑질), 간음
② 지도자들의 죄(제사장)(4:4-10)
제사장의 소임을 잘못한 죄, 백성들을 잘 인도하지 못한 죄
③ 호세아의 외침(6:1-7:16)
'우리가 여호와께로 돌아가자.'는 외침은 매우 힘있는 외침이다. 한 순간에 사라질 '아침 구름', 표면적 얄팍한 생활인 '반쯤 구워진 전병', 힘을 잃어가고 있으나 깨닫지 못하는 '백발', 안정되지 못하고 이리저리 날아다니는 '어리석은 비둘기', 의지할 수 없는 '속이는 활' 등은 호세아의 재치 있는 외침이다.
④ 심판을 선고하다(8:1-10:15).
- 이스라엘 백성들은 하나님을 버렸다(8:4).
  자기들의 마음에 맞는 왕을 세웠다. 방백(정치 지도자)들도 자기들 마음에 맞는 사람들을 세웠다. 또 우상 숭배를 했다.

- 그래서 호세아는 앗수르가 와서 덮치는 것을 보았다. 빠른 독수리가 덮친다 (8:14). 회오리바람으로 재앙이 온다(8:7). 불이 타오른다(8:14). 그래서 이스라엘 백성들은 그들이 뿌린 것 보다 더 많은 것을 거둘 것이다(10:12-15).

3) 여호와께로 돌아오라(11:1-14:9).

① 내가 어찌 너희를 버리겠느냐(11:1-12).

내가 애굽에서 불러내었다는 말은 하나님께서 '구원' 해 주시겠다는 말이다. 내가 '사랑의 줄' 로 이끌겠다는 것은 끝까지 도와주겠다는 말이다.

② 어찌 바람을 먹느냐(12:1-13:16).

북 이스라엘은 얄팍한 수단으로 지상의 나라를 의지하려고 하지만 결국 이 나라에 망했다. 이것이 '바람을 먹는 것' 과 같은 것이다. 죄는 회개하고 돌아와야 한다.

③ 여호와께로 돌아오라(14:1-9).

이스라엘은 '여호와께 돌아가야 한다.' 왜냐하면 하나님이 기다리고 계시기 때문이다.

하나님은 4절에서 "내가 저희의 패역을 고치고 즐거이 저희를 사랑하리니 나의 진노가 저희에게서 떠났음이니라." 고 결론을 내리신다.

요엘

책 이름   책 이름은 '요엘'이다. 그리고 그 뜻은 '여호와는 하나님이시다'이다.

기록자   본서의 기록자는 선지자 '요엘'이다.

기록 연대   본서의 기록 연대를 정하는 것은 큰 어려움이 있으나 대략 유다 왕 요아스의 재위 기간 중인 B.C 830년경으로 본다.

1. 본서의 주제 및 기록 목적

요엘의 기록 목적은 유다 백성들로 하여금 겸손과 회개의 필요성을 깨닫게 하려는 데 있다. 그리하여 확실하게 다가올 심판으로부터 구원을 얻도록 경고하는 것이다. 메뚜기 떼와 가뭄의 극심한 재난이 찾아올 것이며, 또한 역사적으로 이민족의 침입이 있을 것이지만, 하나님께 순종하는 백성이 되기만 하면, 영원한 평화의 시기를 누릴 수 있다는 것이다.

그리고 본서는 구약 성경 중 '성령의 강림'에 대해 예언하는 유일한 책이라는 점에서 그 특성을 찾아볼 수 있다.

2장 28-32절에 나타난 예언은 오순절에 일차적으로 성취되는데, 초대 교회 베드로는 이 본문을 인용하여 설교했다(행 2:17-21). 또한 '여호와의 날'에 열국을 모아 심판하시는 장면(3:1-17)은 예수 그리스도께서 재림 후 시행하실 세상 끝날의 대심판과 관련된 예언으로 볼 수 있다.

2. 요엘의 짜임새

■ 요엘은 '여호와의 날'을 보여 준다.

메뚜기 재앙 (1:1-20)	여호와의 날 (2:1-17)	이스라엘의 구원 약속 (2:18-3:21)
• 서언 • 메뚜기 재앙 • 메뚜기 재앙의 참상과 회개 촉구	• 임박한 여호와의 날 • 여호와 날의 심판경고 • 회개의 촉구	• 회복될 것이다. • 성령이 강림할 것이다. • 이방을 심판하실 것이다. • 영원한 축복을 약속한다.

3. 요엘의 내용

1) 메뚜기의 재앙(1:1-20)

① 서언(1:1)

많은 학자들이 추정하기를 요엘은 남 유다 왕국의 제8대 왕 요아스(B.C 835-796년)의 통치 초기에 예언한 것으로 보고 있다. 그리고 요엘은 브두엘의 아들이며, 예루살렘에 살고 있었을 것이다.

② 메뚜기 재앙(1:2-4)

요엘은 땅의 모든 거민과 인생 경험이 풍부한 늙은 자들을 불러 주의를 환기시킨 다음 메뚜기 재앙과 관련된 자신의 메시지를 후 시대에 까지 전할 것을 요구하고 있는 것이다.

③ 메뚜기 재앙의 참상과 회개 촉구(1:5-20)

- 통곡하는 술 취한 자들 - 이들은 포도주와 음료수를 마실 수 없게 됐다.
- 예배자들의 통곡 - 이들은 성전에 올라갈 때 가져가야 할 예물이 없다. 특히 곡물로 드리는 소제와 전제는 불가능해졌다.
- 농부들의 통곡 - 가장 치명적인 그룹이다.
- 제사장들도 회개해야 한다. 14절에서 '회개를 촉구' 하는 모습을 본다. 금식

일을 정하고, 여호와의 전에 모여, 여호와께 부르짖으라는 것이다.

2) 여호와의 날(2:1-17)

① 임박한 여호와의 날(2:1-3)

- 자고(自古) 이래로나 이후에, 그와 같은 날이 없을 정도로 두렵고 떨리는 날이 될 것이라고 묘사되어 있다.
- 많고 강한 백성들의 침입과 살륙으로 에덴 동산 같은 땅이 황무하게 될 것이다. 그리고 그리스도께서 재림하셔서 세상을 심판하시는 최후의 날에 대한 예언이기도 하다(계 6:12-17).

② 여호와의 날의 심판 경고(2:4-11)

- 메뚜기 떼들은 마치 기병처럼 달리고, 용사와 무사처럼 성에 기어 올라와서 황폐케 할 것이다(2:4, 7, 9).
- 또한 그들이 내는 소리는 병거 소리와도 흡사하고 불꽃이 풀을 사르는 소리와도 같을 것이다(2:5). 그리고 메뚜기 떼는 비록 무수하지만 부딪히거나 서로 상하지 아니하고 질서 정연할 것이다. 마치 그들은 하나님께서 부리시는 군대처럼 하나님의 명령을 수행하게 될 것이다.

③ 회개의 촉구(2:12-17)

백성들의 우두머리인 장로들을 위시하여 어린 아이들과 젖먹이까지도 함께 모여야 했다.

3) 이스라엘의 구원 약속 (2:18-3:21)

① 회복될 것이다.

하나님께로부터 긍휼하심을 입게 될 것이다. 그리하여 황무했던 토지에서 다시금 곡식과 새 포도주와 기름을 흡족히 얻게 될 것이며, 결코 다시는 열국의 조롱거리가 되지 아니할 것이다. 또한 그 땅을 침입했던 군대들(혹은 메뚜기 떼)이 다 멀리 쫓겨나게 될 것이다. 하나님의 백성들은 이제 오직 하나님 여호와로 인해서만 기뻐하며 즐거워하게 될 것이다. 그리고 그들은 다시금 하나님께서 자기들의 하나님이 되심과 그들이 하나님의 백성이 되는 축복을 소유하게 될 것이다.

② **성령이 강림할 것이다(2:28-32).**

요엘은 모든 만민에게 충만하게 임하실 '성령충만'을 예언한다. 이 예언은 초대 교회의 오순절 날에 실제적으로 성취되었다(행 2:1-21). 이 신약 시대에 나타난 성령의 역사는 복음이 널리 확장되는데 큰 역할을 하였고 주님 오실 때까지 계속해서 역사할 것이다.

③ **이방을 심판하실 것이다(3:1-17).**

1절은 유대인들이 그들의 땅으로 돌아온다는 말이다(구원). 2절은 하나님께서 모든 나라들을 모아 국문한다. 이곳은 아마겟돈(여호사밧 골짜기) 전쟁이 벌어질 므깃도 평지이다.

13절의 '무르익은 포도 수확'은 전쟁을 말하는 것이다(아마겟돈 전쟁). 즉 판결 골짜기(3:14)에서 심판한다는 것이다.

④ **영원한 축복을 약속한다(3:18-21).**

그날에 이스라엘의 산들과 시내에 포도주, 우유, 물이 한없이 흐르게 된다. 그러나 애굽은 황무지가 되고, 에돔은 황무한 들이 된다. 유다와 예루살렘은 영원히 있으며 여호와와 영원히 거하게 될 것이다.

아
모
스

책 이름	책 이름은 '짐을 지는 사람'이란 뜻의 '아모스'이다.
기록자	본서의 기록자는 드고아 출신의 선지자인 '아모스'이다.
기록 연대	본서의 기록 연대는 B.C 760-755년경으로 추정할 수 있다.

1. 본서의 기록 목적

본서는 이스라엘 백성들에게 하나님의 임박한 진노를 경고하기 위해 기록되어졌다. 그 원인은 그들이 다윗의 언약을 거절하였으며 하나님께서 요구하시는 것들을 거절한 죄때문이다. 그 땅에는 이기주의와 탐욕과 부도덕과 가난한 자들에 대한 압박이 만연해 있었으며, 공의가 실현되지 않았다.

한편 이러한 아모스의 선포는 북 이스라엘에 대한 경고의 의미도 있었지만 한편으로는 그리스도를 통한 구원을 약속하는 것이기도 하다.

2. 아모스의 짜임새

■ 아모스는 '하나님의 공의'를 보여준다.

여덟 가지 심판 (1:1-2:16)	세 가지 설교 (3:1-6:14)	다섯 가지 환상과 약속 (7:1-9:15)
"여호와께서 부르짖으시며"	"이 말씀을 들으라."	"여호와께서 내게 보이심"
• 서언	• 첫 번째 설교	• 황충이 환상

여덟 가지 심판 (1:1-2:16)	세 가지 설교 (3:1-6:14)	다섯 가지 환상과 약속 (7:1-9:15)
"여호와께서 부르짖으시며"	"이 말씀을 들으라."	"여호와께서 내게 보이심"
• 다메섹의 서너 가지 죄 • 가사의 서너 가지 죄 • 두로의 서너 가지 죄 • 에돔의 서너 가지 죄 • 암몬의 서너 가지 죄 • 모압의 서너 가지 죄 • 유다의 서너 가지 죄 • 이스라엘의 서너 가지 죄	• 두 번째 설교 • 세 번째 설교	• 불 환상 • 다림줄 환상 • 여름 실과 환상 • 성전 파괴의 환상 • 다섯 가지 약속들

3. 아모스의 내용

1) 여덟 가지 심판 (1:1-2:16) - "여호와께서 부르짖으시며"

① 다메섹의 죄(1:3-5)

다메섹은 길르앗을 압제하고, 이들에게 매우 잔인하게 행동을 했다. 하나님은 수리아의 도성 왕궁에 불을 내리고 다메섹은 적군에 의해 점령당할 것이다. 이 예언은 50년 후에 앗수루 왕 디글랏 빌레셀에 의해 이루어졌다(왕하 16:9).

② 가사(블레셋)의 죄(1:6-8)

이들은 이스라엘에 침범하여 포로들을 에돔에 팔아넘긴 죄(대하 21:17)를 지었다. 이 죄로 하나님은 가사성에 불을 보내어 궁궐을 사를 것이고 아스돗, 아스글론, 에그론의 거민들을 칠 것이다.

③ 두로의 죄(1:9-10)

두로와 히람이 솔로몬과 맺었던 약속(왕상 5:12, 9:13)을 어기고 그들의 포로가 된 이스라엘 백성들을 에돔에 팔아넘긴 죄를 지었다. 하나님은 두로의 궁궐에 불을 보내어 소멸하시겠다고 말씀하신다. 이 예언은 앗수르와 바벨론으로 인해 이루어 졌다.

④ 에돔의 죄(1:11-12)

그들은 형제 나라 이스라엘 민족을 괴롭히며, 긍휼을 버리고, 항상 노를 품었다. 에돔은 보스라 궁궐뿐만 아니라 에돔 전역이 철저히 파괴될 것이다(렘 49:7-22).

⑤ 암몬의 죄(1:11-12)

자기 나라 땅을 넓히기 위하여 침범하되 심지어 아이 밴 여인의 배까지 잘랐다(왕하 8:12, 15:16). 이 죄로 랍바성 궁궐이 불타고 왕이 귀족들과 함께 잡혀 갈 것이다.

⑥ 모압의 죄(2:1-3)

에돔 왕의 뼈를 불살라 회를 만든 죄를 범하였다. 모압의 궁궐 '그리욧'이 불살라지고 전쟁에서 모압인이 멸절할 것이다.

⑦ 유다의 죄(2:4-5)

이들은 하나님의 율법을 멸시하고, 법도를 준행하지 아니하고, 우상을 숭배한 죄를 지었다. 궁궐을 태우겠다고 했는데 바벨론의 느부갓네살 왕에 의해 실현되었다(렘 52:3-16).

⑧ 이스라엘의 죄(2:6-16)

이들은 공의를 베풀지 아니했다. '가난한 자를 학대했다', '겸손한 자의 길을 굽게 했다', '가증한 음란을 행했다', '우상숭배를 했다.' 그래서 하나님의 심판은 '가득히 실은 수레가 흙을 누르는 것' 같이 엄중한 것이 될 것이다. 이와 같은 예언은 앗수르에 의해 이루어졌다(B.C 722년에 앗수르에 의해 멸망했다)(왕상 17:6).

2) 세 가지 설교(3:1-6:14) - "이 말씀을 들으라."

① 첫 번째 설교(3:1-15) - 원인과 결과

두 사람의 합의(3:3), 사자의 부르짖음과 먹이(3:4), 새의 그물 걸림, 그물을

놓자(3:5), 나팔 울림과 재난(3:6), 선지자 설교와 하나님의 보냄(3:7), 앗수르가
다가 오고 있으며 이스라엘이 멸망할 것임(3:9-15) 등이 나온다.

② 두 번째 설교(4:1-13) - 이스라엘 여성들의 범죄

사마리아 산에 거하는 바산의 암소들은 '여자들'을 가리킨다. 하나님께서
그들에게 경고를 보냈으나(4:6-11) 이들은 귀를 기울이지 아니했다.

③ 세 번째 설교 (5:1-6:14) - 하나님의 공의(심판)

아모스는 이 민족에게 닥칠 심판을 보고 운다(5:1). 3절에는 백성의 90%가
죽을 것을 보여 준다. 여호와의 날은 북 이스라엘이 '심판을 받는 날'이다. 아
모스는 이스라엘의 '무관심과 방종'(6:1-6), '불의', '부도덕', '우상숭배'(6:7-
14)와 같은 민족의 죄로 인하여 계속 운다.

3) 다섯 가지 환상과 약속(7:1-9:15) - "여호와께서 내게 보이심"

① 다섯 가지 환상(7:1-9:10)

* 메뚜기 환상(7:1-3)   * 불의 환상(7:4-6)

* 다림줄의 환상(7:7-17)   * 여름 열매의 환상(8:1-14)

* 제단 곁의 환상(9:1-6)

② 다섯 가지 약속(9:11-15)

다윗 왕가의 약속이다(9:11). 만민을 기업으로 얻게 할 약속이다(9:12). 풍성
한 물질적 축복 약속이다(9:13). 바벨론 포로 귀환 약속이다(9:14). 왕국의 영원
한 존속에 대한 약속이다(9:15).

오
바
댜

책 이름 영어 성경의 '오바디아'를 따라 한글 성경은 '오바댜'라고 이름 붙였다.

기록자 본서의 기록자는 '오바댜'이다.

기록 연대 본서의 기록 연대는 예루살렘 성이 멸망한 직후인 B.C 586년경으로 본다.

1. 집필 동기와 배경

이스라엘 민족과 에돔 족속의 갈등은 '에서와 야곱'의 출생에서부터 시작되었다 (창 25:22-23). 하나님께서는 에돔 족속을 이스라엘 형제의 나라로 인정하고 여러가지로 배려하셨다.

예를 들어 출애굽 이후 지름길로 가기 위해 에돔과 싸울 수도 있었으나 하나님께서는 이것을 막으셨다(민 20:14-21; 신 2:1-7). 율법을 제정하실 때도 이스라엘로 귀화한 에돔 사람의 삼대 후손은 여호와의 총회에 참여할 수 있도록 했다(신 23:7-8).

그러나 에돔 족속은 출애굽한 이스라엘 민족을 고의적으로 방해하고(민 20:14-21) B.C 586년에는 바벨론 군과 연합하여 이스라엘을 멸망시키려고 했다. 그러나 하나님께서는 이미 형이 동생을 섬길 것을 예언하셨다(창 25:23, 27:40). 에돔은 바벨론을 도와 유다를 멸망시키기 위하여 예루살렘에 입성했다. 그래서 남 유다 백성들에게 큰 충격을 준 것이다.

2. 오바댜의 짜임새

■ 오바댜는 '하나님의 심판 예언'을 보여준다.

에돔의 멸망 선언 (1:1-2)	에돔의 멸망 이유 (1:3-14)	에돔의 완전 멸망 (1:15-21)
• 오바댜의 묵시 • 일어날지어다. • 미약하게 하였으므 멸시를 받느니라.	• 그들은 교만했다. • 그들은 수탐되었다. • 그들은 매우 포학했다. • 그들은 매우 무자비했다.	• 너의 행한 대로 받는다. • 너는 초개가 된다. • 에서 족속에 남은 자가 없다. • 에서의 산을 심판한다.

3. 오바댜의 내용

1) 오바댜의 묵시(1:1-2)

① 너희는 일어날지어다(1:1).

오바댜는 북 이스라엘을 향하여 "일어나 싸우라."고 예언한다. 그리고 오바댜 선지자는 백성들과 일체되어 싸우겠다는 것이다.

② 미약하게 하였으므로(1:2)

이 말은 하나님께서 오바댜에게 예언하신 것처럼 에돔을 미약하게 하였으니 나가 싸워서 이기라는 것이다.

③ 크게 멸시를 받는다(1:2).

이것은 에돔이 약소국으로 전락하여 국제 사회에서 조롱거리가 될 것을 말한다. 그러나 예언을 선포할 당시 에돔은 매우 강하여 교만했었다.

2) 에돔의 멸망 이유(1:3-14)

① 그들은 교만했다(1:3-4, 7-8).

• 에돔은 그들의 지리적 조건 때문에 매우 교만했다.

• 에돔은 작은 나라였으나 사방이 바위로 둘러싸인 높은 위치에 자리잡고 있

었다. 그 백성들은 자신들의 나라를 '바위의 보금자리' 라고 불렀으며, 이같은 환경을 의지하여 아주 교만했다. 특히 에돔의 으뜸가는 도시 페트라는 산등성이를 파서 된 것으로 이 도시는 난공불락의 매우 좋은 요새이다(사 14:12-15).

• 에돔은 자기들의 지혜로 인하여 교만했다(1:7-8).

• 그러나 하나님께서는 에돔의 '지혜 있는 자' 를 멸하며 '지각 있는 자를 멸하시겠다' 고 말씀하셨다.

② 그들은 수탐(욕심) 되었다(1:6).

에돔의 조상 에서는 '팥죽 한 그릇에 욕심' 내어 그 귀하고 좋은 장자의 명분을 빼앗겼다(창 27:1-29; 히 12:16). 후손들도 수탐되어 많은 재물을 착취하여 도성에 쌓아 두었다.

③ 그들은 매우 포학했다(1:10-11)

에돔 사람들은 예루살렘 성이 무너지는 것을 지원했다. 에돔은 아이들을 바위에 내던져 죽게 했다(시 137:7-9).

④ 그들은 매우 무자비했다(1:12-14)

에돔은 자기들이 많은 것을 가진 것에 의지해 무자비하게 주변 사람들을 깔보았다. 에돔은 남 유다가 바벨론 왕 느부갓네살에게 멸망당하고 바벨론으로 포로로 끌려갈 때 방관하고, 오히려 기뻐하고 좋아했다.

3) 에돔의 완전 멸망(1:15-21)

① 너희의 행한 대로 받는다(1:15-16).

하나님은 공의로우신 하나님이시다. 그래서 '하나님의 벌 하는 날' 즉 하나님의 종말론적 심판 때에 반드시 에돔의 행위를 물을 것이다.

② 너는 초개가 된다(1:18).

에돔은 이스라엘에 의해 정복됐는데 B.C 134-106년에 하스몬 왕조의 유대 왕 요한, 힐카누스때 이루어졌고 에돔을 정복한 그는 에돔인들로 하여금 강제로 할례를 받게 하는 등의 유대화 정책을 펼쳤다.

③ 에서 족속에 남은 자가 없다(1:18).

완전 멸망을 예언한 오바댜의 예언은 에돔에게 그대로 이루어졌다.

④ 에서의 산을 심판한다(1:21).

여기 21절은 1차적으로 이스라엘이 에돔을 멸망시키고, 승리할 것을 예언한 말씀이고, 2차적으로는 '영적' 인 뜻인데 '예수 그리스도로 구원 얻은 성도(교회)' 들이 '사탄(세상 나라)' 을 굴복시키고 승리할 것을 말하는 것이다.

* 야곱과 에서 *

① 야곱과 에서는 두 형제, 두 나라, 두 영(창 25:23), 영과 육, 복종 대 교만, 하나님의 길 대 사람의 길을 보여 준다(창 25:28-34).

② 야곱은 가정에서 어머니의 사랑을 더 많이 받았다. 여성적이고, 속임수와 이기적 계책이 뛰어났다. 야곱은 '은혜로 구원 받은 사람' 이다. 야곱에게서 '육과 영' 의 투쟁을 계속 본다(갈 5:16-26). 야곱은 '하나님의 자녀' 를 대표한다.

③ 에서는 가정에서 아버지의 사랑을 더 많이 받았고, 남성적이고, 단순하고, 잘생기고, 활동적이고, 건강하고, 운동을 잘하는 외향적인 사람이다. 에서는 '장자의 명분' 을 소홀히 할 만큼 육적인 사람이다. 에서는 '육신의 자녀' 를 대표한다.

요
나

책 이름	영어 성경과 한글 개역성경은 '요나'를 제목으로 하였다.
기록자	본서의 초두에서 본서의 기록자가 '아밋대의 아들 선지자 요나'라는 사실을 밝히고 있다.
기록 연대	본서의 기록 연대는 요나가 본서에 기록된 사건들을 체험 하고 북 이스라엘로 돌아온 직후인 B.C 760년경으로 보 아야 할 것이다.

구약핵심정리

1. 본서의 중요성과 특징

본서는 내용의 전개가 우화와 같다는 이유로 자유주의자들에 의해 역사적 실재성이 부정되기도 한다. 그리하여 본서에 대해서는 보수주의자들의 '구원사적 실재'라는 견해와, 자유주의자들의 '비역사적 우화'라는 견해가 대립되어 있다. 그러나 예수님께서 마 12:38-41에서 요나의 사건을 예(例)로 들어 실증하신 것은 예수님께서 요나를 역사상 실재한 인물로 보고 계셨다는 사실을 의미한다. 그러므로 본서의 역사성을 부인하느냐 시인하느냐에 따라서 성경의 권위를 인정하느냐 부정하느냐가 결정된다고 볼 수 있다.

특별히 본서는 요나의 사건을 통해서 예수 그리스도의 장사(葬死)와 부활을 예표하고 있다는 점에서 메시아적 성격을 지닌 예언서라고 부를 수 있다.

또한 본서에는 유대주의에만 머물러 있던 선민 사상을 넘어서, 온 인류에게 복음이 필요하다는 이방인 선교 사상이 두드러지게 표현되고 있음도 간과해서는 안 된다.

한편 본서는 기적적인 사건들로 엮어져 있다. 배를 파선시킬 만큼 사나웠던 날씨가 갑자기 안정된 일, 물고기가 요나를 삼켰다가 토해낸 일, 박 넝쿨이 자라고 시드는 일

구약핵심정리

등은 모두 자연법칙으로 설명이 되지 않는 사건들이다.

또한 본서에는 하나님께서 요나를 위하여 많은 것들을 준비해 주시는 모습이 나타난다. 즉 큰 물고기, 박 넝쿨, 벌레, 뜨거운 동풍 등이다.

2. 요나의 짜임새

■ 요나는 '온 인류의 구원'을 보여준다.

소명과 도피 (1:1-17)	회개와 구원 (2:1-3:10)	불평과 하나님의 긍휼 (4:1-11)
• 요나의 소명 • 요나의 도피 • 하나님의 징계	• 요나의 회개 • 요나의 구원 • 니느웨 거민의 회개 • 니느웨 거민의 구원	• 니느웨 거민들의 구원과 요나의 불평 • 하나님의 긍휼

3. 요나의 내용

본서는 특이하게 하나님께서 이방인들에 대해 가지고 계시는 관심과 구원 계획을 집중적으로 다루고 있다.

하나님은 당시 이방인의 대표적인 앗수르의 수도 니느웨 거민에게 가서 사역을 하라고 요나에게 명령한다. 물론 구약의 다른 성경에도 개인적으로 이방인들을 부르시고 구원시키시는 하나님의 관심이 나타나기는 하지만 이방 성읍 전체가 구원받는 실제적인 사건은 본서뿐이다.

그래서 뜻있는 사람들은 본서를 가리켜 '구약 중의 신약'이라는 별명을 붙이기도 한다.

1) 소명과 도피 (1:1-17)
　① 소명을 거부하는 요나 (1:1-2)

하나님께서는 선지자 요나에게 "니느웨로 가서 그것을 쳐서 외치라."는 소명을 주셨다. 요나는 하나님의 명령이 '어렵고 위험하다' 고 생각했다. 그리고 '자기 뜻에 따라 할 수도 있고 안 할 수도 있다' 고 생각했던 것이다.

② 요나의 도피(1:3)

우선 요나는 여호와의 낯을 피하려고 했다. 그래서 니느웨 성의 반대편에 위치한 다시스로 발길을 돌렸다. 또한 그는 계속 '내려가는 생활' 을 했다. 욥바로, 배에서 아래 칸으로, 바다 아래로, 큰 물고기 속으로. 이처럼 불순종은 내려가는 생활이다.

③ 하나님의 징계(1:4-17)

- 대풍은 하나님께서 일으키신 것이다. 제비를 뽑았을 때 요나가 뽑힌 것도 하나님께서 하신 것이다. 결국 바다에 던짐을 당한 것도 하나님께서 하신 것이다.
- 큰 물고기가 요나를 삼켰다. 이것도 하나님께서 하신 것이다.
- 결국 요나는 하나님의 손 안에서 움직인 것이다.

2) 회개와 구원 (2:1-3:10)

- 요나는 가장 비참할 때 비로소 하나님을 찾는다.
- 4절에서 요나는 이렇게 기도한다. "내가 말하기를 내가 주의 목전에서 쫓겨났을 지라도 다시 주의 성전을 바라보겠나이다." 이 기도는 바벨론의 포로로 잡혀갔던 백성들의 간절한 고백을 표현한 말씀이기도 하다(시 137:5-6).
- 우리는 이런 사건이 '그리스도의 죽음' 과 깊은 관계가 있음을 안다. 즉 '그리스도의 부활' 과 관계가 있다(마 12:40; 고전 15:26, 54). 요나는 다시 소명을 받고 니느웨 성에 가서 '회개' 를 외쳤다. '회개' 의 외침을 들은 니느웨 성 사람들은 왕에서부터 심지어 짐승에 이르기까지 굵은 베옷을 입고 회개했다.
- 요나는 3일 길을 걸으며(3:3) 회개를 외쳤고, 하나님께서는 이들의 마음을 돌

렸다.

- 예수님께서 이 땅에 오셔서 3년을 외쳤을 때, 유대인들은 예수님을 어떻게 대했는지 생각해 볼 만하다.

3) 불평과 하나님의 긍휼 (4:1-11)

본서 4장 1절은 "요나가 심히 싫어하고 노하여"로 시작된다. 요나의 외침으로 니느웨 성과 그 백성들이 '구원'을 받았다. 그런데 요나는 이것을 못마땅하게 생각하고 하나님께 불평을 털어 놓는다.

- 하나님은 반드시 요나도 깨우쳐 주신다. 그리고 그를 끝까지 쓰실 것이다.
- 이를 위해 하나님께서는 '박 넝쿨', '벌레', '바람'을 준비하셨다.
- 하나님께서 요나에게 "네가 박 넝쿨로 인하여 성 냄이 어찐 일이뇨."라고 물으셨다. 그리고 요나를 깨우쳐 주신다.
- 이 성내에 좌우를 분변치 못하는 자가 12만 명이나 있다는 것이다.
- 이들을 구원해야지 않겠느냐?고 요나에게 물으실 것이다.

미
가

책 이름	본서는 '미가'인데 이는 히브리어 책 이름인 '마카'에서 유래 되었다.
기록자	본서를 기록한 사람은 선지자 미가이다.
기록 연대	미가는 남 유다의 요담, 아하스, 히스기야 세 왕의 재위 때 활동했으며 이 기간은 B.C 735년부터 B.C 690년까지로, 약 45년간이다. 그래서 이 책의 기록 연대는 미가 선지자의 활동 후반기인 B.C 700년경으로 보는 것이 가장 타당하다.

1. 시대적 상황 및 주제

미가가 살던 당시는 여러 가지 면에서 어려움을 겪고 있던 시대이다. 대외적으로는 앗수르가 당시의 이집트와 유다를 제외한 전 근동 지역을 점령한 상태에 있었으며, 대내적으로도 많은 사회악으로 인하여 불안과 고통이 가득한 때였다. 그리고 본서의 중심되는 구절은 6장 8절로 "여호와께서 네게 구하는 것이 오직 공의를 행하며 인자를 사랑하며 겸손히 네 하나님과 동행하는 것이 아니냐." 이다.

본서에는 특히 그리스도에 관한 예언들이 많이 있다. 예수 그리스도의 베들레헴 탄생(5:2; 마 2:1-6), 수난(5:3), 재림과 최후의 심판(5:8-15), 택한 백성의 목자(2:12; 요 10:14), 왕(2:13; 요 18:37), 태초부터 계셨던 자(5:2), 구속 언약의 최종 성취자(7:20; 마 5:17) 등이다.

2. 미가의 짜임새

■ 미가는 '심판과 회복'을 보여 준다.

심판 (1:1-2:13)	구원과 승리 (3:1-5:15)	회개 촉구와 용서 (6:1-7:20)

• 선지자 미가
• 하나님의 절대성과 거룩성
• 북 이스라엘 멸망 예언
• 남 유다 멸망 예언
• 심판과 예언
	• 예루살렘 멸망 예언
	• 메시아 왕국의 도래 예언
	• 메시아 탄생과 그의 사역에
	  대한 예언
		• 이스라엘에 대한 하나님의
		  심판의 정당성
		• 선지자의 탄식과 회개 기도
		• 하나님께 대한 감사 찬양

3. 미가의 내용

1) 심판과 회복의 약속(1:1-2:13)

① 선지자 미가(1:1)

1절의 서언에서 미가 선지자는 그의 예언 시기를 보여 주는 유다 왕들의 이름을 나열한다. 요담, 아하스, 히스기야 왕. 그런데 이와 같이 이사야 선지자도 서두에서 똑같은 왕들을 나열하고 있다(사 1:1). 그리고 그의 예언은 사마리아(북 이스라엘의 수도)와 예루살렘(남 유다의 수도)을 향한 것이다.

② 하나님의 절대성과 거룩성(1:2-5)

하나님께서는 심판하시기 위하여 거룩하신 처소인 하늘 성전에서 걸어 나오신다. 심판의 모양을 보면 마치 지진이나 화산이 터지는 모양이다(1:4).

③ 북 이스라엘 멸망 예언(1:6-7)

북 이스라엘의 결정적인 심판 이유는 '우상 숭배'이다. 예언대로 북 이스라엘은 B.C 722년에 앗수르에 의해 멸망되었다.

④ 남 유다의 멸망 예언(1:8-16)

거민 전체의 죄악으로 멸망이 예언되었다. 특히 남 유다 주요 도시 10성읍이 멸망된다(1:10-15). 유다 백성의 포로에 대한 예언도 있다(1:16).

⑤ 심판과 예언(2:1-13)

약하고 가난한 백성들을 핍박한 부유층과 권세자들은 심판을 받는다. 거짓 선지자를 따르는 종교적 죄악도 역시 심판의 대상이다. 그러나 이스라엘의 남은 자(2:12)는 바벨론 포로 후에 귀환한 백성들인데 이들과 또 구원 반열에 참예할 신약 시대의 전 성도들은 보스라(모압 지역의 유명한 목양지)에서 보호를 받는다.

2) 예루살렘 멸망과 메시아 왕국 도래(3:1-5:15)

① 예루살렘 멸망의 예언(3:1-12)

정치 지도자들은 '공의' 를 실천하지 않고, '하나님의 법' 을 폐하는데 앞장섰다. 그리고 권력을 남용하여 하나님의 백성을 학대했다. 또한 거짓 선지자들은 돈만 좋아했다. 그러므로 심판이 따른다. 더 무서운 사건은 정치, 종교의 타락으로 예루살렘 성전이 파괴되는 것이다.

② 메시아 왕국의 도래(4:1-13)

장차 도래할 왕국은 이스라엘뿐만 아니라 전 세계에 해당될 것이며 그 나라는 풍요롭고 번영하고 전쟁이 없는 완전한 평화 세계이다.

③ 메시아 탄생과 그의 사역에 대한 예언(5:1-15)

성도는 악한 세력에 의해 고통을 받을 것이며(5:1, 3) 예수 그리스도는 정한 때에 다시 오실 것이다(5:2; 갈 4:4).

3) 이스라엘을 향한 회개 촉구와 용서(6:1-7:20)

① 하나님 심판의 정당성(6:1-5)

하나님은 선민과 맺은 언약이 있는데 이 언약에 의해 심판한다.

② 하나님이 기뻐하시는 참 회개(6:6-16)

인간은 좋은 재물을 많이 드리면 하나님께서 좋아하실 줄 안다(삼상 15:21-22). 그러나 하나님께서는 참 회개가 없는 재물은 좋아하지 않으신다(사 1:11). 그러므로 하나님은 스스로 회개하며, 하나님 앞에서 악행을 그치고, 선행을 베풀며, 공의를 구하는 것을 진정으로 원하신다.

③ 선지자 탄식과 회개 기도(7:1-6)

- 이스라엘에 선인과 정직자가 전혀 없고(7:1-2), 모든 지도자들은 타락하여 자신들의 직무를 바로 행치 않으며(7:3-4), 친구, 부모, 자식 및 형제 등의 가장 기본적인 인간관계 마저 파괴되었다(7:5-6).
- 미가 선지자는 하나님의 매를 순순히 맞고, 전 이스라엘을 대표해서 하나님의 심판을 받는다.

④ 하나님께 대한 감사 찬양(7:7-20)

- 미가 선지자는 권면한다. 심판을 받는 중에 결코 좌절하지 말라(7:7-8), 회복을 확신하라(7:11-12), 이방나라가 부끄러움을 당할 것이다(7:13).
- 하나님께서는 선지자의 기도를 응답하시고, 대적으로부터 완전히 회복시켜 주실 것이다(7:14-17).

나훔

구약핵심정리

책 이름 본서의 이름은 다른 선지서와 마찬가지로 저자의 이름을 따라 '나훔'이라고 했다.

기록자 본서의 기록자는 선지자 나훔이다.

기록 연대 본서의 기록 연대는 대체적으로 B.C 663-612년 사이로 본다.

1. 본서의 기록 목적 및 내용

구약 성경에서 책 전체가 니느웨(앗수르의 수도)에 대해 언급하고 있는 책은 요나이다. 그런데 요나가 니느웨 성의 회개와 구원을 기록한데 반하여 본서는 오히려 니느웨 성의 죄과와 그에 따른 심판을 예언하고 있다. 앗수르가 세계에서 최강대국으로 세력을 떨칠 때 자기 백성(유다)을 보호하시기 위해 앗수르가 회개할 수 있도록 하나님께서는 요나를 보내셨던 것이다. 그러나 하나님의 백성인 이스라엘을 멸망시킨 앗수르에 대해 하나님께서 공의로운 심판을 내리시겠다는 것이 본서의 내용이다. 곧 하나님의 원수들은 결국 하나님께서 내리시는 징벌을 당하고 만다는 것이다.

2. 나훔의 짜임새

■ 나훔은 '하나님의 권능' 을 보여 준다.

심 판 (1:1-15)	심판의 묘사 (2:1-13)	심판의 변호 (3:1-19)
• 서언 • 니느웨에 대한 멸망의 심판 예언 • 니느웨의 멸망과 남 유다의 구원 • 구원의 복합성	• 파괴하는 자 • 침범이 신속하다. • 비참하게 끌려간다. • 황폐된 니느웨의 모습	• 앗수르는 포악한 민족 • 앗수르는 간교한 민족 • 노아몬과 같다. • 메뚜기 재앙 비유 • 살해당하는 양떼

3. 나훔의 내용

본서는 요나와 함께 앗수르 제국의 수도였던 니느웨에 대한 하나님의 예언을 기록한 선지서이다. 그러나 요나가 주로 니느웨의 구원의 회개에 대해서 언급하고 있는 것과는 달리 요나가 기록된 지 약 100년이 지난 뒤에 기록된 본서는 하나님의 심판으로 인한 니느웨의 멸망에 대해서 언급하고 있다.

그리고 본서는 세 부분으로 나누어 생각할 수 있다.

- 1:1-15 니느웨에 대한 하나님의 심판 선포
- 2:1-13 하나님의 심판을 받아 멸망한 니느웨의 참상
- 3:1-19 니느웨 멸망의 원인과 필연성

1) 심판의 선포 (1:1-15)

① 서언

- 본서의 저자는 '위로자' 라는 뜻의 이름을 가진 엘고스의 출신 '나훔' 이다. 그는 남 유다 말기의 선지자들인 스바냐, 하박국, 예레미야 보다 약간 앞서거나 그렇지 않으면 거의 동시대의 선지자로 남 유다에서 활약하였다.

- 본서의 주제는 앗수르의 수도 니느웨에 대한 하나님의 심판의 예언이다.
- 니느웨는 본서가 기록되기 전, 약 100년 전에 요나 선지자를 통해 거국적인 회개 운동으로 하나님의 심판을 모면했었다(욘 3:4-9).
- 선지자는 그가 선포하는 말을 '묵시' 라고 표현하므로 모든 선포된 내용이 선지자의 말이 아니라 하나님의 말씀임을 나타낸다.

② 멸망의 심판 예언(1:2-8)

하나님은 바람, 폭풍, 가뭄, 비, 땅, 바다 등의 자연을 통해 능력을 나타내신다. 하나님은 니느웨의 멸망을 두 가지로 표현하신다. 즉 범람한 물(홍수)과 흑암으로 멸망한다는 것이다.

③ 니느웨의 멸망과 유다의 구원 예언(1:9-15)

지금은 강해도 반드시 멸망한다. 그러나 남 유다는 앗수르의 압제에서 구원을 받게 된다.

④ 구원의 복합성(1:15)

여기 15절의 '아름다운 소식' 은 1차적으로 남 유다의 구원을 말한다. 그러나 더 나아가서는 '예수 그리스도' 를 통한 '구원의 복음' 을 말하며 이것은 구약 예언서의 한 특징이다. 바울도 이 말씀을 인용하여 '그리스도의 구원의 복음' 을 뒷받침 해 주고 있다(롬 10:15).

2) 심판의 묘사(2:1-13)

① 파괴하는 자(2:1)

여기 파괴하는 자는 바벨론 군과 메데 군을 말한다. 파괴하는 자란 '흩어버리는 자' 혹은 '분산시키는 자' 이다.

② 침범이 신속하다(2:4).

병기가 빨리 달린다. 모양이 횃불 같고, 번개같이 빠르다.

③ 비참하게 끌려간다(2:7).

왕후가 벌거벗은 몸으로 끌려 간다. 시녀들이 비통하게 운다.

④ 황폐된 니느웨의 모습(2:8-13)

8-10절은 니느웨의 비참하고 괴로운 모습을 표현한다. 11-12절의 '사자' 는 앗수르의 강력한 세력을 보여주는 위대한 상징이었으나 이제 나훔은 이렇게 묻는다. "너의 사자는 지금 어디 있느냐?" 즉 너희 통치자, 너희 승리자는 지금 어디 있느냐는 의미이다.

3) 심판의 변호(3:1-19)

① 앗수르는 포악하고, 간교한 민족이다(3:1-7)

1절에서 앗수르(니느웨)의 포악성을 궤휼, 강포, 늑탈 등으로 표현한다. 그리고 4절에서는 마술로, 또 기생들의 음행으로 여러 민족을 미혹하는 앗수르의 간교한 모습이 표현된다.

② 너희는 '노아몬' 보다 나은 것이 없다(3:8-11).

노아몬은 애굽에 위치한 유명한 도시인 '테베' 를 말한다. 테베 사람들은 '태양 신' 인 아몬을 숭배했다.

③ 메뚜기 재앙 비유와 살해당하는 양떼(3:17-19)

메뚜기가 곡식을 먹어 치우는 것 같이 앗수르의 군인들을 메뚜기만큼 강한 군대로 비유하고 살해당하는 양떼로 비유한다.

하박국

책 이름 히브리서 원전에는 본서를 '하박국'이라고 한다. 한글 성경 역시 '하박국'이라 하고 있다.

기록자 본서의 기록자는 선지자 하박국이다(1:1).

기록 연대 대략 B.C 612-605년으로 추정된다.

구약핵심정리

1. 본서의 기록 목적

"의인은 그 믿음으로 말미암아 살리라"(2:4). 이것은 아무나 할 수 있는 말이 아니다. 하박국 선지자는 이 말을 그의 신앙으로 고백했다. 그래서 뜻있는 사람들은 하박국을 가리켜 '종교 개혁의 할아버지' 라고 했다.

믿음으로 의롭게 된다는 바울의 위대한 교리는 바로 이 하박국에서 나왔고, 종교개혁자 루터는 바울에게서 그것을 배웠다.

선지자 하박국이 활동하던 당시 사회 · 정치 지도자들은 타락해 있었고, 종교 지도자들 역시 심히 부패해 있었다. 이러한 때에 선지자는 악인은 하나님의 심판을 피할 수 없게 된다는 것과 하나님을 의지하는 의인은 결국 구원에 이르게 된다는 것을 본서를 기록함으로써 가르쳐 주고 있는 것이다.

2. 하박국의 짜임새

■ 하박국은 '오직 믿음'을 보여 준다.

첫 번째 질문과 응답 (1:1-11)	두 번째 질문과 응답 (1:12-2:20)	선지자의 찬송과 송영 (3:1-19)
왜 구원치 않으십니까?	왜 악인이 의인을 심킵니까?	여호와로 인한 즐거움

• 서론
• 하박국의 질문
  • 내가 외쳐도 듣지 않으시니 언제까지입니까?
  • 나로 하여금 간악, 패역, 겁탈, 강포, 변론, 분쟁을 보게 합니까?
• 하나님의 응답
	• 하박국의 두 번째 질문
	  • 왜 악인이 의인을 삼킬수 있습니까?
	  • 왜 우리를 어족같이, 곤충같이 대하십니까?
	• 하나님의 응답
	  • 정한 때가 되면 심판한다.
	  • 바벨론의 죄 (5가지)
		• 하박국의 기도
		• 하박국의 찬양
		• 하박국의 확신과 기쁨

3. 하박국의 내용

본서는 강포와 패역이 만연한 상황 속에서 왜 하나님은 속히 불의한 자들을 심판하고 의인들을 구원치 않는가하는 신앙적 물음에 대한 하박국 선지자의 두 가지 질문과 이에 대한 하나님의 답변 형식으로 이루어져 있다. 그리고 본서는 악인에 대한 심판의 필연성과 믿음으로 사는 의인의 구원의 확실성을 분명하게 보여주고 있다.

1) 첫 번째 질문과 응답(1:1-11) - 왜 구원치 않으십니까?
　① 서론(1:1)
　　　본서의 저자는 '껴안는 자'라는 의미의 이름을 가진 '하박국'이다. '묵시'라는 말은 인간의 말이 아니라 하나님의 말씀이라는 뜻이다.
　② 하박국의 첫 번째 질문(1:2-4)
　　　• "하나님이여! 내가 강포를 인하여 외쳐도 어째서 주께서 구원치 아니 하시

나이까?" 이것이 하박국의 첫 번째 질문이다.

- 하박국은 불의, 약탈, 투쟁, 다툼을 보았다. 율법이 해이해지고, 공의가 없어지는 것을 보았다.

③ 하나님의 응답 (1:5-11)

하나님의 응답은 간단하다. "내가 갈대아(바벨론) 사람을 일으키겠다." 하나님은 갈대아 사람의 강함을 표범과 독수리에 비유하셨고, 그의 사나움은 이리보다 강하다고 했다.

2) 두 번째 질문과 응답 (1:12-2:20) - 왜 악인이 의인을 삼킵니까?

① 하박국의 두 번째 질문(1:12-17)

하박국 선지자는 하나님의 응답을 듣자 곧장 두 번째 질문을 한다.

"하나님이여! 왜 악인이 의인을 삼킵니까?" 그리고 한술 더 떠서 "우리를 바다의 어족같이, 그리고 주권자 없는 곤충같게 하시나이까?" 이 질문은 남 유다 백성이 바벨론 군대에 의해 마구 사로잡혀 가련한 포로의 신세가 되어도 괜찮습니까라는 의미를 담고 있다.

② 하나님의 응답

하나님께서는 차근차근 말씀하신다(2:2-3).

"이 묵시를 쓰라, 달려가면서도 읽을 수 있도록 크게 쓰라, 이 묵시는 정한 때가 있다."

- 이 하나님의 세 마디 말씀의 내용은 제1차 바벨론의 멸망을 크게 써서 백성들에게 알리라는 뜻이다.
- 그리고 더 나아가서 메시아의 재림의 때에 일어날 일을 말하고 있는 것이다. 이런 것이 '계시의 복합성'이다.
- "의인은 그 믿음으로 살리라."라는 말을 바울은 세 군데 인용했다(롬 1:17; 갈 3:11; 히 10:38).

③ 바벨론의 다섯 가지 죄(2:5-20)

- 탐욕의 죄(2:5-8)
- 불의한 이를 취한 죄(2:9-11)
- 피 흘림의 죄(2:12-14)
- 비루한 협박의 죄(2:15-17)
- 우상 숭배의 죄(2:18-20)

3) 선지자의 찬송과 송영 (3:1-19) - 여호와로 인한 즐거움

① 하박국 선지자의 기도(3:1-2)

선지자의 기도는 바벨론에 의한(3:5-11) 유다의 징계(2:4-20)를 알았다는 것이다. "이 수년 내에 부흥케 하옵소서." 란 하나님께서 바벨론을 심판하심으로 유다를 속히 회복시켜 달라는 기도이다.

② 심판하실 주로 강림하실 하나님께 대한 찬양(3:3-15)

이 부분은 미래에 있을 일을 현재에 일어나는 일처럼 묘사하는 찬양이다.

③ 남 유다의 회복에 대한 확신(3:16-19)

남 유다의 범죄로 인해 임박한 하나님의 심판에 대한 두려움(3:16)과 그러나 그러한 환난이 지난 후에 얻게 될 구원으로 인한 기쁨(3:17-19)이 표현되고 있다. 그래서 하박국 선지자는 이렇게 확신한다. '내 주위에 있는 모든 것(밭, 양떼, 포도원, 소떼 등)이 실망을 시킨다 할지라도 나는 여호와로 인하여 즐거워하고 기뻐한다.' 이것은 바울과도 같은 믿음이다(빌 4:11-13).

스바냐

책 이름 본서는 히브리 원제인 '츠판야'를 번역한 것으로 한글 성경은 '스바냐'라고 한다.

기록자 본서의 저자는 일반적으로 히스기야의 4대 손인 스바냐로 인정되고 있다.

기록 연대 본서의 기록 연대는 요시야 왕의 종교 개혁 정책에 스바냐의 활동이 지대한 영향을 준 점을 미루어 볼 때 요시야 왕의 종교 개혁이 시작되기 이전인 B.C 630년경에 쓰여졌다.

1. 본서의 내용 및 주제

스바냐가 묘사하고 있는 하나님은 이 세상의 모든 나라를 불러 모아 심판하심으로써 자신의 의를 입증하시는 분이시다. '여호와의 날', 이 날이 가까웠다. 하나님은 자신의 백성인 유다는 물론 온 세계를 심판하실 것이다. 따라서 그의 심판과 통치를 피할 자는 없다.

스바냐는 온 세상에 두루 임할 여호와의 날에 대해 2장 4-15절에서 자세히 묘사하고 있다. 그러나 3장 9-20절에서 '주의 날'은 또 다른 양상으로 나타난다.

즉 심판이 완수된 다음에 주의 심판의 날은 '축복'의 날이 된다는 것이다. 마지막까지 '남겨진 자'들은 유대인이나 이방인이나 막론하고 하나님이 주는 넘치는 기쁨을 소유하게 될 것이다. 이 '남은 자'들이 하나님의 대적들을 다스리는 통치자가 될 것이며(2:7), 여호와를 신뢰함으로써 궁극적인 승리를 쟁취하는 군사가 될 것이다.

2. 스바냐의 짜임새

■ 스바냐는 '여호와의 날과 남은 자'를 보여준다.

유다의 심판 (1:1-18)	열방의 심판 (2:1-15)	예루살렘 심판과 남은 자 구원 (3:1-20)
• 서론 • 모든 것을 진멸하심 • 유다와 예루살렘을 진멸하심 • 여호와의 날	• 회개 촉구 • 열방에 대한 심판-블레셋, 모압, 암몬, 구스,앗수르	• 예루살렘 심판 • 남은 자 구원 • 회복의 기쁨 찬양

3. 스바냐의 내용

1) 유다의 심판 선언 (1:1-18)

① 서론

'스바냐'는 남 유다 13대 왕인 '히스기야'의 4대 손이다(왕하 8:1-18). 그는 요시야 왕 때 예언했다.

② 모든 것을 진멸하심

하나님께서는 전 우주를 심판하실 수 있는 분이시다.

③ 유다와 예루살렘의 진멸(1:4-13)

심판의 원인은 우상숭배이고, 심판받을 대상은 왕, 지도자, 관리들, 상인들, 하나님을 믿지 않는 모든 백성들이다.

④ '여호와의 날'의 심판(1:14-18)

• 14절에서는 "가깝도다, 가깝도다, 심히 빠르도다."라고 경고했다. 그러나 이들은 회개하지 않았다. 그래서 이 예언대로 B.C 586년에 바벨론에 의해 유다는 완전히 망하였다.

• 역시 이 예언도 '여호와의 날'에 대한 '예언적 복합성'을 띄고 있다. 1차 멸

망은 바벨론에 의한 유다의 멸망이지만, 2차는 종말의 때에 이루어질 사탄들의 멸망을 말한다.

2) 열방의 심판 (2:1-15)

① 회개와 촉구 (2:1-3)

- 2장에서는 열방의 심판을 주로 다루고 있지만 궁극적으로 유대의 회개를 촉구하고 있는 것이다.
- 수치(우상숭배)한 자들, 규례를 지키지 않는 자들, 이 모두에게 회개하라고 촉구하고 있다.

② 열방에 대한 심판 (2:4-15)

- 불레셋(가사, 아스글론, 아스돗, 에그론, 그렛 족속)의 남은 자(바벨론에서 귀환할 유다인)에게 돌아가라는 뜻이다.
- 모압과 암몬(롯과 그의 두 딸의 불륜으로 태어난 자들)
- 구스(에디오피아인)인들은 애굽과 연합하여 이스라엘 백성을 공격해 왔다 (대하 12:3; 렘 46:9).
- 앗수르(유다의 북쪽 지역)는 이스라엘 백성들을 가장 극심하게 괴롭히고 압제한 민족이다.

3) 예루살렘 심판과 남은 자 구원 (3:1-20)

① 예루살렘의 심판 (3:1-8)

- 1-4절에서 묘사된 예루살렘은 하나님을 배반하고 종교적, 도덕적으로 타락한 결과 서로 물고, 찢고, 죽이는 포악한 자들이다. 특히 정치 지도자들, 재판장, 선지자, 제사장들 중 어느 부류 하나 타락하지 않은 자들이 없다.
- 5-7절은 남 유다의 완악함을 나타내고 있다. 하나님은 이들에게 말씀대로 살 것을 권고했지만 이들은 하나님의 말씀을 어겼다. 그래서 북 이스라엘은

앗수르에게 망했다(B.C 722년). 이제 유다 차례이다.

- 8절에서 하나님은 이제 마지막 심판만을 기다리고 있으라고 말씀하신다.

② 남은 자 구원(3:9-13)

- 여기 '남은 자'의 구원은 1차적으로 유다 백성들의 바벨론 포로 귀환(B.C 537년, 스 1:1-3:20)을 예언한 것이다.
- 2차적으로는 장차 주의 재림으로 회복될 영적 이스라엘에 관한 예언이다.
- 이 예언은 실제로 그리스도의 초림으로 교회 안에서 이미 성취되어지고 있는 것이다.

③ 회복의 기쁨과 찬양

- 여기 '시온의 딸'과 '예루살렘 딸'은 13절에 언급된 이스라엘의 '남은 자' 곧 구원받은 하나님의 백성들을 가리키는 표현이다(슥 9:9).
  - 하나님께서 이스라엘의 형벌을 모두 제거하셨다.
  - 하나님께서 이스라엘의 원수를 다 내어 쫓으셨다.
  - 하나님께서 이스라엘의 왕이 되시고 그들 가운데 계신다.
  - 하나님께서 이스라엘이 다시는 화를 당할까 두려워하지 않는다.
  - 사람들이 이스라엘을 격려하며 노래한다.
  - 하나님께서 이스라엘 때문에 심히 기뻐하신다.
  - 이스라엘이 천하 만민 중에서 명성과 칭찬을 얻는다.

學
開

책 이름　본서의 책 이름은 기록자의 이름을 따서 '학개'라고 한다.
기록자　본서의 기록자는 본서의 내증(1:1, 2:1, 10, 20)과 에스라의
언급(스 5:1, 6:14)으로 보아 선지자 학개인 것을 알 수 있
다.
기록 연대　다리오 왕(B.C 522-486년)의 즉위 제2년째인 B.C
500년 9-12월 사이이다.

1. 본서의 주제

본서는 제1차 바벨론 포로 귀환(B.C.537년) 직후에 시작된 제2성전의 건축을 둘러
싼 정치, 종교, 사회적 상황들을 그 배경으로 한다.

예레미야의 예언(렘 25:11-12, 29:10-14)대로 남 유다백성들이 바벨론에 포로로 끌려
간지 70년 만에 귀환하여 성전 건축이 시작되었다(스 1:1-4). 그러나 성전 재건 공사는
사마리아인들의 방해 공작으로 중단된다(스 4:1-4). 그리고 16년간이나 방치되어 있었
다. 이에 학개 선지자는 바로 지금 이 때가 메시아의 출현에 대비하여 여호와의 성전
을 짓고 그 성전으로 온 세계의 여호와 신앙의 중심지가 되게 해야 할 때라고 강조한
다.

2. 학개의 짜임새

■ 학개는 '여호와의 전을 건축하라'를 보여 준다.

첫 번째 메시지 (1:1-15)	두 번째 메시지 (2:1-9)	세 번째 메시지 (2:10-19)	네 번째 메시지 (2:20-23)
책 망	권 면	축 복	승 리
• 성전 건축 지연에 대한 책망 • 성전 건축 재개 명령 • 백성들의 응답	• 과거 성전과 비교하여 불만을 던짐 • 두려워하지 말라. • 나중 영광이 이전 영광보다 크다.	• 지난날의 형식적인 예배의 잘못을 지적 • 성전 재건에 힘쓰는 자에게 나타날 축복	• 열방의 세력을 멸한다. • 내가 너를 취하고 너로 인을 삼는다. • 내가 너를 택하였다.

3. 학개의 내용

당시에 그들에게 있어 심각한 문제는 여호와를 사모하는 열정이 식고 무기력하며 현실에 안주하려는 데 있었다. 따라서 하나님은 학개를 통하여 영적 각성 운동과 더불어 이스라엘의 삶의 중심인 성전을 재건하도록 명령하신 것이다.

하나님의 명령을 들은 이스라엘 백성들은 성전 재건을 시작하였다. 그러나 공사를 시작한지 한 달이 채 못 되어 공사는 또 다시 중단되었다. 그것은 이 성전의 위세가 솔로몬의 성전과 비교도 안 될 만큼 초라했기 때문이다. 그러나 하나님은 또 다시 학개를 통하여 비록 지금 짓고 있는 성전이 솔로몬의 성전만큼은 못하지만 하나님의 영광은 더 크게 빛날 수 있음을 보여주면서 계속 재건하라는 메시지를 주었다.

1) 첫 번째 메시지(1:1-15) - 책망
① 성전 건축 지연에 대한 책망(1:1-11)

첫 번째 설교는 B.C 520년 6월(태양력 8, 9월) 1일에 선포되었다. "너희들은 완벽한 집에 거하면서 여호와의 전을 건축할 시기가 이르지 아니했다고 하니 먼저 자기 소위를 살펴보라."고 명령한다.

② 성전 건축 재개(1:12-13)

스룹바벨(유다 총독)과 여호수아(제사장)에게 성전 건축 재개 명령을 전했다. 그리고 이들은 백성들에게 전했다.

③ 백성들의 응답(1:14-15)

하나님께서 스룹바벨과 여호수아와 모든 백성의 마음을 흥분시키셨다. 여기 '마음을 흥분시키시매'라는 뜻은 '영을 흥분시키시매'와 같은 말이다.

다리오 왕 2년 6월 24일에(하나님의 말씀이 학개 선지자에게 임한 날부터 불과 23일이 지났다.) 성전 재건은 착수되었다.

2) 두 번째 메시지(2:1-9) - 권면

① 불만의 이유(2:1-3)

두 번째 설교는 B.C 520년 7월 21일에 선포되었다. 외부적인 방해가 있었다. 즉 닷드네와 스달보스내와 그 동료들이 성전 건축을 방해하기 위해 다리오 왕에게 글을 보냈고, 이스라엘 백성들은 다리오 왕의 답서를 기다려야 했으므로 성전 건축은 다시 중단되었다(스 5:1-6:22). 내부적 방해는 솔로몬의 성전을 본 사람들이 실망을 한 것에서 말미암았다.

② 하나님이 위로하심(2:4-5)

"스스로 굳세게 하라."는 이 말씀이 4절에서 3번 나오고 있다. 하나님은 이스라엘 백성들에게 두려워하지 말라고 위로하신다.

③ 나중 영광이 더 클 것이다(2:6-9)

하늘과 땅과 바다와 육지를 진동시킨다. 메시아 강림을 말한다. 그리고 '보배가 이른다'는 표현은 예수 그리스도를 뜻하는 '이중 계시'이다

3) 세 번째 메시지(2:10-19) - 축복

① 형식적인 예배의 잘못을 지적함(2:10-17)

- 세 번째 설교는 B.C 520년 9월 24일에 선포되었다. "너는 제사장에게 물어보아라."라고 하시면서 두 가지를 말씀하신다.
- "거룩한 고기를 싼 옷자락에 다른 것들이 닿으면 성물이 되겠느냐?", "시체를 만진 부정한 자가 다른 것을 만지면 부정하지 않겠느냐?" 즉 너희들도 '거룩하라' 는 것이다.

② 성전 재건자에게 나타나는 축복(2:18-19)

성전 건축자에게 축복을 주되 오늘부터 복을 준다는 약속이다.

4) 네 번째 메시지(2:20-23) - 승리

① 열방의 세력을 멸한다(2:22).

세 번째와 네 번째 메시지는 하루에 두 번 설교한 것이다. 하늘과 땅의 모든 세력이 모두 엎드려 질 것이다. 이런 광경은 계시록의 표현과 비슷하며(계 6:1-19:21) 스가랴의 예언에서도 이런 표현이 나온다(슥 9:1-14:21).

② 너를 취하고, 인을 삼겠다(2:23).

- '취하다' 라는 말은 하나님의 선택과 소유를 말한다(출 6:7).
- '인을 삼겠다' 라는 말은 하나님께서 '사랑과 신임' 을 베푸신다는 뜻이다
(마 8:6).

스
가
랴

책 이름 히브리어 성경에서는 본서의 명칭을 기록자의 이름에 따라서 '스가랴'라고 한다.

기록자 본서의 저자가 스가랴란 사실은 본서 가운데서 반복되고 있다(1:1, 4:8, 6:9, 7:8, 8:18).

기록 연대 본서의 기록 연대는 대략 다음과 같이 본다

1-6장은 다리오 왕(B.C 522-486년) 제2년, 즉 B.C 520년에 임했다. 7-8장은 다리오 왕 제4년, 즉 B.C 518년에 임했다. 9-14장의 연대에 대해서는 여러 다른 설들이 있지만 대략 B.C 480년 직후로 본다. 그래서 스가랴의 기록 연대는 넓게 보아서 B.C 520-480년 사이라고 정리할 수 있다.

1. 스가랴의 기록 목적

스가랴의 의도는 메시아 도래의 준비로 하나님이 이스라엘의 영적 성숙을 회복하는 일을 세상에서 하고 계셨음을 이스라엘 백성들에게 보여 줌으로써 귀환한 남은 자를 격려하는데 있다. 그리고 또한 성전의 구심점은 영적 이스라엘 회복에 있다는 것과 이스라엘 백성을 고국으로 돌아오게 하신 하나님의 섭리와 미래 영적 이스라엘 회복에서 나타날 메시아의 탁월성을 보여 주는 데 있다.

그리고 스가랴는 그리스도를 '주의 사자', '의로운 가지'(3:8), '십자가에 못 박힌 구주'(12:10), 그리고 '오실 왕'(9:9)으로 나타낸다.

2. 스가랴의 짜임새

■ 스가랴는 '환상과 꿈'을 보여 준다.

환상 (1:1-1-6:15)	교훈 (7:1-8:23)	예언 (9:1-14:21)
• 회개를 촉구함	• 금식에 대한 질문	• 메시아의 초림(배척)

환상 (1:1-1-6:15)	교훈 (7:1-8:23)	예언 (9:1-14:21)
• 여덟 가지 환상	• 금식에 대한 답변	• 메시아의 재림(통치)

3. 스가랴의 내용

스가랴의 내용은 학개서와 마찬가지로 제1차 바벨론 포로 귀환자들로 하여금 성전 재건을 성공적으로 완수하도록 권면하고 있으며, 더 나아가서는 하나님께서 초림과 재림을 통해 하나님의 나라를 시작하시고 완성하실 것을 보여주고 있다.

1) 환상(1:1-15)

① 회개를 촉구함(1:1-6)

"너희는 내게로 돌아오라." 이것이 여호와의 첫 번째 초대이자 음성이다. "그리하면 내가 너희에게로 돌아가리라." 이 말은 두 번째 말씀이다. "너희 열조를 본받지 말라." 이것이 세 번째 말씀이다.

② 여덟 가지 환상(1:7-6:15)

• 첫 번째 환상(1:7-17) - 네 명의 말 탄자

이는 '예루살렘에 하나님의 전이 건축될 것임'을 의미한다(1:16).

• 두 번째 환상(1:18-21) - 네 뿔과 네 공장

이는 '하나님께서 원수를 멸망시키시고 성전을 건축하실 것'을 나타낸다 (1:21).

• 세 번째 환상(2:1-13) - 척량 줄을 손에 잡은 자

이 뜻은 '예루살렘의 번영'을 보여 준다(2:4-5).

• 네 번째 환상(3:1-10) - 대제사장 여호수아의 정결

이는 '민족의 정결과 제사장 제도 확립과 속죄와 정결의 제사 확립'을 의미

한다.

- 다섯 번째 환상(4:1-14) - 금 촛대와 두 감람나무

  이는 '여호수아와 스룹바벨이 어려운 임무를 끝낼 것임'을 보여준다(4:6).

- 여섯 번째 환상(5:1-4) - 날아가는 두루마리

  이는 '말씀으로 이 땅을 정화시킴'을 나타낸다(5:4).

- 일곱 번째 환상(5:5-11) - 에바 가운데 앉아 있는 여인

  이는 '죄로 이 땅에서 흩어짐'을 의미한다(5:11).

- 여덟 번째 환상(6:1-8) - 네 병거

  이는 '하나님 나라의 완성과 열국 심판'을 보여 준다(6:5).

- 대제사장 여호수아에게 면류관을 씌운다는 것은 예수 그리스도를 상징하는 것인데 예수 그리스도는 왕과 제사장이 되신다는 뜻이다.

2) 교훈 (7:1-8:23)

① 금식에 관한 질문(7:1-3)

벧엘 사람(스 2:28), 포로에서 돌아온 사람들(223명), 그리고 파견된 대표들인 사레셀, 레겜멜렉 그리고 이들의 하인들이 질문한다. "5월에 금식을 해야 합니까?"

② 금식에 대한 답변(7:4-8:23)

여호와를 위한 금식이 아니라 자기 자신을 위한 금식이다(7:4-7). 하나님의 말씀에 의지하는 금식이 아니다(7:8-14). 금식은 기쁨과 즐거움과 희락을 가지고 해야 한다(8:18-23).

3) 예언 (9:1-14:21)

① 오실 메시아의 배척(9:1-11:17) - 그리스도의 초림

평화의 왕은 나귀 새끼를 타고 오신다(9:9; 마 21:5; 요 12:12-15).

그리스도는 목자로서 은총과 연락이라는 두 막대기가 있다(11:7). 메시아는 '은 30세겔'에 배반당한다(11:13; 마 26:5, 27:9).

② 오실 메시아의 통치(12:1-14:21) - 그리스도의 재림

예루살렘은 적그리스도와 그 군대에 의해 포위될 것을 예언한다. 그러나 예수를 찌른 이들은 철저하게 회개할 것이다(12:10-12; 계 1:7). 또 그날에 '죄와 더러움을 씻는 샘'이 다윗의 족속과 예루살렘 거민을 위하여 열린다(13:1). 또 그날에 그의 발이 예루살렘 앞 곧 동편 감람산에 서게 된다 (14:1-4; 행 1:10-11).

12-14장을 간단하게 요약하면 아마겟돈 전쟁 후에(계 16:12-21) 그리스도가 열국을 심판하실 것이며(마 25:31), 그가 그의 메시아 왕국을 세우고 천년동안 다스릴 것이다(계 20:1-6).

말
라
기

책 이름 12권의 소신지서 중 마지막 책인 동시에 구약의 마지막 책인 본서는 초두에 나타나는 선지자의 이름을 따서 책 이름을 붙였다.

기록자 본서 1장 1절은 본서의 저자가 '말라기'임을 증거한다. 그러나 선지자 '말라기'에 대한 개인 신상이 알려진 바가 없기 때문에 어떤 학자는 익명에 의해 기록되었다고도 한다.

기록 연대 본서의 내용은 느헤미야가 예루살렘을 두 번째 방문했을 때의 기록과 일치한다. 따라서 본서는 B.C 432년경에 기록되었을 가능성이 크며 1장 8절의 총독은 느헤미야일 가능성이 크다.

1. 본서의 기록 목적

본서가 기록될 당시(B.C 5세기 중엽), 이스라엘 사회는 정치, 경제, 종교가 매우 암담한 상태였다. 정치적으로는 약간의 자유는 있었으나 주권없는 식민지 백성으로서 바사 제국에 세금까지 바치고 있었다.

경제적으로는 계속되는 가뭄과 병충해, 특히 메뚜기 떼의 습격으로 논밭과 포도원이 극심하게 황폐하게 되었다(3:11).

이에 말라기 선지자는 이런 것들에 회의를 느끼고 타락해 가는 백성들에게 메시아가 속히 도래하실 것과 성전 기능의 활성화를 위해 십일조 납부에 힘쓸 것과 공의와 선행으로 여호와 신앙을 회복하라고 촉구하고 있는 것이다.

2. 말라기의 짜임새

■ 말라기는 '철저한 회개와 영원한 구원'을 보여 준다.

하나님의 무조건적 사랑 (1:1-5)	하나님 앞에서 죄와 회개 (1:6-2:17)	하나님의 영원한 구원 (3:1-4:6)
• 서론 • 어떻게 우리를 사랑 하셨나이까? • 에서와 야곱의 관계 • 이스라엘 지경 밖에서 크시다.	• 제사장들의 범죄 • 제사장들의 범죄에 대한 대가 • 백성들의 범죄	• '내 사자'를 보낼 것이다. • '언약의 사자'가 임할 것이다. • 최종 분리의 예언 • 선지자 엘리야의 출현

3. 말라기의 내용

1) 하나님의 무조건적 사랑(1:1-5)

① 서론(1:1)

하나님께서는 매우 암담한 시대에 '말라기'를 세워 제사장들과 백성들에게 형식적인 신앙과 비도덕 생활을 회개하도록 촉구하면서 하나님의 약속이 장차 반드시 성취될 것임을 확증하고 있다.

② 어떻게 우리를 사랑 하셨나이까?(1:2-4)

하나님께서는 "내가 너희를 사랑하였노라."(1:2) 고 말씀하시자 이들은 즉각 대답한다. "주께서 어떻게 우리를 사랑하셨나이까?" 이 질문에 하나님께서는 두 가지로 하나님 사랑에 대하여 대답하셨는데 하나는 "내가 에서보다 야곱을 사랑했다." 그리고 "내가 에돔을 심판하리라."라는 말씀이다.

③ 이스라엘 지경 밖에서 크시다(1:5).

여기 '밖에서'라는 말은 '넘어서'라는 뜻인데 이 말은 이스라엘은 물론이지만 '이방 족속들까지도'라는 뜻이다. 그래서 복음이 '이방인'들에게 옮겨질 것을 말한다(1:11).

2) 하나님 앞에서 '죄와 회개' (1:6-2:17)

① 제사장들의 범죄(1:6-2:9)

이들은 하나님의 이름을 멸시했다. 이들의 제사(예배)는 형식적이었다. 제단에 드리는 더러운 떡, 눈먼 것, 저는 것, 병든 것 등은 형식적인 그리고 가시적인 헌신을 말한다. 이들은 최선의 것을 드리지 아니했고, 이들은 모범적인 삶을 살지 못했다.

② 제사장들의 범죄에 대한 대가

너희들에게 저주를 내릴 것이며 너희는 절기의 희생의 똥을 얼굴에 바를 것이다. 모든 백성 앞에서 멸시와 천대를 당하게 될 것이다.

1장 11절의 말씀은 이스라엘의 형식적이고, 위선적인 제사 행위로 인하여 하나님께서 이스라엘 백성들을 버리시고 성전의 문을 닫으시겠지만 그 대신에 이방 민족들을 통하여 하나님께서 영광을 받으실 것이라는 것이다.

③ 백성들의 범죄(2:10-17)

- 형제간에 화목하지 못한 죄이다.
- 이방인들과 결혼한 죄이다.
- 조강지처를 학대하고 버린 죄이다.
- 십일조와 헌물의 규례를 범한 죄이다(3:7-12).

3) 하나님의 영원한 구원 (3:1-4:6)

제사장들과 백성들은 하나님을 괴롭게 하고도 이렇게 말한다. "우리가 어떻게 여호와를 괴로우시게 하였는가?" 또 말하기를 "공의의 하나님이 어디 계시냐?" 여기의 질문에 하나님께서는 3장 1절-4장 6절에 응답하신다.

① '내 사자'를 보낼 것이다(3장 1절 상반절).

물론 내 사자는 침례(세례) 요한이다. 이 말은 여러 선지자들도 말했다(사 40:3). 그리고 예수님께서도 말씀하셨다(마 11:10; 눅 7:27; 요 1:6).

② '언약의 사자'가 임할 것이다(3장 1절 하반절).

　　여기 언약의 사자는 예수 그리스도를 가리킨다(사 42:6; 히 12:24). 장차 이 두 분이 오실 것이고, 이분들이 와서 악을 행하는 자들을 심판하시고 하나님의 공의를 보이시게 될 것이다.

③ **최종 분리의 예언(3:13-18)**

　　완악한 말로 하나님을 대적하고 마지막 심판을 무시하는 자들은 망하게 될 것이다(계 20:1-3). 여호와를 경외하고 그 이름을 존중히 여기는 자는 '기념책'에 기록될 것이다 ⎯ **(계 20:12)**

④ **선지자 엘리야의 출현(4:1-6)**

　　마지막 정한 날에 '초개' 같은 인생인가? 혹은 외양간에서 나온 '송아지' 같은 인생인가? 모세와 엘리야는 '예수 그리스도'를 증거하는 구약의 대표이다. 그런데 '침례(세례) 요한도 예수'를 증거하러 올 인물이다. 그리스도는 '의로운 태양'으로 묘사된다. 신약에서 그리스도는 '광명한 새벽별'(계 22:16)로 표현된다.

건축식 성경 연구

신약 편

마
태
복
음

신약핵심정리

책 이름 영어 성경은 'The Gospel According to Matthew'를 한글 개역성경은 '마태복음'을 본서의 제목으로 사용한다.
기록자 초대 교회의 기록들은 이 책의 기록자를 '마태'라고 한다.
기록 연대 몇 가지의 분분한 말은 있으나 대략 A.D 58-68년으로 보는 것이 타당하다.

1. 마태복음의 기록 목적

마태는 대략 A.D 60년 이후에 팔레스틴 또는 시리아에 있었던 교회 공동체를 향해서 특히 유대교적 전통과 기독교적 신앙 사이에서 갈등하고 있는 유대의 기독교인들을 향하여 오히려 유대교가 구약 성경을 곡해한 것이며 기독교는 구약 정통 사상을 직접 계승한 것임을 주지시키기 위해서 복음서를 썼다.

2. 마태복음의 짜임새

■ 마태복음은 '예수는 왕이시다'를 보여 준다.

왕의 준비 (1:1-4:25)	왕의 교훈과 이적 (5:1-10:42)	왕에 대한 배척 (11:1-20:34)	왕의 수난과 구속 완성 (21:1-28:20)
• 그리스도의 족보 • 그리스도의 탄생과 도피 • 왕의 선구자 • 예수의 시험 • 예수의 사역 개시	• 왕의 천국 시민에 대한 교훈 • 왕의 능력을 보여 주심 • 12사도의 파송과 교훈	• 바리새인들의 배척과 왕의 교훈 • 베드로의 신앙고백 • 왕의 변모 • 왕의 교훈들	• 왕의 공개적 입성 • 왕을 배척하는 유대인 • 왕의 책망 • 왕의 종말에 대한 교훈 • 왕의 구속 사역 완성

3. 마태복음의 내용

1) 왕의 준비 (1:1-4:25)
  ① 예수 그리스도의 족보(1:1-17)
      마태복음의 족보에는 아브라함에서부터 요셉까지 42세대가 기록되어 있다.
    그리고 이것을 14대씩 3기로 나누어 기록한다.
    - 예수 그리스도의 족보는 구약 예언의 성취이다(창 3:15, 12:3, 17:19, 49:8-12;
      민 24:17; 시 45:6-7; 사 9:7).
    - 하나님께서는 사람들을 다양하게 쓰신다(신앙의 영웅들, 수치스러운 과거
      가 있는 사람, 평범한 사람, 사악한 사람).
    - 예수 그리스도의 족보에는 네 명의 여인이 나온다(히브리인의 관례상 족보
      에 여자의 이름이 나오지 않지만 본서에는 네 명이 나온다).

  ② 예수 그리스도의 탄생(1:18-25)
    - 예수 그리스도의 탄생은 예언에 의한 탄생이다(사 7:14; 갈 4:4). 예수 그리
      스도는 처녀의 몸을 빌려 탄생했다(눅 1:38).
  ③ 예수를 경배한 첫 번째 사람들(2:1-12)
    - 동방의 박사들이다(가장 높은 자, 마태복음).
    - 들의 목자들이다(가장 낮은 자, 누가복음).
    - 시므온과 안나(경건한 사람들)
  ④ 왕에게 닥치는 고난(2:13-23)
      사탄은 그리스도가 이 땅에 태어나지 못하도록 수많은 방해 공작을 한다. 사
    탄은 심지어 예수님이 태어날 방도 없애고, 헤롯 왕도 이용했다. 결국 예수 그
    리스도는 애굽까지 피난을 가야 했다.
  ⑤ 왕의 선구자 세례(침례) 요한(3:1-17)

요한의 세례(침례)는 '회개를 위한' 물 세례(침례)이다. 그리고 주님의 세례(침례)는 능력의 '성령과 불' 세례(침례)이다. 주님께서는 의를 이루기 위하여 친히 세례(침례)를 받으셨다.

⑥ 왕의 시험(4:1-11)

사탄은 주님을 시험한다. 육신적 시험, 정신적 시험, 종교적 시험. 이 시험에 아담은 넘어갔지만 주님은 사탄을 이기셨다.

⑦ 왕의 갈릴리 사역 시작(4:12-25)

주님은 화려한 도시 예루살렘에서부터 사역을 시작하지 않으시고, 소외당하고 천시당하는 지역부터 복음을 전하신다. 그리고 복음을 증거하기 위하여 네 제자를 부르신다.

2) 왕의 교훈과 이적 (5:1-10:42)

5-7장은 왕께서 '천국시민'에 대하여 말씀하시는 것이다.

8-9장까지는 10가지의 이적과 기사를 제자들에게 보여준다.

10장에서는 복음 증거를 위해 제자들을 세상으로 보내신다.

3) 왕에 대한 배척(11:1-20:34)

① 세례(침례) 요한의 질문(11:1-19)

세례(침례) 요한은 제자들을 예수께 보내어 오실 메시아가 예수님인가를 확인한다.

② 저주받은 도성과 주님의 초청(11:20-30)

주님이 권능을 가장 많이 베푸신 고라신, 벳세다, 가버나움이 책망을 듣는다.

③ 논쟁이 고조됨(12:1-50)

안식일의 논쟁, 사탄에 대한 논쟁, 표적에 대한 논쟁

④ 씨뿌리는 자의 비유(13:1-58)

　천국에 관한 7개의 비유로 구성되어 있으며 각 비유들은 예수의 초림으로 시작하여 예수의 재림으로 완성될 천국의 도래 과정 각 단계에서 일어나는 여러 상황을 비유한 것이다.

⑤ 전도자와 예수님의 십자가 부활을 상징으로 본다(14:1-36).

　세례(침례) 요한의 죽음은 '전도자의 순교'를, 그리고 오병이어는 '십자가'를, 물 위로 걸어가심은 '부활'을 예표한다.

⑥ 그 후 교훈들(15:1-20:34)

　특히 이 부분은 베드로의 각오(16:1-28)와 변화의 사건이 나온다(17:1-27).

4) 왕의 수난과 구속의 완성 (21:1-28:20)

　21장부터 27장까지는 왕의 지상 생애의 마지막 한 주간에 일어난 일들이 기록되었고, 이 한 주간을 '고난주간'이라고도 한다.

마
가
복
음

책 이름　영어 성경에서는 'The Gospel According To Mark'
　　　　로, 한글 개역성경에서는 '마가복음'으로 부른다.

기록자　초대 교회의 각종 전승 및 교부들의 일치된 증언으로 본서
　　　　의 저자는 마가로 확정되고 있다.

기록 연대　마가복음의 기록 연대는 A.D 67~70년 사이라고 추정하
　　　　는 것이 가장 타당성이 있다.

1. 마가복음의 기록 목적

마가복음은 다른 복음서들보다 뚜렷한 주제 의식을 가지고 예수의 생애를 편집·보도하고 있다. 예수의 생애는 여러 측면에서 볼 수 있는데, 마가복음에서는 종으로서의 사역을 기록하고 있다.

즉 그는 일하는 종, 고난 받는 종, 승리의 종으로 사역하셨다. 그리고 그는 궁극적으로 세상을 위해 죽으셨다.

2. 마가복음의 짜임새

■ 마가복음은 '예수는 종이시다' 를 보여 준다.

종의 출현 (1:1-45)	종의 사역과 배척 (2:1-10:52)	종의 수난과 승리 (11:1-16:20)
• 종의 선구자 • 종의 세례(침례) • 종의 시험 • 종의 전도와 치유	• 종에 대한 배척 초기 단계 • 종의 비유와 이적들 • 종의 하나님 나라 선포	• 종의 승리의 입성 • 종에 대한 세상 지도자들의 도전 • 종의 종말에 관한 교훈 • 종의 마지막 수난 • 종의 부활과 승리

3. 마가복음의 내용

1) 종의 출현(1:1-45)

　① 종의 선구자(1:1-11)

　　• 종이 세례(침례) 받으신 것에는 몇 가지 의의가 있다.

　　첫째 : 종의 사역을 겸손하게 수행하시겠다는 것이다.

　　둘째 : 종을 죄인들과 동일시하시겠다는 것이다.

　　셋째 : 세례(침례) 받으실 때의 형상으로 보아 진정으로 하나님의 아들이심

　　　을 증명하게 된 것이다.

　② 종의 능력(1:12-45)

　　• 종의 시험은 앞으로 닥쳐올 시험들을 예고한다.

　　• 처음 제자들을 부르시는 일(베드로, 안드레, 야고보, 요한), 더러운 귀신을

　　　쫓아내신 일(눅 4:31-37), 베드로의 장모의 열병을 고치신 일(1:29-31), 각종

　　　병자들과 귀신들린 자를 고치신 일(1:32-34), 예수의 기도생활과 전도(1:35-

　　　39), 그리고 문둥병 환자를 치유하신 일(마 8:1-4; 눅 5:12-16)은 종의 능력을

　　　보여주는 것이다.

2) 종의 사역과 배척(2:1-10:52)

　① 종의 초기 사역과 배척(초기단계)(2:1-5:43)

　　• 중풍병자(죄인)를 고치신 주님의 의도는 그들(병자를 포함한 다섯 명)의 믿

　　　음(2:5) 때문이었다.

　　• 세리 레위를 부르신 것은 죄인을 부르신 것이다.

　　• 금식에 관한 논쟁(2:18-22)과 안식일의 주인에 대한 논쟁은 배척 받음의 원

　　　인이 되었다(2:23-3:12).

　　• 12제자를 세우심(3:13-19)과 성령 훼방 죄(3:20-30)는 앞으로 제자들이 복음

증거하기에 중요한 요소이다.

- 예수의 참 가족이나(3:31-35) 하나님 나라의 비유 설교(4:1-34)는 대체적으로 마가가 구체적이고, 세밀하게 설교한 부분이다.
  - 씨 뿌리는 자의 비유는 말씀에 대해 무관심하거나, 말씀을 감정적으로 받는 태도에 대한 말씀이다.
  - 등불의 비유는 성도들이 더 이상 어두움에 있지 않고 구원을 받았음을 설명한다. 그리고 '구원과 축복'에 만족하지 않고, 말씀을 들으며 더욱 성장해야 함을 보여준다.
  - 자라나는 씨의 비유는 하나님 나라의 확장과 성장은 궁극적으로 하나님의 권한에 있음으로 이것을 믿고 의지해야 함을 보여준다.
- 풍랑을 잔잔케 하심, 귀신들린 자와 돼지, 야이로의 딸과 혈루증, 이런 이적과 기사를 주님은 계속 나타내신다.

② 종에 대한 배척 고조(6:1-8:26)

3차 전도는 갈릴리 동북쪽 즉 두로와 시돈 및 가이사랴 빌립보와 데가볼리 지역 등지로 옮겨 다니면서 이루어졌고, 예수님은 특히 제자들의 훈련에 주력하신다.

- 고향 사람들은 먼저 예수를 배척했었다(눅 4:16-30). 그런데 또 배척하는 것이다(6:1-6).
- 종은 12명의 제자들을 복음 증거자로 파송한다. 그리고 앞서 귀신을 제어하는 권세를 보여주고, 전도의 방법과 교훈도 말씀하신다.
- 세례(침례) 요한의 죽음(마 14:1-36), 오병이어의 이적(요 6:1-15) 물 위로 걸어가심(요 9:16-21)을 보여준다.
- 종의 이방인 전도(7:24-8:9)가 강하게 나온다. 바리새인의 누룩 교훈, 벳새다의 소경을 고치심(8:10-26)도 나온다.

③ 종의 하나님 나라의 선포(8:27-10:52)

- 베드로의 신앙고백은 기독교의 핵심을 보여 주는 것이다.
- 예수님의 변모는 천국을 보여 주는 것이다(9:2-29).
- 여리고의 소경 거지 바디매오는 구원을 구체적으로 가르쳐 준다.

3) 종의 수난과 승리(11:1-16:20)

① 종의 승리의 입성(11:1-26)

이제 예수께서 마지막 주간의 고난을 친히 체험하시기 위하여 베뢰아 지방을 거쳐 베다니에 도착한다. 그리고 승리의 입성이 있기 전에 베다니 시몬의 집에서 식사하실 때 향유를 붓는 장면이 나온다(요 12:2-8).

종의 입성은 성경 예언의 성취이다(슥 9:9). 백성들은 "호산나 만세로다." 라고 외쳤다. 이 말의 의미는 '이제 우리를 구원하소서' 이다.

② 세상 지도자들의 도전(11:27-12:44)

③ 종말에 관한 교훈(13:1-37)

이 부분은 마태복음 24-25장에 더 세밀하게 기록되어 있다.

④ 종의 마지막 수난(14:1-15:47)

수난의 준비, 심문 당하신 예수, 십자가 지심 등

⑤ 종의 부활과 승천(16:1-20)

누
가
복
음

책 이름 한글 개역성경은 본서의 제목을 '누가복음'이라고 붙였다.

기록자 초대 교회의 대부분의 전승 기록들은 본서의 저자가 '사랑을 받는 의원'(골 4 :14) 누가라고 언급하고 있다.

기록연대 사도 바울이 로마에 체류 중이던 A.D 61-63년경에 본서가 기록된 것으로 보는 것이 가장 타당한 것 같다.

1. 누가복음의 특징

이방인이었던 누가가 이방인들에게 본서를 보내면서 예수는 온 인류의 구세주이시며 완전한 인간이셨음을 소개하고 있다.

2. 누가복음의 짜임새

■ 누가복음은 '예수는 완전한 사람이시다'를 보여 준다.

인자의 출현 (1:1-4:13)	인자의 갈릴리 중심 사역 (4:14-9:50)	인자의 유대 중심 사역 (9:51-19:27)	인자의 십자기 수난과 부활 (19:28-24:53)
• 서론 • 그리스도의 탄생 이전 • 그리스도의 탄생 • 그리스도의 유년 시절 • 그리스도의 준비와 시험	• 나사렛에서의 배척 • 인자의 권능 • 인자의 교훈 • 인자의 사역들	• 가중되는 배척과 기도를 가르침 • 유대 종교 지도자들의 배척과 인자의 교훈 • 인자의 베뢰아 전도	• 인자의 고난 한 주간 • 일요일 • 월요일 • 화요일 • 수요일 • 목요일 • 금요일 • 토요일 • 인자의 부활 • 인자의 승천

3. 누가복음의 내용

1) 인자의 출현(1:1-4:13)

그리스도는 하나님이시면서 완전한 인간이시다. 그래서 본서의 저자는 본서를 이론적이고, 사변적인 논리가 아니라 그들의 가슴에 가장 쉽게 와 닿는 사실 그대로의 역사적 측면에서 접근하여 예수 그리스도의 생애와 사역, 그리고 죽음과 부활에 관한 구체적인 세부 사실들을 다른 복음서보다 훨씬 풍부하게 제시하고 있다.

① 그리스도의 탄생 이전(1:5-80)

헬라인을 대상으로 쓰여진 복음서이다. 그래서 누가는 완전한 인간이신 예수의 포괄적 역사를 체계적으로 제시하기 위하여 예수가 완전한 인간으로 세상에 오시게 된 사건을 말하고 있다.

② 그리스도의 탄생과 유년시절(2:1-52)

그리스도의 탄생과 유년시절의 기록은 마태와 누가 사이에 약간의 차이가 있음을 볼 수 있다.

③ 예수 그리스도의 할례와 결례 그리고 유년 시절

- 예수께서는 태어난 지 8일 만에 모세 율법과 백성들의 관례를 따라 할례를 받으셨다. 산모를 위한 결례도 받으셨다(남아 4일)(레 12:1-8).
- 시므온과 안나의 경건한 모습은 우리들에게 도전이 되어지며 특히 시므온은 요셉과 마리아에게 축복의 기도를 한다.
- 예수의 어린 시절 기록은 4복음서 중 마가복음에만 나온다.

④ 그리스도의 준비와 시험(3:1-4:13)

- 인자가 공생애의 길을 가기 전에 세례(침례) 요한의 사역이 먼저 나온다. 이것은 마치 왕이 행차하기에 앞서 사방을 살피는 선발대와 같다.
- 세례(침례) 요한에 대한 구약의 예언(3:1-6), 요한의 회개 선포 및 세례(침례,

3:7-14), 그리스도 증거(3:15-17), 투옥 사건(3:18-20)이 나온다.

2) 인자의 갈릴리 중심 사역 (4:14-9:50)

- 이 부분에 기록된 기사들은 마태와 마가와 중복되는 기사들이다. 이 갈릴리 중심 사역은 대략 두 부분으로 나눌 수 있는데 4장 14절-6장 49절에서 성령의 권능에 이끌리어 사역을 개시한 인자 예수의 사역이 있다.
- 7장 1절-9장 50절에서는 갈릴리 지역 중심의 사역에서보다 확장된 사역이 소개된다.

3) 인자의 유대 중심 사역(9:51-19:27)

- 이 부분은 다른 복음서에는 거의 소개되지 않는 누가만이 기록한 기사들로 대략 두 부분으로 나눌 수 있다.
- 9장 1절-11장 54절에는 인자의 사역이 점차 진행되면서 하나님의 나라가 확장되는 반면에 인자에 대한 배척의 강도는 더욱 높아지고 있음을 보여준다.
- 12장 1절-19장 27절에서는 인자의 배척이 심화되면서 여기에 따른 주님의 교훈들이 강도 높게 선포되고 있음을 볼 수 있다.

4) 인자의 십자가 수난과 부활(19:28-24:53)

① 인자의 고난 한 주간(19:28-23:56)
- 일요일 : 승리의 입성(19:28-44)
- 월요일 : 성전 정화(19:45-48)
- 화요일 : 공개적인 논쟁과 교훈(20:1-22:6)
- 수요일 : 쉬셨다.
- 목요일 : 유월절 만찬과 겟세마네 기도(22:7-46)
- 금요일 : 체포, 심문, 십자가 처형(22:47-23:55)

- 토요일 : 무덤 안에 누워 계심(23:56)

② 인자의 부활과 승천(24:1-53)

- 누가는 치밀한 말씀의 설득을 통해 부활 사건의 역사성과 계시의 성취를 확실히 보여준다. 이것은 당시 퍼져 있던 부활 날조설(마 28:13)을 차단하기 위함이다.
- 여인들의 증언을 들은 제자들은 선뜻 부활을 못 믿었다.
- 엠마오로 내려가는 두 제자들도 실망과 좌절을 가지고 고향으로 간다.
- 49절과 50절 사이에는 상당한 시간이 흘렀다.
- 예수님의 분명한 승천 장소는 예루살렘 가까운 감람산이었음을 누가는 기록하고 있다.

책 이름　한글 개역성경에서는 '요한복음'을 본서의 제목으로 사용한다.

기록자　이 요한복음은 외증이나 내증으로 보아서 예수님의 12제자 중 '예수의 사랑하시는 제자'요, '우뢰의 아들'(막 3:17)인 사도 요한이다.

기록연대　A.D 90-100년 사이일 것이다.

1. 요한복음의 기록 목적

요한복음처럼 그 목적이 선명하게 기록되어 있는 책도 드물다. 즉 영생을 얻기 위해 하나님의 아들 예수 그리스도를 믿는 신앙의 기초가 될 증거를 제공하는 데 요한복음의 목적이 있으며, 대략 두 가지로 요약할 수 있다. 그것은 '십자가와 부활'이다.

2. 요한복음의 짜임새

■ 요한복음은 '십자가와 부활'을 보여 준다.

하나님 아들의 나타나심 (1:1-51)	하나님 아들의 예언 (2:1-11:57)	하나님 아들의 성취 (12:1-20:31)	하나님의 아들을 증거하라 (21:1-25)
• 영원하신 말씀 • 역사 안에 들어 오신 말씀 • 세례(침례) 요한의 증언 • 제자들을 뽑으심	• 십자가 예언 　- 가나 혼인 잔치 　- 성전 정화 　- 십자가를 통한 구원 • 부활의 예언 　- 오천 명을 먹이심 　- 물 위로 걸으심과	• 십자가 성취 　- 예수의 죽음을 예비한 마리아 　- 승리의 예루살렘 입성 　- 사랑의 가르침 　- 고별 설교 　- 대제사장의 기도	• 실패의 바닷가에 나타나신 부활의 주님 • 새롭게 사명을 주신 부활의 주님

하나님 아들의 나타나심 (1:1-51)	하나님 아들의 예언 (2:1-11:57)	하나님 아들의 성취 (12:1-20:31)	하나님의 아들을 증거하라 (21:1-25)

	교훈
	- 장막절 때 사신 증거
	- 간음한 여자를
	  살리심
	- 소경의 눈을 뜨게
	  하심
	- 선한 목자 비유
	- 나사로를 살리심
		- 십자가에 달리심
		• 부활의 성취	

3. 요한복음의 내용

요한복음의 핵심 내용은 '십자가와 부활' 이다.

1) 하나님 아들이 나타나심 (1:1-51)

요한복음 1장은 '서론' 으로 성자의 성육신과 선구자 세례 요한의 증거, 예수님이 처음 만난 다섯 명의 제자들을 소개한다. 1장에 나오는 다섯 명의 제자는 실제적으로 예수께서 부르셨던 12제자를 말하며 이들을 통해 십자가와 부활이 이 세상에 증거되는 것이다.

2) 하나님의 아들의 예언 (2:1-11:51)

① 십자가 예언 (2:1-5:47)

- 기독교는 변화의 종교이다(가나 혼인 잔치). 그런데 변화되는 것은 '십자가와 부활' 이다.
- 그리고 누가 변화되어야 하는가 하면 세상에서 극히 존경받는 니고데모 (3:1-36), 또한 세상에서 가장 낮은 사마리아 여인(4:1-54), 더 나아가 무능하고 죽은 자 같은 38년된 병자(5:1-47)가 변화되어야 한다는 것이다.

② 부활의 예언(6:1-11:51)

- 오천 명을 먹이심(6:1-15)과 물 위로 걸어가심(6:16-21)에서 우리는 예수의 '십자가와 부활'을 발견할 수 있고, 특히 이 사건 후의 가르침에서 부활의 교훈을 두드러지게 발견할 수 있다(6:40, 50, 54, 63). 부활 후에 나타난 성령 강림(행 2:1-4)은 이곳에서도 발견된다(7:37-38).
- 간음하다 현장에서 잡힌 여인의 이야기(요 8:1-11)는 죽음에서 살아남았음을 나타내며, 이는 "진리를 알지니 진리가 너희를 자유하게 하리라."(8:32)는 주님의 교훈을 준다.
- 소경을 고치시는 과정(9:1-41)은 하나님이 하시는 일(9:3)을 보여주고, 선한 목자 되신 예수를 소개하면서 부활을 강조한다(9:17-18). 그리고 실제적으로 죽었던 나사로를 살려주신다(11:1-57). 예수님께서는 나사로가 병들었다는 소식을 들으시고 곧장 오셔서 고치지 아니하시고 이틀이나 더 머무시다가 베다니를 향해 떠나셨다(11:6). 여기서 이미 죽은 지 나흘이나 되었다는 것은 살 수 있다는 소망이 전혀 없음을 말한다.
- 그런데 주님은 나사로를 살리셨다. 그 목적은 부활의 능력을 보여 주시면서 이를 믿게 하려고 한 것이다(11:15).

3) 하나님 아들의 성취(12:1-20:31)

① 십자가 성취(12:1-19:42)

- 마리아의 헌신, 승리의 예루살렘 입성, 십자가 죽음을 예고(12:1-50)
- 제자들의 발을 씻기시고, 가룟 유다의 반역도 예고하시고, 새 계명도 주시고, 베드로가 빌라도 법정에서 부인할 것도 말씀하신다(13:1-38).
- 고별 설교(다락방 강화)에서 '보혜사 성령'을 보내겠다고 약속하신다(14:1-31).
- '나는 참 포도나무'이며, 내게 붙어 있어야 열매를 많이 맺는다고 말씀하신

다(15:1-27).
- 성령의 도움으로 승리할 것이라고 말씀하신다(16:1-33).
- 대제사장의 기도는 가장 고귀하고 숭고하다(17:1-26).
- 주님의 잡히심과 심문 받으심과 십자가 지심은 우리들을 위한 고난임을 알아야 한다(18:1-19:42).

② 부활의 성취
- 무덤은 비어 있었다. 말씀이 실현된 것이다.
- 예수님은 막달라 마리아에게 나타나셨고, 제자들에게 나타나셨다. 그리고 승천 전까지 11번이나 사람들에게 보이셨다.

4) 하나님의 아들을 증거하라 (21:1-25).
　　주님은 제자들을 처음 부르실 때(눅 5:1-11)와 비슷한 방법으로 행하신다(21:3-6).
- 13절의 떡(주님)과 생선(피)은 십자가를 보여 준다(요 16:1-15).
- 15-17절에서 3번 주님께서 시몬을 부르시는 것과 이에 대한 시몬의 대답이 나오는데, 이것은 십자가와 부활을 증거하라는 말씀이다.
- 그 후 베드로의 죽음에 대해 말씀하신다.

사도
행
전

책 이름	본서는 사도들의 행적을 기록한 책으로 사도행전이라고 한다.
기록자	본서의 저자는 누가복음을 기록한 의사 누가라고 초대 교회 때부터 널리 알려져 왔다.
기록 연대	본서의 기록 연대는 바울의 1차 로마 수감 시기인 A.D 61-63년경으로 본다.

1. 사도행전의 기록 목적

누가가 사도행전을 기록한 직접적인 목적은 누가복음의 서두에서 "이는 각하로 그 배운 바의 확실함을 알게 하려 함이로다."(눅 1:4)고 밝힌 것처럼 데오빌로의 신앙을 확고하게 하려는 데 있었다. 아마도 데오빌로는 이방인 개종자였을 것이며, 누가는 데오빌로가 이미 기독교에 대해 알고 있는 것보다 더 많은 기독교 신앙에 대한 지식을 제공하려고 그에게 편지를 쓴 것 같다.

2. 사도행전의 짜임새

■ 사도행전은 '교회의 확장'을 보여 준다.

예루살렘 (1:1-7:60)	유다, 사마리아 (8:1-12:25)	땅 끝까지 (13:1-28:31)
• 성령을 받기 위한 준비 • 성령 충만 • 담대하게 말씀을 선포함 • 권능 있는 이적들	• 교회 핍박과 빌립의 사역 • 바울의 회심 • 베드로의 복음 전파 • 이방 선교 중심지 안디옥	• 바울의 제1차 전도여행 • 예루살렘 공의회 • 바울의 제2차 전도여행 • 바울의 제3차 전도여행

예루살렘 (1:1-7:60)	유다, 사마리아 (8:1-12:25)	땅 끝까지 (13:1-28:31)
• 스데반의 순교	• 야고보의 순교	• 바울의 제4차(죄인의 몸으로) 전도여행

3. 사도행전의 내용

1) 예루살렘 전도(1:2-7:60)

① 부활하신 주님께서 분부하신 세 가지 말씀(1:4-5)

- 예루살렘을 떠나지 말라. 이곳은 '말씀이 있는 곳'이다(사 2:3; 미 4:2).

- 아버지의 약속하신 것을 기다리라. 이것은 '성령'을 말한다(요 14:16-17).

- 성령으로 세례(침례)를 받으라. 이것은 성령 충만을 말한다(행 2:1-4).

② 위의 세 가지를 이루기 위하여 초대교회는 무엇을 했는가?

- 성경을 공부했다(탄생, 십자가, 부활, 승천, 재림, 1:1-11).

- 모여 기도했다(1:12-14).

- 조직을 완비했다(1:15-26).

③ 성령이 충만하게 임했다(2:1-4).

- 담대하게 말씀을 외쳤고(4:19, 5:29) 기사와 표적도 나타났다.

- 십자가와 부활만 증거했다(3:15).

④ 권위 있는 징계가 나타났다(5:1-11).

⑤ 스데반 집사의 순교로 복음이 더 확산되었다(행 6:1-7:60).

2) 유다, 사마리아 전도(8:1-12:25)

① 교회 핍박자는 사울(바울)이었다(8:1-3).

바울은 회심 후에 여러 번 간증한다(행 22:4-5, 18-20, 26:10-11).

② 복음 전도자 빌립(8:4-40)

빌립은 사마리아에서 복음을 강하게 증거한다. 복음이 증거되면서 이적과 표적도 강하게 나타난다. 마술사 시몬은 두 사도의 기도를 받고 올바른 신앙을 갖는다. 에디오피아 '내시'의 구원은 빌립의 명확한 성경 해석에 연유한 것이다.

③ 사울의 회심(9:1-31)

주저하는 아나니아에게 주께서 이렇게 말씀하신다. "가라 이 사람은 내 이름을 이방인과 임금들과 이스라엘 자손들 앞에 전하기 위하여 택한 나의 그릇이라"(9:15).

④ 베드로의 활동(9:32-12:25)

룻다에서 중풍병으로 8년간 고생하던 애니아를 고치고, 욥바에서는 죽었던 다비다를 살렸다. 그리고 가이샤라에서 고넬료에게 복음을 증거했다.

야고보의 순교와 베드로의 탈옥도 나온다(12:1-25).

3) 땅 끝까지 전도 (13:1-28:31)

① 바울의 제1차 전도 여행(13:1-14:28)

수리아 안디옥 교회에서 전도자로 파송 받는다. 그리고 바나바와 마가와 함께 전도여행을 시작한다.

• 구브로 섬의 전도

살라미 - 여기서 요한 마가가 동행한다.

바보 - 바울의 전도를 방해하는 바예수가 소경이 된다.

• 버가에서 요한 마가가 중도 포기한다. 이는 후에 바울과 바나바가 갈라진 동기가 된다.

• 비시디아 안디옥 - 바울의 긴 설교를 통하여 은혜를 끼쳤다.

• 이고니온 - 좋은 반응의 결과로 만족했으나 돌로 치려고 하는 공격을 받는다.

• 루스드라 - 앉은뱅이를 고침으로 '쓰스', '허매'라는 신의 명칭까지 받았으나 유대인의 공격을 받아 곤욕을 당했다.

- 예루살렘 종교회의 결과(15:1-41)

  *우상의 제물을 먹지 말 것 *음행을 멀리 할 것 *목매어 죽인 것은 먹지 말
  것 *피를 멀리 할 것

② 바울의 제2차 전도여행(15:36-18:22)

- 바울은 실라를 데리고 수리아 지방, 길리기아 지방을 거쳐 더베와 루스드라
  에 도착 디모데를 만나 할례를 주고 교회들을 격려했다.
- 빌립보 - 루디아를 구원시키고 점치는 여자를 고치므로 감옥에 갇혔다.
- 데살로니가 - 세 안식일에 성경을 강론함
- 베뢰아 - 성경을 상고하는 좋은 교회
- 아덴 - 지식적으로 전도했으나 별로 효과가 없었다.
- 고린도 - 이곳에서 아굴라와 브리스길라 부부를 만나 1년 6개월 동안 전도
  했다.

③ 바울의 제3차 전도여행(18:23-21:16)

- 이 기간에는 에베소를 중심으로 사역을 하였다. 여기서 3년간 전도를 하면
  서 고린도전 · 후서와 로마서 같은 대서신서들을 기록했다.
- 두란노 서원의 강론(3개월), 데메드리오 사건, 유두고 사건, 밀레도에서 고
  별 설교 후 죄인의 몸으로 로마까지 가려는 바울의 모습을 본다.

④ 바울의 제4차 전도여행(21:17-28:31)

- 바울의 죄명은 반 유대적이고, 반 율법적이고, 성전을 모독했다는 것이다.
- 바울은 이에 세 가지로 변명한다. 나는 유대인으로 태어나 엄격한 유대 교
  육을 받았다. 그는 다메섹의 회심 간증을 하며, 하나님께서 자신을 이방인
  을 위한 사도로 부르셨음을 말한다.

  결국 바울은 5년간 감옥에 갇히고 벨릭스 총독, 아그립바 왕, 베스도 총독
  을 거쳐 백부장 율리오의 감시에 의해 로마 황제에게로 향하게 된다. 가는
  도중 유라굴로 광풍을 만나게 되고 이때 그는 기적들을 행한다.

로마서

책 이름 신약성경 각 권의 표제는 대체로 집필자명, 수신자명, 수신지명, 혹은 주제를 반영한 단어 등으로 되어 있는데 본서는 수신지명을 표제에 반영하였다. 그래서 로마서라고 한 것이다.

기록자 바울이 3차 전도여행을 마치고 예루살렘으로 가기 전, 고린도에 석달 동안 머물러 있으면서 썼다.

기록연대 바울은 3차 전도여행을 마치고 예루살렘에 올라가 제4차 전도여행(죄인의 몸으로) 계획을 세웠다. 이즈음 바울은 고린도에서 한 겨울을 지내게 된다. 이때 로마서를 썼으며 이때는 A.D 56-57년 한 겨울 석 달간이다.

1. 로마서의 기록 목적

바울은 자신의 로마 방문이 왜 늦어지는가를 설명하기 위하여(1:8-15, 15:23-29) 로마서를 썼다. 바울은 신자들이 거짓 교사들에게 흔들리지 않도록 교리적인 부분들을 로마서에 이해하기 쉽게 기록하고 있으며 또한 유대주의자들의 상호간의 의무와 국가에 대한 의무도 가르치고 있다. 즉 신자들의 생활에 대한 체계를 잡아주기 위하여 로마서를 썼다.

2. 로마서의 짜임새

■ 로마서는 '믿음으로 의롭게 된다'를 보여 준다.

도입부 (1:1-17)	죄 (1:18-3:18)	구원 (3:19-5:11)	성화 (5:12-8:39)	주권 (9:1-11:36)	헌신 (12:1-15:13)	종결부 (15:14-16:27)
• 인사 • 말 • 기도 • 복음의 핵심	• 만물 • 양심 • 율법 • 죄의 결론	• 구속 • 믿음 • 성령의 내주	• 영원한 생명 • 그리스도와 연합 • 드리지 말고 드리고	• 이스라엘의 과거 • 이스라엘의 현재 • 이스라엘의 미래	• 성도의 의무 • 형제를 판단하지 말라. • 악한 자의	• 기록목적 • 로마방문 계획 • 개인별 문안 인사 • 마지막 종

도입부 (1:1-17)	죄 (1:18-3:18)	구원 (3:19-5:11)	성화 (5:12-8:39)	주권 (9:1-11:36)	헌신 (12:1-15:13)	종결부 (15:14-16:27)
			• 사망과 　영생 • 율법 • 성령 충만		짐을 지라. • 서로 받아 　드리라.	영과 송영

3. 로마서의 내용

1) 도입부

① 바울의 인사(1:1-7)

- 바울은 '하나님의 복음'을 위하여 택정함을 받은 사람이다.
- 하나님의 복음은 '예수 그리스도'이다. 이 예수는 이미 선지자들이 예언한 것처럼 성경에 약속한 분이시다.
- 그런데 이 아들은 육신으로는 '다윗'의 혈통에서 나셨고, 성결의 영으로는 죽은 자 가운데서 '부활'하신 분이다.

② 바울의 감사와 기도(1:8-15)

- 바울은 이미 로마에도 믿는 성도가 있는 것에 감사했다.
- 바울은 로마에 갈 수 있는 길이 열리도록 기도했다.

③ 복음의 핵심(1:16-17)

- 바울은 복음을 부끄러워 하지 아니한다(구원이 있기 때문에).
- 오직 믿음으로 의롭게 된다.

2) 죄 (1:18-3:18)

① 하나님을 보여 주심(1:20)

　　하나님께서는 만물을 통하여 하나님 자신을 보여 주셨지만 인간이 하나님을 알려고 하지 않았다(1:21-23). 그래서 하나님이 인간을 버려두신 것이다(1:24-32).

② 양심이 증거(2:15)

인간은 자기 양심을 속이고 남을 판단하기에 급급하다(2:1). 그래서 하나님
께서는 인간을 판단하시되 진리대로(2:2), 행한 대로(2:6), 외모와 상관없이
(2:11), 그리고 은밀한 것까지(2:16) 판단하신다.
③ 율법이 증거한다.
　　율법은 우리를 죄에서 구원할 수 없고(약 2:10) 죄만 깨닫게 한다.
④ 죄의 결론은 사망이다(3:9).
　　의인은 하나도 없다(3:9). 영과 혼과 몸이 죽었다(3:10-18).

3) 구원 (3:19-5:11)

① 구속 - 피(3:19-31)
　　율법으로는 구속이 없다. 구속은 예수 그리스도의 '피' 이다.
② 믿음 - 아브라함의 믿음(4:1-25)
　　아브라함의 믿음은 '행위' 도 '할례' 도 '율법' 도 아니다. 아브라함의 믿음은
'십자가와 부활' 이다(4:16-25).
③ 성령의 내주 - 즐거움(5:1-11)
　　구원의 확신이 있으면 하나님과 화평하고 즐거움이 온다.

4) 성화 (5:12-8:39)

① 생명(영원한 생명)
　　아담과 그리스도, 죄와 은혜, 불순종과 순종, 사망과 영생 등. 그러나 결론은
영원한 생명이다.
② 알고 여기라(그리스도와 연합, 6:1-11).
　　십자가의 죽음과 부활로 그리스도와 연합된 것을 알고, 또 죄에 대하여 죽었
음과 하나님께 대하여 산 자로 여기라는 것이다.
③ 드리지 말고 드리고(6:12-7:6)
　　우리의 몸을 죄에 드리지 말고 의의 병기에 드려야 하고, 옛 남편인 율법에

드리지 말고 그리스도에게 드려야 한다.

④ **율법의 무능**(7:7-25)

　　율법은 거룩하고, 의롭고, 선한 것이다(7:12). 그러나 우리는 율법을 모두 지킬 수 없다(율법 613개).

5) 주권 (9:1-11:36)

　　유대인들은 자기들이 하나님의 선민이기 때문에 자기들만이 구원받을 민족이라고 주장하며 교만에 가득 차 있었다.

　　바울은 호세아 2장 21-23절을 인용하여 이방인의 구원을 계획하신 것을 말해주었고 이사야 1장 9절과 10장 22-23절을 인용하여 이스라엘의 수많은 사람이 있으되 오직 '남은 자' 만 구원받을 것임을 말한다(9:1-33). 현재에는 유대인이 그리스도의 구속의 복음을 거부함으로 말미암아 이방인에게로 하나님의 구속 역사가 확장되었다고 말한다(10:1-21).

　　이스라엘이 넘어짐으로 구원이 이방인에게 옮겨졌다. 그러나 이방인들에게 교만하지 말라고 경고한다. 반드시 이스라엘이 회복된다는 것이다. 그 비유로 곡식가루의 비유와 감람나무의 비유로 확증하고 있다(11:1-36) .

6) 헌신(12:1-15:13)

　　이 부분에서 바울은 구원 얻은 성도의 헌신하는 생활에 대해 말하고 있다. 하나님, 교회, 세상 앞에서 성도들이 어떤 생활을 해야 하는지, 권세에 대해, 이웃에 대해, 말세에 성도의 의무는 어떤지, 형제 판단, 화평하는 생활, 덕을 세우는 일, 이웃에 대한 삶을 말한다.

7) 종결부(15:14-16:27)

　　바울의 개인 문제들과 바울이 문안하는 성도들과 거짓 교사에 대한 경계와 마지막 인사와 송영이 나온다.

고 린 도 전 서

신약핵심정리

책 이름 본서는 고린도전서이다.

기록자 본서의 저자는 외증으로나, 내증으로나 바울이라는 것이 전혀 의심 없이 받아들여지고 있다(고전 1:1, 12-17, 3:4, 6, 22, 16:21).

기록연대 본서를 기록한 시기는 A.D 55년으로 보아야 한다.

1. 기록한 동기와 목적

바울은 '글로에의 집' 에서 보내온 소식(1:11-12)과 스데바나, 브드나도, 아가이고가 가지고 온 질문(16:17)에 대해 차근차근 답해 준 것이 서신의 골자이다.

2. 고린도전서의 짜임새

■ 고린도전서는 '문제 있는 교회'를 보여 준다.

당파 문제 (1:1-4:21)	윤리 문제 (5:1-7:40)	우상 제물 (8:1-10:33)	은사 문제 (11:1-14:40)	부활과 끝맺는 말 (15:1-16:24)
• 문안 인사와 감사 • 분쟁에 대해 책망 • 복음에 대한 잘못된 인식 • 전도자에 대한 잘못된 인식 • 분쟁을 종식하라.	• 음행자를 추방하라. • 송사에 대한 교훈 • 몸으로 하나님께 영광을 돌리라. • 결혼에 관한 답변	• 우상 제물과 성도의 자유 • 바울의 자유와 절제 • 우상 숭배에 대한 경고	• 여자가 머리를 가림 • 성찬식의 경건 • 은사 문제 • 사랑의 최고성 • 예언과 방언 은사	• 부활에 관하여 • 구제 연보에 관하여 • 일꾼 추천과 권면 • 마지막 인사

3. 고린도전서의 내용

1) 당파 문제

바울은 '글로에의 집' 편으로 너희들의 소식을 들었는데 너희 중에 '분쟁'이 일어나고 있다는 소식을 들었다고 말한다. 이 분쟁은 '당파 싸움'으로 고린도 교회에는 적어도 교회를 설립한 바울, 철학적 학식이 풍부한 아볼로, 사도 중의 수장인 베드로, 자기들만이 그리스도에 속했다는 그리스도파 등의 당파가 있었다.

그래서 바울은 자신의 사역을 상기시키고 그들의 분당의 부당성을 지적하며 책망하는 것이다.

바울은 아덴에서 전도할 때를 상기하면서 고린도의 전도는 그리스도와 그의 십자가에 못 박힌 것 외에는 아무것도 알지 아니하기로 작정했다고 말한다. 그리고 더 나아가 잘못된 인간의 지혜와 하나님의 지혜, 세상 관원의 지혜와 하나님의 지혜, 육에 속한 사람과 신령한 자들에 대해 말하면서 당파 문제를 종식시킨다.

2) 윤리 문제(5:1-7:40)

바울은 본 단락에서 그에게 보고 된(1:11, 16, 16:17) 두 번째 문제를 다루는데 그것은 음행 문제, 윤리적 문제이다.

① 5장은 고린도 교회 내의 음행 문제를 다루고 있는데 교회 내에서 부도덕한 근친상간의 죄(5:1)와 이에 대한 교회의 방관을 책망하고(5:2-5), 교회가 영적으로 순결해야 할 것을 유월절 규례를 실례로 설명한다. 그리고 음행자의 출교 명령을 다루고 있다.

② 6장은 고린도 교회 안에서 발생한 문제를 세상 법정으로 끌고 나가 소송하는 일들이 생긴 것에 대해 이것은 옳지 못하다고 지적하고 있다.

③ 다음 세 가지를 기억하고 7장을 읽어야 한다.

- 고린도는 부도덕함과 가정에 대한 표준이 없었던 곳이다.

- 바울은 지역적인 문제를 다루고 있다.
- 그 당시는 그리스도인들에게 박해의 시대이다(7:26).

3) 우상 제물 문제(8:1-10:33)

바울은 결론적으로 이렇게 말한다. 영적으로 성숙한 성도는 우상의 제물을 먹어도 아무 거리낌이 없고 또한 먹지 않아도 관계가 없지만 다만 각자가 자유롭게 판단하라고 한다. 그러나 성숙한 믿음과 영적 지식을 지닌 자들이 그렇지 못한 자들을 배려해 주는 사랑의 정신을 가져야 한다고 주장하고 있다(8:7-13).

4) 은사 문제 (11:1-14:40)

① 여자가 머리에 수건을 쓰는 것은 당시 질서의 차원에서 권장했다.

② 주의 성만찬에 대한 규례(11:17-34)

성만찬은 주께로부터 받은 것이고 그리스도의 죽음을 의미하는 것이므로, 자신을 살핀 후 먹고 마셔야 하고 주의 죽으심을 전해야 한다.

③ 성령의 다양한 은사들(12:1-31)

은사는 개인과 교회를 유익하게 하기 위하여 주신 것으로, 한 성령께서 행하시는 것이고, 성령의 뜻대로 각 사람에게 나누어 주신다. 고린도 교회에 나타난 은사는 모두 9가지였는데 지혜, 지식, 영 분별, 믿음, 병 고침, 능력 행함, 예언, 방언, 방언 통역이다.

④ 외적 은사보다 귀한 사랑(13:1-13)

사랑의 절대 필요성(13:1-3), 사랑의 15가지 특성(13:4-7), 사랑의 영원성과 완전성(13:8-13)에 대해 보여 준다.

⑤ 교회의 덕과 집회시의 질서를 위하여(14:1-40)

예언과 방언은 사람과 교회에 덕이 되어야 하며, 질서대로 이루어져야 한다.

5) 부활과 끝맺는 말(15:1-16:24)

고린도 교회의 두 가지 질문은 죽은 자 가운데서 어떻게 다시 살 수 있으며, 어떠한 몸으로 오느냐(15:35)이다.

① 부활

- 그리스도의 부활은 사실이다(5:1-11).
- 성도의 부활의 확실성과 부활의 순서(5:12-28)
- 부활의 신앙과 생활(15:29-34)
- 성도의 육체적 부활(15:35-49)
- 부활로 인한 성도의 승리(15:50-58)

② 연보

- 모든 성도가 해야 한다.
- 매주 첫날 곧 주일에 해야 한다.
- 이익을 얻은 대로 해야 한다.
- 즉흥적으로 하지 말고 저축하였다가 하여야 한다.

고린도후서

책 이름 바울은 고린도 교회를 개척해 놓고 최소한 세 통의 편지를 보냈다. 그 중 성경에 보전된 두 통의 서신 가운데 두 번째 편지인 이 편지는 수신지의 지명과 그 편지의 순서를 반영하여 고린도후서로 명명한 것이다.

기록자 기록 배경과 내용 등 모든 면에서 고린도전서의 연속이므로, 본서의 저자가 바울이라는 사실을 의심할 여지가 없다.

기록 연대 일반적으로 본서는 A.D 56-57년 사이에 기록된 것으로 추정되고 있다.

1. 고린도후서의 기록 동기와 목적

교회 내에 존재하는 '다른 복음'을 퍼뜨리는 거짓 사도들의 획책에 의하여 극히 일부의 성도가 바울의 사도권 및 사도직 자체를 부인하는 일이 생겼다. 이에 바울은 자신의 사도권을 확립하고 회개를 촉구하기 위해 고린도후서를 쓰게 되었다.

2. 고린도후서의 짜임새

■ 고린도후서는 '영광스러운 사도직'을 보여 준다.

영광스러운 사도직 (1:1-7:16)	예루살렘 교회를 위한 연보 (8:1-9:15)	자랑스러운 사도직 (10:1-12:21)	마지막 인사 (13:1-10)
• 서문 • 고린도 방문 계획의 변경에 대한 해명 • 사도직의 우월성 • 사도직의 수난과 영광 • 사도직은 화목케 하는 자	• 하나님을 섬기는 법 • 거룩한 백성의 예배법 • 지도자들에 관한 법 • 사회생활에 관한 법	• 비겁함과 약함에 대한 권면 • 사도인 바울의 자랑 • 사도의 방문 계획	• 마지막 경고 • 마지막 인사

3. 고린도후서 내용

1) 영광스러운 사도직 (1:1-7:16)

① 서문(1:1-11)

1장 1-11절에서 사도 바울은 먼저 발신자와 수신자를 밝히고 이어 사도권에 근거한 축도를 하고 있다(1:1-2). 또 환난 가운데서도 넘쳐났던 하나님의 위로와 하나님을 향한 찬양(1:3-7), 그리고 바울이 직접 경험한 고난과 그에 따랐던 하나님의 위로에 대한 감사의 고백(1:8-11)을 기록하고 있다.

② 방문 계획의 변경과 이유(1:12-24)

바울은 그가 애초에 계획했던 고린도 방문을 몇 가지 이유로 부득불 연기하게 되었다. 그래서 이것을 트집잡아 거짓 사도들이 공격하는 것이다. 그러나 바울은 단호하게 자신의 복음 사역이 진실하다는 사실을 변호한다.

③ 사도직의 우월성(2:14-6:10)

이 부분은 자신의 사도권을 근원적으로 불신하는 자들을 향하여 바울이 자신의 사도직의 확실성과 이에 대한 자신의 평소의 변함없는 수행 자세에 대하여 그리고 고린도 교우들이 실제 목격하여 알고 있던 사실을 증거로 삼아 해명하고 있다.

④ 사도직은 화목케 하는 직이다(6:11-7:16).

고린도 교회 성도들은 터무니없이 바울을 비난했다. 그 비난은 세 가지인데, 바울은 '불공평하다', 바울은 '율법주의를 파괴시킨다', 그리고 바울은 '예루살렘 교회를 위해 모은 헌금을 착복했다' 이다.

2) 예루살렘 교회를 위한 연보(8:1-9:15)

바울은 연보에 대하여 말하며 예루살렘 교회의 어려움을 보고 마게도냐 교회(빌립보, 데살로니가, 베뢰아 교회 등)가 헌신적으로 연보했다고 이야기한다.

이 마게도냐 교회들은 상당한 박해에 시달리면서도, 또 넉넉한 생활도 못하면서도 최선을 다해 예루살렘 교회를 위해 연보를 했다. 이와 같이 고린도 교회도 헌신적으로 연보해 줄 것과 열심낼 것을 디도 편에 부탁한다.

바울은 고린도 교회가 구제 연보를 해야 할 당위성을 세 가지로 말한다. 첫째는 예수 그리스도는 부요하신 자이지만 성도들을 위해 가난하게 되셨고(8:9), 둘째는 고린도 교회 교인들이 예루살렘 교회 구제를 어느 누구보다도 먼저 자원하여 시작했고(8:10-12), 셋째는 성도들 상호간에 나눔의 삶을 가능케 만들어 서로 평등하기 위함이라는 것이다(8:13-15).

① 연보는 어떻게 드려야 하나?(9:1-5)

연보는 헌신, 감사, 우리들의 신앙의 표현이다.

② 연보의 올바른 자세(9:6-9)

연보는 그 마음에 정한 대로, 인색함 없이, 즐겁게 자원하는 마음으로 해야 한다.

③ 구제 연보가 가져다 주는 유익(9:10-15)

- 하나님의 축복을 유발시켜 더 큰 봉사의 여건과 그에 합당한 보상까지 받게 한다.
- 형제의 부족한 것을 보충함으로 그들로 하여금 하나님 앞에서 넘치는 감사를 가지게 해 준다.
- 예루살렘 교회 성도(유대인)와 고린도 교회 성도(이방인) 사이에 있었던 반목을 깨뜨리고 형제애와 참된 화해를 이루어 온전한 그리스도의 공동체를 이루게 한다.

3) 자랑스러운 사도직(10:1-12:21)

바울은 앞서 바울을 비방하는 자들을 향해 극히 소극적인 변호를 했다. 그런데 여기부터는 적극적인 변호로 자신의 사도권을 변호한다. 그는 자신의 사도권에 대하여 악의적으로 비방하는 불의한 자들을 향해 권징할 것을 경고하면서 조속히 회개하라고 사도로서의 선한 교훈을 주고 있다.

- 10장 1절-12장 13절까지에는 바울 자신의 사도직 정통성을 입증해 주는 증거들을 구체적으로 제시한다.
- 그리고 12장 14절-13장 10절까지는 확립된 사도권에 근거하여 끝까지 바울을 악의적으로 배척하는 자에게는 마침내 징벌을 가할 것을 경고하며 거듭 회개를 촉구하고 있다.

4) 마지막 인사

바울은 마지막으로 "기뻐하라, 위로를 받으라, 마음을 같이 하라, 평안할 지어다."라고 권면하며 입맞춤으로 문안한다. 그리고 축도로 끝맺는다.

갈라디아서

책 이름　본서는 '갈라디아인들에게' 보낸 편지라는 의미에서 본서의 명칭을 갈라디아서라고 부른다.

기록자　저자가 사도 바울이란 의견에 대해서는 별반 반대 없이 받아들여지고 있다.

기록 연대　본서의 기록 연대에 대해 약간의 의견들이 대두되고 있으나 대체적으로 A.D 57년경으로 추정하는 것이 옳다.

1. 갈라디아서의 기록 목적

바울은 예수를 믿어도 율법을 엄수하며 할례를 받아야 구원을 얻는다는 유대인을 배격하기 위하여, 또 바울의 사도권을 문제 삼으며 예루살렘에서도 인정받지 못한 사도라고 비방하는 자들을 배격하기 위하여, 그리고 십자가를 통한 구속을 반대하고 다른 복음을 전하여 복음의 진수를 변질시키는 무리들을 쓰러뜨리기 위하여 갈라디아서를 썼다.

2. 갈라디아서의 짜임새

■ 갈라디아서는 '참 복음'을 보여 준다.

참 복음 (1:1-2:21)	복음과 율법 (3:1-5:15)	복음적 생활 (5:16-6:18)
• 문안 • 다른 복음 • 바울이 전한 참 복음 • 참 복음의 본질	• 믿음과 율법과의 비교 • 율법의 한계 • 갈라디아 교회를 향한 바울의 심정 • 참된 자유	• 육체의 일과 성령의 열매 • 성도의 생활 원리 • 마지막 부탁과 축복

3. 갈라디아서의 내용

1) 참 복음 (1:1-2:21)

문안 인사에 이어(1:3-5) 다른 복음과 참 복음을 말한다.

① 다른 복음(1:6-10)

이 부분에서 '다른 복음'이 4번이나 나온다(1:6, 7, 8, 9).

바울이 전한 복음은 '예수 그리스도 십자가 복음'(갈 6:14; 고전 1:18-25)이고, '믿음으로 구원'(롬 1:16-17) 받는다는 복음인데 여기 '다른 복음'은 '율법을 행함으로 구원받는다'는 주장이다.

② 바울이 전한 복음(1:11-24)

바울은 자신 있게 말한다. "내가 전하는 이 복음은 어디까지나 예수 그리스도로부터 받은 것이지 사람으로 말미암은 것이 아니다."라고 말한다.

③ 참 복음의 본질(2:1-21)

바울은 바나바와 함께 디도를 데리고 예루살렘에 올라갔다. 그리고 바울이 전하는 복음과 이들이 전하는 복음이 일치한다는 것을 확인했다. 그러나 안디옥에서 게바(베드로)의 가식적인 행위를 보고 바울은 즉석에서 책망했다.

그리고 바울은 율법적인 행위와 복음적인 믿음을 비교하면서 예수 그리스도의 십자가를 강조한다. 그리고 예수 그리스도와 함께 십자가에 못 박힌 자(2:20)는 죄악된 생활에서 분리되고 부활의 능력으로 죄에 대하여 완전한 자유를 회복한다고 말한다.

2) 복음과 율법(3:1-5:15)

① 성령은 믿음으로 받는다(3:1-5).

"어리석은 갈라디아 사람들아! 너희 눈 앞에 예수 그리스도께서 십자가에 못 박힌 것이 분명히 보이는데 누가 너희를 꾀느냐." 이 말은 바울이 갈라디아

사람들을 책망하는 말이다.

- 성령을 받는 것은 행위(율법)가 아니고 믿음(복음)이다.
- 믿음(복음)은 복이고, 율법은 저주이다(2:9-10).
- 이방인들도 동일한 축복을 받는다.

② 율법의 한계(3:6-29)

- 율법은 왜 주셨는가? - '범법함을 인하여' 주셨다.
- 율법의 유효 기간은 언제까지인가? - '약속하신 자손(씨)이 올 때까지' 이다.
- 율법의 예언이 그리스도에게서 모두 이루어졌다(마 5:18).
- 하나님을 섬기던 방식이 끝났다(히 9:9-10).
- 율법의 정죄가 없어졌다(롬 3:19-22).
- 율법은 감옥과 몽학 선생 같은 역할을 했다.

③ '때가 차매' 의 뜻(4:7)

이 말은 하나님의 예정된 시간을 말하며 이때 하나님께서 아들 예수 그리스도(복음)를 보내신다는 말이다.

- 이때까지 율법은 후견인(가정교사)이다.
- 이때까지 율법은 세상 초등 학문이다.

④ 갈라디아 교회를 향한 바울의 심정(4:8-5:1)

바울은 머리만 있고 가슴 없는 일개 신학자가 아니다. 바울은 사랑에 넘치는 뜨거운 사람이다. 바울은 깊은 열정과 무한한 애정을 가지고 갈라디아 사람들을 향해 호소하고 있다.

⑤ 거짓 선생(신자)과 참 선생(신자)(5:2-12)

- 거짓 선생(신자)은 할례를 받아야 한다고 생각한다.
- 거짓 선생(신자)은 율법 전체를 지켜야 한다고 생각한다
- 거짓 선생(신자)은 그리스도에게서 끊어지고, 은혜에서 떨어진다.

⑥ 그리스도인의 참 자유(5:13-16)

- 육체의 탐익을 위한 자유가 아니다.
- 이웃을 착취하는 자유가 아니다.
- 율법을 도외시해도 되는 자유가 아니다.

3) 복음적 생활(5:16-6:18)

① 육체의 소욕과 성령의 인도(5:16-26)

- 육체의 소욕이란 우리의 살과 뼈인 육신이 아니라 욕심(죄) 즉 죄성을 의미 하는 것이다.
- 본문에서 죄성을 15가지로 나열하고 있는데 넷으로 나눌 수도 있다.
  - 성적 죄악   - 종교적 죄악   - 대인 관계의 죄악   - 무절제의 죄악
- 성령의 열매는 9가지로 나타나고 있는데 셋으로 나눌 수 있다.
  - 하나님과의 관계 - 사랑, 희락, 화평
  - 이웃과의 관계 - 오래 참음, 자비, 양선
  - 자기 자신과의 관계 - 충성, 온유, 절제

② 성도의 생활 원리(6:1-16)

- 먼저 자기 자신을 돌아보아야 한다.
- 심는 대로 거둔다는 것을 알아야 한다.
- 십자가만을 자랑하라.

③ 마지막 부탁과 축복(6:17-18)

누구든지 나를 괴롭게 말라. 하나님의 '은혜' 가 너희 심령에 있을지어다.

<table>
<tr><td rowspan="6">에
베
소
서</td><td>책 이름</td><td>바울은 로마의 감옥에서 에베소서, 빌립보서, 골로새서,
빌레몬서를 썼는데 본서는 특별히 에베소에 있는 교회들과
그 성도들에게 보냄으로 '에베소서'라고 부르는 것이다.</td></tr>
<tr><td>기록자</td><td>본서는 다른 옥중 서신과 마찬가지로 사도 바울의 기록이다.</td></tr>
<tr><td>기록 연대</td><td>바울이 로마의 옥중에 갇혀 있었을 때는 A.D 61-62년경
이므로 이때 본서가 기록되었을 것으로 추정된다.</td></tr>
</table>

1. 에베소서의 기록 목적

에베소는 바울이 제2차 전도여행 당시 잠시 들러 복음을 증거했었고(행 18:19-21) 제3차 전도여행 때는 약 3년간 머물며 눈물과 정성으로 사역하였던 곳이다(행 19:1-41). 그리고 에베소 장로들을 초청하여 권면한 사실(행 20:17-35)과 훗날 디모데를 파송하여(딤후 4:5) 성도들을 지도하게 한 사실을 미루어 볼 때 바울이 에베소 교회를 무척 사랑했음을 알 수 있다. 그래서 사도 바울은 에베소 성도들이 분명한 '교회관'을 가질 수 있도록, 성도들이 '일치'될 수 있도록, 그리고 하나님의 거룩한 백성으로 가정 생활과 모든 삶에서 성결한 삶을 살며, 영적으로 더욱 성숙해 갈 수 있도록 권장하기 위해 에베소서를 쓴 것이다.

2. 에베소서의 짜임새

■ 에베소서는 '올바른 교회관' 을 보여 준다.

그리스도 안에서 선택되어진 교회 (1:1-23)	그리스도 안에서 세워져가는 교회 (2:1-3:21)	그리스도 안에서 살아가는교회 (4:1-6:24)

• 서문
• 성부의 선택과 예정
• 성자의 구속과 은혜
• 성령의 인침과 보증
• 바울의 감사와 기도
	• 구원관이 확실한 교회
	• 교회관이 정립된 교회
	• 교회 안에서 통일
	• 선교에 앞장서는 교회
		• 교회의 일치
		• 변화된 성도의 생활
		  - 개인적 생활
		  - 가정 생활
		  - 사회 생활
		  - 영적 생활
		• 결론

3. 에베소서의 내용

본 에베소서는 교리적인 편(1:1-3:21)과, 실천적인 편(4:1-6:24)으로 나눌 수 있다. 더 구체적으로는 1장에서 3장까지를 '바울의 인사' (1:1-2), '그리스도 안에서 선택되어진 교회' (1:3-23), '그리스도 안에서 세워져 가는 교회' (2:1-3:21)로 나눌 수 있고, 4장에서 6장까지를 '그리스도 안에서 살아가는 교회' (4:1-6:20), '결론' (6:21-24)으로 나눌 수 있다. 그리고 결론은 두기고를 에베소에 보내어 바울의 사정을 알게 하는 것과 바울의 축복으로 끝을 맺는다.

1) 그리스도 안에서 선택되어진 교회(1:1-23)

① 그리스도 안에서 선택되어진 교회(1:3-14)

바울은 문안 인사에 이어 교회를 통한 하나님의 구원 계획을 드러내고 있다.

• 성부의 선택과 예정(1:3-6)

• 성자의 구속과 은혜(1:7-12)

• 성령의 인치심과 보증(1:13-14)

② 바울의 감사와 기도(1:15-23)

바울은 에베소 교회의 '믿음과 사랑' 으로 인해 감사한다. 바울의 기도는 하나님을 아는 것과 마음의 눈을 열어 달라는 것이다.

2) 그리스도 안에서 세워져 가는 교회 (2:1-3:21)

교회가 하나님의 예정 가운데 선택되어졌다면 이 선택되어진 교회는 선택되어진 교회답게 세워져 나가야 한다. 이 선택되어진 교회가 제대로 세워지려면 두 기둥이 있어야 되는데 한 기둥은 '구원관' 이라는 기둥이고, 또 한 기둥은 '선교관' 이라는 기둥이다.

① 구원관이 확실한 교회(2:1-10)

바울은 구원받기 이전의 죄악 가운데 거하던 성도의 과거 모습과 그리스도 안에서 구원받은 이후 누리는 현재의 삶을 대조하면서 성도가 받은 하나님의 구원의 은혜가 얼마나 큰 것인가를 드러내 보여 주고 있다.

② 교회 안에서의 만물의 통일(2:11-22)

'교회' 란 그리스도를 머리로 하여 유대인이나 이방인이나 차별 없이 한 몸이 되는 것이다. 먼저 이방인들이 구원받음으로 말미암아 유대인과의 장벽이 철폐되고(2:11-18), 이로 인해 그리스도 안에서 하나가 되어 교회가 형성되는 것이다(2:19-22).

③ 선교에 앞장서는 교회 (3:1-13)

바울은 이방인을 위해 자신이 그리스도의 사도로 부름 받았음을 상기시키며, 자신이 받은 사도직을 '하나님의 은혜' 라고 말하고 있다. 즉 바울 자신이 다메섹 도상에서 회개하고 사도로 부르심 받은 것은 바울 개인만을 위한 것이 아니라 이방인들에게 복음을 전하기 위한 하나님의 섭리였음을 강조하고 있다.

3) 그리스도 안에서 살아가는 교회(4:1-6:24)

① 교회가 일치해야 한다(4:1-16).

교회 일치의 요소, 교회 일치의 근거, 교회 일치의 방법과 그 이유들이 나온
다.

② 변화된 성도들의 개인적인 생활(4:17-32)

먼저 옛사람을 버려야 한다. 그리고 이웃과의 관계를 잘 이루어 나가야 한
다.

③ 변화된 성도와 하나님과의 관계(5:1-14)

하나님의 사랑을 본받고 불순종의 생활을 버려야 한다.

④ 결론적인 권면(5:15-21)

바울은 이렇게 권면한다. 지혜 있는 자같이 하라. 세월을 아끼라. 또 주의 뜻
이 무엇인지 이해하라. 성령의 충만을 받으라.

⑤ 좋은 관계를 유지하라(5:22-6:20).

남편과 아내의 관계, 자녀와 부모의 관계, 종과 주인의 관계, 영적 싸움, 그리
고 마지막 인사로 끝을 맺는다.

빌립보서

신약핵심정리

책 이름 본서는 바울이 1차 로마 투옥 중(A.D 61-63년)에 빌립
보 교회에 보낸 서신이며 한글 개역성경은 수신지명을 따
라 '빌립보서'라 부른다.

기록자 본서의 저자는 바울이라는 사실을 본서 자체가 내증한다.

기록 연대 본 서신은 A.D 61-63년경에 기록되었다.

1. 빌립보서의 기록 목적

바울에 대하여 특별한 애정을 가진 빌립보 교인들은 그들의 스승이 로마의 감옥에
갇혔다는 소식을 듣고 바울을 돕기 위해 헌금을 모아 에바브로디도 편으로 바울에게
보낸다(2:25).

그런데 바울 곁에 머물며 바울을 돕던 에바브로디도가 그만 병들어 중태에 빠졌고
(2:26, 30), 이 일은 바울뿐 아니라 에바브로디도를 로마로 보낸 빌립보 교인들을 근심
케 하였다(2:26).

그러나 다행히도 피차 근심하던 중 에바브로디도가 회복되었다(2:27). 이에 바울은
에바브로디도를 빌립보로 돌려보내면서 그간 빌립보 교인들이 자신에게 베풀어 준 호
의에 감사하며 자신의 투옥으로 근심하여 염려하는 자들을 안심시키고 도리어 격려하
고자 빌립보서를 썼다(1:3-30, 4:10-20).

2. 빌립보서의 짜임새

■ 빌립보서는 '기쁨' 을 보여 준다.

복음 진보로 인한 기쁨 (1:1-30)	겸손과 헌신으로 인한 기쁨 (2:1-30)	하늘 시민권을 바라보는 기쁨(3:1-21)	능력 주심으로 인한 기쁨 (4:1-23)
• 서문 • 바울의 감사와 기도 • 바울의 투옥 간증 • 바울의 기대와 소망 • 성도가 당하는 고난	• 겸손과 헌신 • 예수 그리스도의 낮아짐과 높아짐 • 바울의 모범적 헌신 • 에바브로디도의 모범적 헌신	• 바울의 구원 • 바울의 신앙과 열심 • 바울이 바라보는 신앙의 목표	• 마음을 같이하라. • 주 안에서 기뻐하라. • 아름다운 미덕들 • 선물에 대한 감사 • 결론

3. 빌립보서의 내용

1) 복음 진보로 인한 기쁨 (1:1-30)

① 바울의 투옥 간증(1:1-18)

바울은 문안 인사 후에 자신이 감옥에 투옥된 것이 오히려 복음의 진보를 가져 왔다고 자신 있게 말한다.

② 바울의 기대와 소망(1:19-26)

이제 바울은 한 걸음 더 나아가 내가 살든지 죽든지 오직 그리스도만을 존귀케 하기를 원한다고 고백한다. 그리고 개인적으로는 죽어서 그리스도와 함께 있을 것을 더 소망하지만 복음 전파와 다른 사람들의 유익을 위하여 사는 것을 마다하지 않는다고 고백하고 있다.

③ 성도가 당하는 고난(1:27-30)

성도의 고난은 그를 겸손하게 하며, 그리스도인들은 고난을 통해서 하나님만 의뢰하는 사람이 되며 또한 고난은 그리스도의 고난에 동참하는 것이다. 그리고 고난을 통해서 온전한 인격이 형성된다.

2) 겸손과 헌신으로 인한 기쁨 (2:1-30)

① 기쁨을 충만케 하라 (2:1-4).

그리스도 안에서의 권면, 사랑의 위로, 성령의 교제, 긍휼과 자비, 이런 것들은 기쁨을 충만케 한다.

② 겸손과 희생을 실제로 보여 준 네 사람 (2:1-30)

* 예수 그리스도 (2:5-11)

   6-8절을 보면 주님께서 낮아진 것이고, 9-11절에 보면 이렇게 낮아진 주님을 하나님이 높이셨다.

* 바울 (2:12-18)

   바울은 '원망과 시비'가 없기를 원했고, '흠 없고 순전'하기를 원했다. 그리고 '신앙의 운동장에서 마지막 자랑스러운 골인'을 원했다. 그리고 바울은 '믿음의 제물 위에 관제'가 되기를 원했다.

* 디모데 (2:19-24)

   바울은 디모데의 신앙을 잘 훈련시켜 겸손하게 일하게 했다.

* 에바브로디도 (2:25-30)

   에바브로디도는 로마의 감옥에 갇혀 있는 바울을 돌보기 위해 파송된 사람으로 빌립보 교회 헌금을 바울에게 전했다. 후에 병들었으나 곧 완쾌되어 다시 빌립보 교회에 파송되어 교회를 보살폈다.

3) 하늘 시민권을 바라보는 기쁨 (3:1-21)

① 바울의 구원 (3:1-3)

바울은 구원받기 이전에 종교적인 사람 즉 유대인의 율법주의자였고, 할례주의자였다. 그러나 그의 종교는 그를 구원할 수 없었다. 그래서 바울은 영원한 생명을 발견하기 위해서는 자기의 종교 즉 율법주의인 유대교를 버려야 했다.

그래서 바울은 3장 초두에서 힘을 주어 "종말로 나의 형제들아 주 안에서 기뻐하라."고 하면서 "내가 계속 이런 참된 말을 쓴다할 지라도 수고로움이 안

된다."고 말한 것이다.

② 바울의 육적 자랑(3:4-6)

- 내가 팔 일 만에 할례를 받았다.
- 이스라엘의 족속이다.
- 베냐민 지파이다.
- 히브리인 중의 히브리인이다.
- 율법으로는 바리새인이다.
- 열심으로는 교회를 핍박했다.
- 율법의 의로는 흠이 없는 자이다.

③ 하늘의 시민권(3:17-21)

우리의 시민권은 하늘에 있다. 이것을 바라보고 즐거워한다.

4) 능력 주심으로 인한 기쁨(4:1-23)

바울은 이 빌립보 교회를 무척 좋아했고 인정했다. 그래서 그는 빌립보 교회를 "나의 사랑하고 사모하는 형제, 나의 기쁨이요, 면류관"이라고 표현한다. 그러나 이들에게 문제가 생겼다.

① 마음을 같이하라(4:1-3).

'유오디아'와 '순두게'라는 여인의 갈등이다. 이 두 여자를 향하여 "마음을 같이하라."고 권면한다.

② 주 안에서 기뻐하라(4:4-7).

현재 바울은 감옥에 수감 중에 있는 몸이다. 그러나 감옥 밖에 있는 사람들에게 기뻐하라고 한 것이다.

③ 아름다운 미덕들(4:8-9)

④ 선물에 대한 감사와 결론(4:10-23)

감옥 안에 있는 자신을 위해 물질을 보냈다. 그러나 더 감사한 것은 그들의 마음이다. 마지막 축도로 끝난다.

골
로
새
서

책 이름 본서의 제목은 골로새의 지명을 따라 '골로새서'라고 붙여
졌다.

기록자 본서의 저자는 바울이다.

기록 연대 본 서신은 A.D 61-62년경에 기록되었음을 알 수 있다.

1. 골로새서의 특징과 기록 목적

본서는 모든 성경 중에서도 탁월하게 기독론에 대하여 설명하고 있는 점이 특징이다. 즉 본서에는 가장 분명한 형태로, 또 다양한 형태로 그리스도에 대한 묘사가 나타난다.

그리고 본서에는 바울이 일반적으로 사용하지 않던 용어들이 많이 나타난다. 예를 들면 '철학' (2:8), '충만' (2:9), '신성' (2:9), '정사와 권세' (2:15), '겸손' (2:18), '빼앗기다' (2:18), '자의적 숭배' (2:23)와 같은 말인데, 이 용어들은 당시 이단자들이 많이 구사하던 용어로 바울이 이러한 용어들을 사용한 이유는 그들이 구사하던 용어를 사용하여 그들의 잘못을 더욱 분명히 드러내기 위한 것 같다.

2. 골로새서의 짜임새

■ 골로새서는 '기독론'을 보여 준다.

그리스도의 탁월성 (1:1-2:23)	그리스도인의 성숙한 삶 (3:1-4:18)
• 서문	• 위에 것을 찾으라.

236   신약핵심정리

그리스도의 탁월성 (1:1-2:23)	그리스도인의 성숙한 삶 (3:1-4:18)
• 바울의 감사와 기도 • 그리스도의 신분 • 그리스도의 오해를 변호함	• 옛사람을 벗으라. • 새 사람이 갖추어야 할 것 • 새 사람의 생활 • 주의 일꾼들을 소개함

3. 골로새서의 내용

1) 그리스도의 탁월성(1:1-2:23)

① 바울의 감사와 기도(1:3-12)

바울은 인사와 함께 믿음, 사랑, 소망으로 인해, 또한 복음이 온 천하에 전파됨을 인하여, 그리고 신실한 일꾼 '에바브라'로 인하여 감사한다. 바울은 하나님을 아는 지식이 채워지기 위하여 기도하고 또 자라기 위하여 기도한다.

② 그리스도의 신분(1:13-23)

그리스도의 특성을 일곱 가지로 표현했다.

- 하나님의 형상
- 모든 창조물보다 나으신 분
- 만물의 창조주이시다.
- 교회의 머리이시다.
- 죽은 자들 가운데서 먼저 나신 분이시다.
- 하나님의 충만이시다.
- 만물의 화해이시다.

③ 그리스도를 위한 바울의 사역(1:24-27)

바울은 그리스도가 오실 때까지 고난을 기꺼이 받겠다고 결심했다. 그리고 바울은 자신이 이방인을 위한 사도로 부름 받은 것을 분명히 했다(갈 2:8). 그래서 이 사명을 감당하기 위해 고난 받을 것도 각오한 것이다.

④ 그리스도의 오해를 변호함(2:1-23)

- 헛된 철학을 조심하라(2:1-10). 사람들은 철학을 인본주의의 도구로 삼고 거 짓과 속임수의 무기로 삼았다.
- 율법주의를 조심하라(2:11-17). 바울은 율법주의자들의 잘못을 할례를 들어 지적한다.
- 인위적인 훈련을 조심하라(2:18-23). 천사 숭배와 금욕주의를 지적한다.

2) 그리스도인의 성숙한 삶(3:1-4:18)

① 위에 것을 찾으라(3:1-4).

우리들이 믿는 성도라면 우리는 당연히 위에 것을 추구해야 한다. 왜냐면 위에 는 하나님의 우편에 앉으신 그리스도가 계신 곳이고 앞으로 영광 중에 재림하실 그리스도가 계신 곳이기 때문이다.

② 옛사람을 벗어야 한다(3:5-11).

여기서 말하는 '땅의 지체' 란 옛사람이 갖고 있는 죄의 본성을 말하는 것으 로 본문에서는 다섯 가지를 말하고 있다.

③ 새사람이 갖추어야 할 것(3:12-17)

사랑과 감사이다.

④ 가정과 사회생활 그리고 영적 싸움(3:18-4:6)

가정생활(3:18-21), 사회생활(3:22-4:1), 영적 싸움(4:2-6)

⑤ 주의 일꾼들을 소개함(4:7-9)

- 두기고는 본 서신의 전달자로 신약에 다섯 번 나온다(행 20:4; 엡 6:21; 딤후 4:12; 딛 3:12). 두기고는 아시아 사람이며 헌금 위원으로 바울을 따라 예루 살렘에 갔다가 계속해서 바울을 따르며 섬겼던 신실한 인물이다.

특히 두기고를 보낸 이유는 두 가지인데 이들에게 바울의 사정을 알리기 위 함이며, 또 하나는 이들의 마음을 위로하기 위함이다.

- 오네시모는 골로새 사람으로 빌레몬이라는 사람의 종이었으나, 빌레몬에게 잘못을 저지르고 도주했다. 그러나 로마에서 바울을 만나 그리스도를 영접하고 신실한 사람이 되었다.

  바울은 오네시모를 특별히 골로새 교회에 소개하고 싶어 하던 차에 이곳에 보내게 된 것이다.

⑥ 바울의 동역자들(4:10-18)

- 아리스다고는 에베소의 소요 사건에서 나타난다(행 19:29).

  거기서 그는 지도적인 그리스도인으로 뽑혔다. 그도 역시 바울과 동행하였고(행 20:4), 로마로 가는 도중 무서운 폭풍을 만났을 때에도 바울과 함께 있었다. 좋을 때나 나쁠 때나 바울에게 충실하였던 참으로 놀라운 그리스도인이다.

- 마가 - 이 사람은 물론 마가 요한이다. 그는 바나바의 조카로 몇 년 전에 바울에게서 '떨어져 나간 사람' 이다(행 3:13, 15:36-41). 골로새 사람들이 마가의 실패를 알고 있었다.

- 유스도(예수) - 유대인의 신자

- 누가 - 이방인 의사이며 누가복음과 사도행전을 썼다.

- 데마 - 중간에 타락한 자

- 아킵보 - 주 안에서 받은 직분을 소중히 여겨라. 빌레몬의 아들일 가능성이 많다.

- 바울은 친필로 기록한다고 했다.

데살로니가전서

신약핵심정리

책 이름 한글 개역성경은 수신지명과 그 순서에 따라 '데살로니가전서'라고 했다.

기록자 본서의 저자가 바울이라는 사실에 대하여 별로 의심된 적이 없다.

기록 연대 데살로니가전서의 기록 장소는 고린도이며, 그 시기는 A.D 51년경으로 보는 것이 무난할 것이다.

1. 데살로니가전서의 기록 목적

새로운 신자들에게 그리스도에 관한 일들을 확신시키며, 더 나아가 바울과 그의 사역에 대한 거짓 고발들에 답변하는 데 그 목적이 있다(살전 2:10). 그리고 바울의 복음을 듣고 주의 재림이 임박한 것으로 단정하고 일을 하지 않고 무의도식 하는 자가 있으므로 그들을 깨우치는 데에도 그 목적이 있다(살전 4:11-12; 살후 3:8).

그리고 새 신자 중에서 어떤 이들은 그들의 과거 생활 습관을 버리지 못하고 부도덕한 생활에 빠져 있었음을 권고하기 위함이고(살전 4:1-6) 또한 어떤 이들은 새롭게 신앙생활을 시작하면서도 가족 중에 죽은 자들 때문에 깊은 비탄에 빠져 있는 마음을 안정시키는 데 그 목적이 있다.

2. 데살로니가전서의 짜임새

■ 데살로니가전서는 '성결'을 보여 준다.

데살로니가 교회를 향한 개인적인 회상 (1:1-3:13)	데살로니가 교회를 향한 실제적인 교훈 (4:1-5:28)
• 문안과 하나님께 감사 • 데살로니가 교회에 대한 칭찬 • 정직하게 전도했던 과거를 회고함 • 데살로니가 교회가 당하는 고난 • 동역자 디모데를 파송함 • 바울의 기도	• 성결한 생활에 대하여 • 죽음에 대하여 • 신앙생활에 대하여 • 마지막 부탁과 축복

3. 데살로니가전서의 내용

1) 데살로니가 교회를 향한 개인적인 회상 (1:1-3:13)

① 문안과 하나님께 감사 (1:1-4)

바울, 실루아노, 디모데의 이름으로 인사말을 하며 데살로니가 교회는 믿음의 역사, 사랑의 수고, 소망의 인내가 넘치는 교회라고 바울은 칭찬한다. 그리고 하나님께서 창세 전에 너희를 택하여 부르셨다고 말한다.

② 교회에 대한 칭찬 (1:5-10)

이들은 복음을 말로만 듣거나 취한 것이 아니라 능력과 성령과 큰 확신으로 받아들였고 많은 환난도 있었지만 성령의 기쁨으로 생활을 했었다. 그리고 마게도냐 지방과 아가야 지방의 믿는 자들에게 본이 되었다. 데살로니가 교회의 소문이 퍼져 나갔다.

특히 10절의 '죽은 자들 가운데서' 란 예수 그리스도의 부활을 말하는 것이고, '하늘로부터 강림하심' 이란 주님의 재림을 기다린다는 뜻으로 말한 것이다. 그리고 '장래 노하심에서 우리를 건지시는' 이란 종말 때의 심판을 말하고 있는 것이다.

③ 정직하게 전도했던 과거를 회고함(2:1-12)

사도 바울은 과거 데살로니가 교회에서 전도할 때 담대하게 고난을 각오하고 선한 싸움을 싸운다는 마음으로 전도한 것을 회상한다.

④ 데살로니가 교회가 당하는 고난(2:13-20)

데살로니가 교회의 핍박은 당연한 핍박이다. 그 이유는 다음과 같다.

• 하나님의 말씀을 받을 때 사람의 말로 받지 않고 하나님의 말씀으로 받기 때문이다.

• 이 말씀이 믿는 자 속에서 놀라운 역사를 일으키기 때문이다.

• 핍박자들은 사람만 기쁘게 하려고 하기 때문이다.

• 주님의 재림을 믿고 기다리기 때문이다.

⑤ 동역자 디모데를 파송함(3:1-13)

바울은 데살로니가 성도들을 다시 만나기를 열망하고 있었다. 그러나 "사단이 우리를 막았도다." 고 말하고 있다(살전 2:17-20) .

그래서 바울은 자기를 대신해서 디모데를 보내기로 결정하고 디모데를 파송한다는 통보를 알리고 있는 것이다. 그리고 디모데가 가면 이들의 믿음을 굳게하고 믿음에 대하여 위로하고 환난 중에도 요동치 않게 할 것을 기대했다.

2) 데살로니가 교회를 향한 실제적인 교훈(4:1-5:28)

데살로니가 교회를 향한 개인적 회상을 한 바울은 이제 데살로니가 교회를 향한 실제적인 교훈을 하고 있다. 교훈은 대략 세 가지 측면에서 하고 있는데 이는 성결한 생활(4:1-12), 죽음에 대하여(4:13-5:11), 신앙생활에 대하여(5:12-24)이다.

① 성결에 대하여(4:1-12)

음란을 버려야 하며(4:1-8), 서로 사랑해야 하며(4:9-10), 규모 있는 생활을 해야 한다(4:11-12).

② 죽음에 대하여

'호령'은 예수님의 호령이며, '천사장의 소리'는 유다서 1장 9절과 요한계시록 12장 7절에서 말하는 것처럼 미가엘이다. '하나님의 나팔'은 하나님의 뜻을 전하는 천사가 부는 나팔을 말한다. 그리고 17절은 '재림의 날'에 성도들이 먼저 부활한 후 살아 있는 성도들은 육체의 변화를 받아 공중으로 끌어 올려 부활한 성도와 하나가 됨을 말하고 있다. 그때 성도의 변화는 '홀연히' 변화된다.

"구름 속으로 끌어 올려 공중에서 주를 영접하게"란 믿는 자가 죽었으면 먼저 부활하고 그 다음 재림시 생존한 성도들이 공중으로 끌어 올려질 것을 말한다. 이 말을 '공중 들림' 혹은 '휴거'라고 한다. 그래서 공중에서 재림의 주를 영접하게 될 것이다. 그 후 계속해서 주님과 더불어 사는 삶을 누리게 될 것이다. 성도의 죽음은 끝이 아니라 영원한 세계이고 안식의 시작이고 승리이다. 그리고 재림의 시기는 아무도 모른다(마 24:36).

③ 신앙생활에 대하여(5:12-28)

교역자에 대한 성도들의 의무를 다해야 한다. 성도들은 항상 기뻐하는 생활, 쉬지 말고 기도하는 생활, 범사에 감사하는 생활을 하여야 한다. 바울은 자신을 위해 기도해 줄 것을 부탁하고, 형제들을 향한 문안 인사와 권면으로 끝을 맺는다.

데
살
로
니
가 후
서

책 이름 헬라어 원전에서 본서의 제목은 '데살로니가인들에게 두 번째'로 되어 있다. 이는 데살로니가인들에게 보낸 두 번째 편지라는 뜻이다.

기록자 본서의 기록자가 바울인 것을 성경이 입증해 준다(1:1, 3:17).

기록 연대 본서는 데살로니가전서의 이어짐이 분명하다(살후2:15, 17, 3:6). 그러므로 데살로니가전서 기록 이후 약 2, 3개월이 경과된 A.D 51년경으로 기록 연대를 추정해 볼 수 있다.

1. 데살로니가후서의 기록 목적

이들은 외부로부터의 핍박과 환난에도 굳건한 신앙을 가졌으며(1:4) 믿음의 진보까지 보였다(1:3). 그런데 재림에 대해서는 전서를 보낼 때보다 더 혼란한 상태에 있었다. 즉 재림을 곡해하여 무위 도식하는 폐단이 생겨났던 것이다(3:6-12). 심지어 어떤 이들은 스스로 성령의 계시를 받았다거나 바울의 다른 편지를 받았다는 허위 사실을 유포하면서까지(2:1-2) 교인들을 미혹하기도 하였다. 그래서 바울은 그릇된 가르침에 미혹되지 않기 위해서는 진리를 굳게 잡고(2:13-17), 규모 있는 생활을 영위해야 함을 권면하기(3:6-15) 위해 본서를 쓴 것이다.

2. 데살로니가후서의 짜임새

■ 데살로니가후서는 '주의 재림'을 보여 준다.

문안과 감사기도 (1:1-12)	그리스도의 재림 (2:1-17)	말세 성도의 생활 (3:1-18)
• 문안과 인사	• 그리스도 재림에 대한 교훈	• 종말에 관한 권면

문안과 감사기도 (1:1-12)	그리스도의 재림 (2:1-17)	말세 성도의 생활 (3:1-18)

• 감사
• 기도
	• 종말에 대한 바른 자세
	  - 배도하는 일과 불법의 사람
	    출현
	  - 불법의 사람 활동과 멸망
	  - 불의한 자들의 최후 심판
	• 권면과 기도
		- 기도의 요청과 바울의 기도
		- 규모 있는 생활에 대한 권면
		• 교리를 위한 기도와 문안 인사

3. 데살로니가후서의 내용

1) 성장하는 데살로니가 교회의 모습(1:1-12)

① 이 교회는 자라나는 믿음이 있었다.

바울과 그의 동료 전도자들은 데살로니가 교회를 인하여 하나님께 감사할 이유가 풍성했었다. 그 이유는 그들의 믿음이 계속해서 자라고 있었기 때문이었다. 바울은 본문에서 데살로니가 교회의 믿음이 '더욱 자라다' 라고 표현하고 있다.

② 이 교회는 서로 사랑함이 있었다.

데살로니가 교회는 풍성한 사랑이 있었다. 즉 하나님만 사랑한 것이 아니라 사람들 사이의 사랑도 풍성했다는 것이다.

③ 이 교회는 환난과 핍박을 참고 견디는 인내가 있었다.

데살로니가 교회는 환난과 핍박 속에서도 인내를 보여 주는 교회였다(살전 1:3; 살후 3:5). 데살로니가 교회 교인들은 이같은 곤란한 상황을 도피하거나 벗어나려고 하지 않았다. 오히려 그들은 이 환난이 하나님께서 하나님의 영광을 나타내려고 주시는 시련이라고 생각하고 감사함으로 받아드렸다.

④ 바울의 감사와 기도

바울은 하나님께서 교회에 환난을 허용하고 있는 이유와 환난을 주는 자들과 환난을 이긴 자들의 미래에 대해 설명함으로써 계속 믿음으로 인내하도록 격려하고 있다(1:6-10).

그리고 바울은 데살로니가 성도들을 위한 자신의 기도 내용을 설명하고 있다.

2) 그리스도의 재림 (2:1-12)

① 종말에 대한 바른 자세(2:1-4)

여기에서는 재림에 대한 성령의 지시를 받았다느니 혹은 바울의 편지를 받았다느니 하는 여러 가지 이설로 데살로니가 교회가 동요하게 되자, 바울은 이에 대한 정당한 회답을 주고 있다(2:1-2).

그리고 바울은 이들의 마음을 안정시키기 위해 재림 전에 있을 사건들을 순서에 따라 설명하고 있다. 먼저 배도하는 자와 불법의 사람이 나타날 것이다(2:3-4). 그러므로 신자들은 항상 영적으로 깨어 있어야 하며 이러한 이단적 가르침을 식별할 수 있는 자가 되어야 할 것이다(마 24:42; 벧전 5:8).

② 불법의 사람(2:5-12)

불법의 사람이 나타나 역사하지만 그를 막는 자가 있어(하나님과 성령) 그는 막는 자들로부터 제재를 받는다. 그러나 이를 막는 자는 종말에 가서 옮겨지고 그때 악은 극도에 달하다가 주께서 재림하셔서 이를 멸망시키실 것이다. 이와 같이 막는 자의 최후적 활동이 재림 이전에 있을 것이다.

그 후 그리스도께서 재림하셔서 불법의 사람을 멸하실 때 저와 같이 멸망하는 사람들이 있다. 저들은 진리를 거부하고 불의를 좋아하는 불신자들이다. 유혹하는 자는 물론 악하지만 그 유혹에 빠지는 자도 악의 요소를 가진 사람들이므로 같이 멸망하게 될 것이다.

3) 말세 성도의 생활(3:1-18)

① 기도 요청과 바울의 기도(3:1-5)

본문은 바울이 부드러운 필치로 자신의 복음 사역과 복음 전파를 방해하는 악한 자로부터 보호 받기 위해 기도해 달라는 부탁(3:1-2)과 더불어 하나님께서 데살로니가 교인들을 지키시며(3:3), 그들에게 복음에 순종할 것을 권면한다(3:4).

그리고 그들이 하나님의 사랑과 그리스도의 인내를 가질 것을 간구하고 있다(3:5).

② 규모 있는 생활의 권면과 끝맺음(3:6-18)

뒤이어 본서의 주제라 할 수 있는 실제적 교훈이 나온다.

바울은 교리적 강론을 할 때부터 심각한 어조를 사용하였는데 그들 생활과 밀착된 교훈을 주는 본 절에 들어서면서부터는 더욱 엄격한 명령의 어조로 말한다.

더욱이 인간적인 명령이 아니라 바울은 '주 예수 그리스도의 이름으로' 란 표현을 사용하여 그리스도를 힘입어 교훈을 주는 사도로서의 권위에 입각하여 데살로니가 형제들에게 명령한다. 따라서 본문에서 바울은 '규모 없이 행하는 자들과 절교하라고 강력히 권면(3:6)하며 그 대안으로써 복음을 전파하되 자비량으로 전파하라는 것과(3:7-9), 생업에 종사하며 성실하게 삶을 살 것과(3:10-12), 환난 가운데서도 선을 행하라는 것(3:13-15)을 권면한다.

그리고 기도와 문안과 축도로(3:16-18) 말을 맺는다.

디모데전서

책이름 영어 성경의 'I Timothy'를 한글 개역성경에서는 '디모데전서'로 제목을 붙였다.

기록자 본서에서 바울은 자신이 본서의 기록자라고 말했다(1:1-2).

기록연대 바울이 로마 감옥에서 석방되어 동방을 여행하는 도중에 디모데전서와 디도서를 기록했고 다시 로마 감옥에 투옥되어 디모데후서를 기록하였다. 그래서 기록 연대를 대략 A.D 63-66년경으로 보는 것이 타당할 것이다.

1. 디모데전서의 기록 목적

바울은 참 아들 디모데에게 하나님의 집(교회)을 잘 보살피며 훌륭한 목회를 할 수 있도록 가르치기 위하여 이 편지를 썼고 또 예수를 올바로 전하기 위하여 이 서신을 보냈다.

2. 디모데전서의 짜임새

■ 디모데전서는 '배우고 확신한 일'을 보여 준다.

디모데를 향한 교훈 (1:1-20)	목회에 관한 여러 가지 교훈 (2:1-6:2)	마지막 교훈 (6:3-31)
• 문안 • 거짓 교리에 대한 경고 • 바울의 은혜 체험 • 바울의 권면	• 기도에 관한 교훈 • 교회에서 여자의 행동에 관한 교훈 • 지도자의 자격에 관한 교훈 • 본서를 쓴 목적 • 이단에 관한 교훈 • 교인 각 사람에 대한 교훈	• 이단을 경계하라. • 돈을 사랑하지 말라. • 믿음의 선한 싸움을 싸우라. • 마지막 권면

3. 디모데전서의 내용

1) 디모데를 향한 교훈(1:1-20)

① 바울의 인사(1:1-2)

바울의 인사에서도 중요한 단어들이 나오는데, 즉 구주 하나님, 소망이신 그리스도, 그리스도 예수, 사도된 바울, 은혜, 긍휼, 평강 등의 단어들이다.

② 거짓 교리에 대한 경고(1:3-11)

다른 교훈을 가르치지 말라(다른 교훈, 신화, 끝없는 족보 등). 그리고 거룩하고 참된 사랑은 세 가지가 수반되는데 청결한 마음, 선한 양심, 거짓 없는 믿음이라는 것이다. 또한 율법을 올바로 쓰라고 말하고 있다.

③ 바울의 은혜 체험(1:12-17)

바울은 주님이 믿음과 사랑과 풍성한 은혜를 주셨다고 했다.

④ 바울의 권면(1:18-20)

선한 싸움을 싸우라(1:18). 믿음과 착한 양심을 가져라(1:19).
사탄에게 내어 준 사람도 있다(후메내오, 알렉산더).

2) 목회에 관한 여러 가지 교훈(2:1-6:2)

① 기도에 관한 교훈(2:1-7)

바울은 왕과 모든 일반인을 향하여 기도하라고 권면하고 있다. 교회 질서는 기도로 시작되고, 기도로 진행되고, 기도로 끝을 맺어야 한다. 그리고 중보기도는 하나님과 인간 사이에 서신 그리스도를 말하는 것이다(히 8:6, 9:15, 12:24).

② 교회에서 여자의 행동에 관하여(2:8-15)

여자는 기도할 때 아담한 것으로 꾸미라(꾸미고 장식하지 말라). 여자가 기도할 때 염치와 정절로 자기를 단장하라(존경, 건전한 마음). 여자는 순종으로 조용히 배워야 한다.

③ 감독의 자격

감독이란 '위를 돌봄' 이란 뜻인데 즉 교우들을 '돌보는 역할' 이라는 것이다. 그리고 높은 교권적 위치가 아니라 섬기는 자의 직책이다. 신약에서는 감독직과 장로직이 동의어로 취급되고 있다(행 20:17, 29; 딛 1:6-7). 본문에서 감독의 자격 16가지가 나온다.

④ 집사의 자격(3:8-13)

남 집사의 자격은 8가지가 나온다. 여 집사의 자격은 4가지가 나온다.

⑤ 본서를 쓴 목적(3:14-16)

바울은 디모데에게 에베소 교회를 맡기고 어딘가에서 전도하고 있었다. 그래서 당장 찾아가 만날 수 없었기 때문에 본서를 통하여 디모데가 목회를 잘하도록 지도하는 것이다.

⑥ 이단에 관한 교훈(4:1-5)

바울은 후일에 '이단들' 이 나타나 우리들의 바른 신앙을 미혹케 할 것이라고 말한다. 이 이단들은 악령을 좇으며, 양심이 화인 맞아 외식하는 자들이라고 말한다. 그리고 거짓말을 하는 자들이며, 금욕 생활을 주장하고 나설 것이라고 한다.

⑦ 경건에 이르기를 연습하라(4:6-10).

거짓 교훈에 주의하라. 망령되고 허탄한 신화를 버려라. 경건에 이르기를 연습하라.

⑧ 디모데에게 특히 부탁한다(4:11-16).

연소하다고 업신여기지 못하게 하라. 성경을 가르치는 일에 착념하라. 은사받은 것을 조심 있게 하라. 모든 사람에게 진보를 나타내라. 자신과 가르침을 받는 자들을 계속하여 구원시켜라.

⑨ 남녀노소와 과부에 대하여 권면함(5:1-16)

참 과부를 경대하라. 과부의 임무와 과부가 주의할 일, 교회의 과부에 대한 의무, 그리고 참 구제할 과부는 누구인가에 대해 말하고 있다.

⑩ 장로에 대하여(5:17-25)

여기서 장로는 '감독'을 말한다. 장로에 대한 대우 문제, 장로의 임무, 장로에 대한 송사 문제를 다루고 있다.

3) 마지막 교훈(6:3-21)

① 이단을 경계하라(6:3-6).

이단들은 '다른 교훈'을 가르친다. 이단들은 '바른 말'에 착념치 아니한다. 이단들은 교만하고, 변론과 언쟁을 좋아한다.

② 돈을 사랑하지 말라(6:7-10)

자족하는 생활의 원리를 가르치고 있다(6:6-8). 돈을 사랑함이 일만 악의 뿌리라고 한다.

③ 믿음의 선한 싸움(6:11-16)

- 우선 이단들의 가르침을 피하라고 한다.
- 믿음의 선한 싸움을 싸워야 한다.
- 영광을 취하여야 한다.
- 예수 오실 때까지 점도 없고, 흠도 없이 하라.
- 하나님께서 곧 나타나실 것이다.

④ 부자에게 주는 교훈(6:17-19)

마음을 높이지 말라는 것과, 정함이 없는 재물에 소망을 두지 말라는 교훈과, 부자들이 해야 할 생활을 권면한다.

⑤ 디모데를 향한 바울의 부탁(6:20-21)

'네게 부탁한 것'이란 바울이 이제껏 본서에서 말한 것들인데 이것들을 지키라는 말이다. 그리고 거짓된 지식, 망령된 허한 말, 그리고 변론을 피하고, 또한 믿음에서 벗어난 사람들을 조심하라고 경고한다. 그리고 마지막으로 "은혜가 너희와 함께 있을 지어다."로 끝을 맺는다.

책 이름	영어 성경의 '2 Timothy'를 한글 개역성경에서는 '디모 데후서'로 제목을 붙였다.
기록자	본서의 저자가 바울인 것은 내증을 보아 분명하다(1:1-2).
기록연대	본서를 A.D 66년 또는 67년 가을 경에 기록하였을 것으로 추정된다.

1. 디모데후서의 기록 목적

A.D 64년 로마시의 대화재로 인해 시작된 로마 황제 네로(Nero, A.D 54-68년)의 기독교 대박해는 로마(Rome)를 중심으로만 시행되다가 점차 로마 제국(Roman Empire) 전역에서 산발적으로 시행되기 시작했다. 이 박해로 인해 바울 자신도 2차로 로마에 투옥되어 곧 순교를 당할 상황에 처해 있었다. 그리고 교회 밖에서 닥쳐온 이같은 로마 제국의 핍박은 교회 내부의 많은 이탈자들을 발생시켰다. 이들 가운데는 핍박으로 인한 고난을 참지 못하여 할 수 없이 배교한 자들도 있었으나 더 적극적으로 세상의 악한 세력에 편승하여 고의적으로 기독교의 진리를 해치며 사람들을 미혹하는 이단들도 많았다.

이러한 상황에서 바울은 역경 중에도 교회가 하나님의 진리의 말씀 가운데서 굳건히 서기를 원하였다. 그리하여 당시 역경 중에 처해 있던 에베소 교회의 목회자 디모데를 격려하면서 밖으로는 핍박에 굴하지 말며 안으로는 이단을 경계함으로 복음의 진리와 교회를 수호하라고 교훈하기 위하여 본서를 기록한 것이다.

2. 디모데후서의 짜임새

■ 디모데후서는 '인내'를 보여 준다.

감사와 권면 (1:1-18)	교훈과 격려 (2:1-4:8)	마지막 인사 (4:9-22)
• 바울의 인사 • 바울의 기도 • 디모데를 향한 권면	• 전도자의 임무 • 위기에 대처할 것 • 전도자의 사명을 다할 것	• 바울의 인적 사항 • 바울의 개인적 부탁 • 개인 간증과 인사

3. 디모데후서의 내용

1) 감사와 권면(1:1-18)

① 바울의 인사(1:1-2)

바울은 본문의 발신자와 수신자를 기록하고 뒤이어 사도권에 근거하여 디모데에게 축도를 하며 문안 인사를 한다.

② 디모데에 대한 바울의 기도(1:3-5)

바울의 기도는 밤낮 간구하는 기도이다. 그리고 쉬지 않는 기도이고, 하나님께 감사하는 기도이다.

디모데의 신앙은 청결한 양심을 가진 신앙이며, 거짓 없는 믿음을 가진 신앙이고, 유전적 신앙의 소유자이다(모계).

③ 복음 전파에 대한 강조점(1:6-18)

하나님의 은사를 불일 듯해야 한다. 그리고 고난을 참고 충성해야 한다. 또한 모든 사람이 버려도 참아야 한다(아시아에 있는 모든 사람, 부겔로, 허모게네).

오네시보로는 바울에게 힘을 주었다(바울을 '유쾌케' 했고, 감옥에 갇힌 바울을 부끄러워 아니하고 부지런히 찾아다녔고, 바울을 잘 섬겼다).

2) 교훈과 격려(2:1-4:8)

① 전도자의 임무를 잘하라(2:1-26).

- 2절은 '제자 훈련'의 기본이 되는 구절이다. 그리스도 → 바울 → 디모데 → 충성된 자 → 다른 사람 → 오늘날 우리들

- 그리스도의 좋은 전도자에 대한 비유 세 가지(2:3-7) - 헌신적인 군사처럼 하라. 법을 준수하는 경기자처럼 하라. 수고하는 농부처럼 하라.

- 고난 중에 인내하는 전도자(2:8-13) - 하나님의 말씀은 매이지 않는다는 확신을 가지고 인내하자. 주를 부인하면 주가 우리를 부인하기 때문에 인내해야 한다. 법을 준수하는 경기자처럼 하라. 수고하는 농부처럼 하라.

- 착한 일꾼으로 충성하는 전도자(2:14-26) - 착한 일꾼은 말씀을 잘 증거해야 하고, 귀히 쓰는 그릇이 되어야 하고, 대인 관계를 잘 해야 한다.

② 말세의 위기에 대처할 것(3:1-17)

- 말세의 위기(3:1-9) - 자기 스스로 가지는 죄(2가지), 이웃 사람에게 가지는 죄(15가지), 하나님께 대하여 가지는 죄(2가지)

- 신실하게 대처할 것(3:10-13) - 마지막 때 고난을 이길 수 있는 방법은 '영감된 성경 말씀' 밖에 없다.

- 하나님의 감동으로 된 성경(3:14-17) - 교훈한다(실제 생활을 인도함). 책망한다(이단, 죄 등에 대하여). 바르게 한다(도덕적 바른 자세). 의로 교육함(올바른 생활 교육)

③ 전도자의 사명을 다할 것(4:1-8)

바울은 자신의 죽음을 예견하면서 자신의 후계자 디모데에게 목회자의 직무 수행 자세에 대하여 유언과 같은 명령을 하고 있다.

▶ 말씀을 전파하라.

▶ 바울은 완전 승리를 한 사람이다.

- 과거 : 내가 선한 싸움을 싸웠다. 나의 달려갈 길을 마쳤다. 믿음을 지켰다.

- 현재 : 떠날 기약이 가까웠다. 관제와 같이 부음이 되었다.
- 미래 : 이제 후로는(남은 것은), 의의 면류관이 예비되었다. 미래의 영광은 바울뿐만 아니라 우리에게도 해당된다.

3) 바울의 개인적 간증과 마지막 인사 (4:9-22)

이 부분은 저자 신변의 인적 사항을 고하고(4:9-18), 마지막 인사로 끝을 맺는다.

디
도
서

책 이름 영어 성경의 'To Titus'를 한글 개역성경에서는 '디도서'
로 제목을 붙였다.

기록자 본서의 기록자는 바울이다. 바울은 디모데전서를 기록한
뒤 곧이어 디도서를 기록하였다.

기록연대 본서는 A.D 66년 초에 기록된 것으로 본다.

1. 디도서의 기록 목적

본서의 수신자 디도는 완악한 지방 그레데 섬의 감독이었다(1:12, 13). 그는 헬라인
이었는데(갈 2:3), 바울이 전하는 복음을 듣고 개종한 것으로 보인다(1:4).

바울은 디도를 가리켜서 '나의 아들' (1:40), '나의 형제' (고후 2:13), 혹은 '조력자'
(고후 8:23)라고 부르고 있다.

한편 디도가 언제 그레데로 갔었는지에 대해서는 정확히 알 수가 없다. 그러나 바울
이 제1차 투옥에서 풀려난 직후 바울과 함께 전도여행을 하다가 그곳에 갔을 것으로
추측된다. 그런데 바울은 그곳에 오래 머물러 있을 수가 없었기 때문에 디도를 그레데
에 머물러 있게 하고 바울은 계속적인 활동을 한 것이다(1:5).

한편 이미 체제가 잘 정비되어 있던 에베소 교회에서 사역하고 있는 디모데에 비해,
디도는 훨씬 더 악조건에서 사역하고 있었다. 그러므로 바울은 디도를 권면하여 그가
맡은 일들을 잘 감당할 수 있도록 해주고, 아울러 거짓 교사들의 위험을 물리칠 수 있
는 용기를 불어 넣어 주기 위해 본서를 기록한 것이다.

2. 디도서의 짜임새

■ 디도서는 '건전한 교회 생활'을 보여 준다.

복음 수호와 교회 질서 (1:1-16)	교회 각층에 대한 교훈 (2:1-15)	사회 생활에 관한 교훈 (3:1-11)
• 인사 • 장로의 자격 • 거짓 교사 평계	• 노인에 대하여 • 젊은 남녀에 대하여 • 종들에 대하여 • 참 신앙생활에 대하여	• 권세자들에 대한 태도 • 불신 이웃에 대한 태도 • 권면과 인사

3. 디도서의 내용

1) 복음 수호와 교회 질서(1:1-16)

① 인사(1:1-4)

바울 자신이 예수 그리스도에 의해 사도로 세움 받은 목적을 말하고 있다.

② 장로를 세울 것(1:5-9)

문안 인사에 이어 바울은 곧장 교회에 장로를 세우는 실무적인 일을 지시하고 또한 장로의 자격을 알려 준다. 장로의 자격은 디모데전서 3장 1-7절의 감독 자격과 같은 내용이며 그것을 단축한 것이다. 즉 감독과 장로는 같은 직이었다. 그러므로 이 부분은 디모데전서 3장 1-7절까지를 참조하면 세밀히 알게 된다.

③ 이단을 경계할 것(1:10-16)

그레데(Crete) 교회 안에는 쓸데없는 논쟁과 거짓 교훈으로 교인들을 미혹하는 자들이 있었다. 그 대표적 부류가 할례당으로 그들은 오직 예수 그리스도를 믿는 믿음으로써만 구원을 얻을 수 있다는 복음의 진리(롬 1:17)를 거스르며 할례를 받는 등의 모세 율법을 지키지 않으면 결단코 구원을 얻을 수 없다고 주장하였다(1:10).

그레데인들의 특성은(1:12) '거짓말쟁이', '악한 짐승' 즉 매우 포악한 성품의 소유자, '배만 위하는 게으름쟁이'이다. 그리고 그들은 외식적이고(1:15) 또한 거짓 신자들이다(1:16).

2) 교회 각층에 대한 교훈 (2:1-15)
① 늙은 남녀에 대하여 (2:1-3)
여기서는 노인에 대해 말한다. 노인에 대한 설교는 디모데전서 5장 1-2절에도 나온다. 바울은 이들에게 주로 근신과 절제를 권면한다. 즉 늙은 남자들에게는 절제하며, 경건하며, 근신하며, 믿음과 사랑과 인내를 가지라고 권면하고, 늙은 여자들에게는 행실을 거룩하게 하며, 참소치 말며, 많은 술에 종이 되지 말며, 선한 것을 가르치는 자들이 되라고 권면한다.

② 젊은 남녀에 대하여(2:4-8)
젊은 여자들은 남편을 사랑하고 그리고 근신하고 순전해야 한다. 집안일에 부지런하며 선해야 한다. 남편에게 복종해야 한다. 젊은 남자들은 근신해야 하며, 모든 일에 본을 보여야 하며, 책망할 것이 없는 바른 말을 해야 한다.

③ 종들에 대하여(2:9-10)
범사에 주인에게 순종하라(딤전 6:1).

④ 참 신앙생활에 대하여(2:11-15)
믿는 모두에게 구원을 주시는 하나님의 은혜가 나타나며, 이 세상을 살 때 근신함으로, 의로움으로, 경건함으로 살아야 하며, 주님의 재림을 기다려야 한다.

3) 사회생활에 관한 교훈 (3:1-11)
① 권세자들에 관한 교훈 (3:1-7)
복종해야 하며, 순종해야 하며, 모든 선한일 하기를 예비하고 있어야 하며,

훼방하지 말며, 다투지 말며, 관용하며, 온유해야 한다.

왜냐하면 이제 새 사람이 되었고(3:4-5), 성령을 받았기 때문이다(3:6-7).

② 불신 이웃에 대한 태도(3:8-11)

어리석은 변론을 버리고, 족보 이야기를 버리고(딤전 1:4, 끝없는 족보라고 했다), 성도들 특히 목회자들은 무익하고 하찮은 것에 재능과 열심 그리고 시간을 낭비하지 말고, 아름답고 유익한 일에 마음을 기울여야 한다.

③ 권고와 작별 인사(3:12-15)

그는 그레데에서의 어려운 사역을 조력하기 위하여 '지원군이 오고 있음'을 디도에게 알린다. 아데마나 두기고가 디도를 대신함으로써 그가 니가볼리에서 바울과 합세할 수 있을 것이라고 말하고 있다.

세나와 아볼로는 아마도 이 편지를 디도에게 전달할 사람들인 것 같다. 바울은 그들이 여행을 계속할 수 있도록 협조하라고 디도에게 부탁한다. 아마도 그들의 여행은 바울을 대신한 특별할 사명이었을 것이 분명하다.

빌레몬서

책 이름 영어 성경의 'To Philemon'을 한글 개역성경에서는 '빌레 몬서'라고 제목을 붙였다.

기록자 본서의 기록자는 바울이다.

기록 연대 A.D 62년경 로마의 옥중에서 바울은 본서를 기록한 것이다.

1. 빌레몬서의 기록 목적

빌레몬서에 나오는 오네시모는 빌레몬의 노예로서 빌레몬의 재산을 훔쳐 도망을 쳤다. 그 후 오네시모는 로마에서 비록 감금 생활을 하던 중, 비교적 자유롭게 사람을 만나며 전도하던 바울(행 28:30, 31)을 만나 회개하고 그리스도인이 되었다.

그 후 오네시모는 바울을 도와 복음 사역에 힘쓰는 하나님의 일꾼이 되었고, 또 바울에게 있어서는 없어서는 안 될 중요한 동역자가 되었다(1:11-13). 바울은 오네시모를 곁에 두고자 하여도 주인의 허락 없이는 그렇게 할 수 없었다.

또 오네시모도 언제 주인 빌레몬에게 잡히게 될지 모른다는 두려움 때문에 바울 곁에서 마음 놓고 하나님의 일을 할 수 없었다.

이에 바울은 이 모든 일을 원만히 해결하고자 오네시모를 그의 주인에게 보내면서 그의 주인인 빌레몬에게 오네시모를 용서해 줄 것과 그가 주의 일에 헌신할 수 있도록 허락해 줄 것을 요청하는 본 서신을 쓰게 된 것이다.

2. 빌레몬서의 짜임새

■ 빌레몬서는 '사랑과 용서'를 보여 준다.

서론 (1:1-3)	본론 (1:4-22)	결론 (1:23-25)
• 문안 인사	• 바울의 감사, 기도, 칭찬 • 오네시모를 위한 바울의 청탁 • 바울의 지불 보증	• 마지막 인사

3. 빌레몬서의 내용

1) 서론 (1:1-3)

바울은 대개 경우 문안 인사에서 자기가 사도인 것을 밝히고 있으나 본문에서는 자신을 '예수를 위하여 갇힌 자'로 소개하고 있다.

한편 빌레몬은 골로새 사람인 것이 분명하다. 그는 바울에 의해 복음을 듣고 기독교로 개종한 것으로 알려져 있다(1:19). 그리고 바울이 그를 사랑하는 자요, 동역자라고 한 것으로 보아 그는 매우 신실한 그리스도의 일꾼이었던 것으로 보인다. 또한 이러한 수식어를 사용하여 빌레몬을 높임으로써 바울은 오네시모에 대한 빌레몬의 관용을 이끌어 내려 했을 것이다.

또 자매 압비아는 빌레몬의 아내일 것이라는데 의견의 일치를 보고 있다. 그렇다면 바울은 오네시모가 빌레몬에게 돌아갔을 때 빌레몬의 아내가 좋은 중재 역할을 해주기를 기대하면서 본서에 그녀의 이름을 언급했을 가능성이 있다.

또 확실치는 않으나 아킵보는 빌레몬의 아들로 추측되고 있다. 이 사람은 본서에서 '함께 군사 되었다'라고 표현된 점과 골로새서 4장 1절에서 '교회의 지도자'라고 한 점으로 보아 충성스럽게 하나님의 일에 봉사한 훌륭한 일꾼이었던 것으로 보여 진다.

2) 본론 (1:4-22)

① 바울의 감사, 기도, 칭찬 (1:4-7)

당시 빌레몬의 믿음과 성도를 향한 사랑과 헌신에 대하여 감사와 칭찬을 아끼지 않는다. 이는 빌레몬이 평소에 가지고 있던 그러한 형제 사랑으로 오네시모까지도 용서하며 더 나아가 그를 복음의 일꾼으로 받아 주었으면 하는 바울의 간절한 염원을 반영한다.

바울은 빌레몬의 사랑과 믿음에 대하여 감사한다. 즉 빌레몬이 이웃에 대해 가지고 있는 사랑, 주 예수님께 대해 가지고 있는 믿음, 그리고 성도들의 마음이 빌레몬으로 인하여 평안을 얻게 된 사실로 인하여 기뻐하고 있다(1:7).

② 오네시모를 위한 바울의 청탁 (1:8-17)

바울은 그의 사도의 권위를 사용하여 빌레몬에게 오네시모를 영접하라고 명령할 수도 있었으나 이것은 옳지 않은 것이다. 바울은 빌레몬이 그의 영적인 생활에 있어서 더욱 높이 올라가기를 원했다. 이러한 연유로 바울은 은혜의 단어로 '간구한다' 는 말을 사용하고 있다(1:10).

바울의 호소는 몇 가지 요소들에 기초하고 있다. 첫째는 빌레몬이 지닌 그리스도인의 사랑에 호소하고 있는 점인데, 이 부분은 이미 칭찬을 받은 바 있다(1:3). 둘째는 바울은 불순종하는 노예를 믿음 안에서 그의 아들이라고 부르며, 오네시모가 이제는 그리스도 안에서 형제임을 상기시키고 있다.

③ 바울의 지불 보증 (1:18-22)

로마법에 의하면 지금 오네시모가 훔쳐간 돈 때문에 오네시모는 상당한 벌을 받고 심지어 죽을 수도 있다. 그런데 바울은 "내가 갚겠다."고 "내게로 회계하라."고 한다. 역시 19절에도 '친필로 쓴다'는 말은 '내가 빚을 갚겠다' 라는 말이다.

이것은 갈보리의 감동적인 모습을 다루는 복음적인 이야기이다. '전가하다' 라는 말은 '어떤 이의 구좌에 넣다' 는 뜻이다. 우리의 죄가 그리스도의 구좌에 넣어지고 그의 의가 우리의 구좌에 넣어졌다. 참으로 놀라운 은혜이다.

19절은 바울 당시 공식적인 차용 증서이다. 바울은 정말로 오네시모의 빚을 자신이 떠맡겠다는 것이다.

3) 결론 (1:23-25)

여기서 바울은 빌레몬에게 개인적인 부탁을 하면서(1:22) 이어 동역자들의 인사말을 전하며 축도로 본서를 끝맺는다.

이 본문에서 바울은 머지않아 자신이 출감하게 될 것을 알리고 빌레몬에게 자신이 출감한 후 거할 처소를 알아봐 달라고 부탁함과 동시에 빌레몬을 비롯한 골로새 교인들에게 바울이 골로새 교회를 방문할 수 있도록 기도해 달라고 부탁하였다. 한편 바울이 본서를 끝맺으면서 마지막 인사를 하며 동역자들의 인사까지도 전하고 있는 것은 다른 서신서의 마지막 부분에서도 볼 수 있는 사항이다(롬 16:21-23; 고전 16:19, 20; 골 4:10-17).

히브리서

책 이름 영어 성경은 제목을 '히브리인들'로 하고 있으며 한글 개역성경은 '히브리서'라고 한다.

기록자 히브리서는 '작자 미상'으로 보지만, 많은 이들이 '바울'일 것이라고 추정하고 있다.

기록 연대 대략 주후 67년~69년경으로 본다.

1. 히브리서의 기록 목적

이 편지를 처음 받은 히브리인의 신앙 상태가 부족한 점이 많으므로 그 잘못된 점을 교정하고 바로 나아갈 길을 지도해 주기 위하여 본서가 쓰여졌다. 히브리인은 처음에 바른 복음으로 전도를 받았고(2:1-4, 3:10) 받은 후에도 그다지 철저하지는 않았지만 바른 신앙을 가지고 있었다. 그러므로 격렬한 논쟁이나 엄혹한 책망이 아닌 정직한 격려와 친절한 권면을 준 것이다.

그러나 또한 외부의 핍박과 비방은 그치지 아니하고 내부에서 일어나는 의심과 오해도 가시지 아니한 상황이었으므로 성도들은 언제든지 시험에 빠질 수 있는 위험성이 있었기 때문에 바울은 배교의 무서운 결과와 하나님의 심판으로 경고한 것이다.

2. 히브리서의 짜임새

■ 히브리서는 '믿음'을 보여 준다.

하나님의 아들 그리스도 (1:1-4:16)	대제사장 그리스도 (5:1-7:28)	대제사장 그리스도의 사역 (8:1-10:39)	성도의 생활 (11:1-13:15)
• 예수 그리스도의 뛰어나심 • 예수 그리스도는 천사보다 뛰어나시다. • 예수 그리스도는 모세보다 뛰어나시다. • 예수 그리스도는 여호수아보다 뛰어나 시다.	• 대제사장의 자격 • 그리스도를 따라가는 신자 • 멜기세덱의 직분	• 새 성소와 새 언약 • 그리스도 제사장의 완전성 • 그리스도의 영원성	• 믿음 생활에 대하여 • 소망 생활에 대하여 • 사랑 생활에 대하여

3. 히브리서의 내용

1) 하나님의 아들 그리스도(1:1-4:16)

① 예수 그리스도의 뛰어나심(1:1-3)

히브리서의 서론 부분은 본서의 주제와 내용을 전체적으로 보여주고 있다.

② 예수 그리스도는 천사보다 뛰어나시다(1:4-14).

여기 본문의 내용은 예수 그리스도께서 천사와 비교해 볼 때 절대적으로 우위성을 가지고 계시다(1:4-2:18)는 부분의 일부이다. 특히 본 단락은 구약 성경 일곱 군데(시 2:7; 삼하 7:14; 시 87:7; 신 32:43; 시 104:4, 45:6-7, 102:25-27, 110:1)를 인용하면서 예수 그리스도는 천사보다 우월하심을 증명한다.

③ 예수 그리스도는 모세보다 뛰어나시다(3:1-19).

유대인들에게는 민족 해방을 이루고, 광야 40년 생활에서도 탁월하게 백성들을 인도한 모세보다 예수가 더 우월하시다는 것은 매우 흥미 있는 이야기이다.

④ 예수 그리스도는 여호수아보다 뛰어나시다(4:1-16).

히브리서 4장은 '예수 그리스도가 여호수아보다 뛰어나시다'는 것을 강조하면서 여호수아를 통해 히브리 민족이 가나안 안식에 들어오도록 했으나 모두 실패했음을 말하고 있다.

2) 인류의 대제사장 그리스도(5:1-7:28)

히브리서 5장 1절에서 7장 28절까지에서는 이렇게 우월하신 하나님의 아들 예수 그리스도께서 인류의 대제사장이 되셨음을 논하고 있다.

• 성경 전체를 놓고 볼 때 대제사장의 제도를 세 가지로 구분할 수 있다.

첫째 : 출애굽 이전의 멜기세덱과 같은 대제사장(창 14:7-20; 시 110:4; 히 7:1-3)

둘째 : 출애굽 이후의 아론과 같은 대제사장(출 29:44; 민 17:1-13)

셋째 : 예수님의 승천부터 재림까지의 예수님과 같은 대제사장(히 14:14-16, 5:5)

• 멜기세덱과 그리스도의 공통점

첫째 : 멜기세덱이 성서에 단 한번 나타난 것처럼(창 14:18 이하) 그리스도의 제사직은 단 한번이다(히 9:12).

둘째 : 멜기세덱이 무시무종한 수수께끼의 인물인 것처럼 그리스도는 영원하신 하나님이시며 신비로운 존재이시다.

셋째 : 멜기세덱이 제사장인 동시에 왕인 것처럼 그리스도도 제사장이시며 영원하신 왕이시다.

넷째 : 멜기세덱이 율법 이전의 인물인 것처럼 그리스도도 율법 이전에 계셨고 또한 율법의 완성자이다.

다섯째 : 아론이 양과 소를 바치고, 아브라함은 떡과 포도주를 바쳤다. 이것들은 그리스도의 살과 피의 그림자이다.

3) 인류의 대제사장이신 그리스도의 사역(8:1-10:39)

①8장에서는 과거 인간 대제사장들이 율법의 지시에 따라 이 땅의 장막에서 짐
승으로 제사함으로써 불완전한 속죄 중보 사역을 하였던 것과 달리, 완전한 대
제사장이신 그리스도께서는 더 좋은 새 언약에 따라 하늘의 참 장막에서 완전
하게 중보 속죄 사역을 행하심을 밝히고 있다.

②9장에서는 불완전한 첫 언약에 따른 동물 희생 제사에 비해 완전한 새 언약에
따라 완전한 제사장이신 그리스도에 의해 완전한 제물이신 그리스도의 희생
으로 드려진 피 제사는 한번으로 완성된 제사임을 강조하며 밝히고 있다.

③10장에서는 그림자에 불과했던 첫 언약의 제사와 달리 그리스도의 완성된 제
사는 시간적으로 영원성을 지니고 있다는 것을 밝히고 있다.

4) 성도의 생활 (11:1-13:25)

①11장은 '믿음' 을 강조한다.

믿음의 정의와 믿음의 사람들을 소개한다.

②12장은 '소망' 을 강조한다.

믿음의 주를 소망하면서 승리하는 삶을 살아야 한다.

③13장은 '사랑' 을 강조한다.

형제 간에 서로 사랑할 것에서 부터 복음 전하는자를 사랑할 것까지 강조한
다.

야
고
보
서

책 이름   한글 개역성경에서는 '야고보서'를 본서의 제목으로 삼고 있다.

기록자   본서의 1장 1절에서 예수님의 형제인 야고보가 본서의 기록자라고 밝히고 있다.

기록연대   본서는 A.D 62년 이전에 기록되었다고 추정한다.

1. 야고보서의 기록 목적

야고보서는 가혹한 핍박을 당하며 신앙적으로 매우 어려운 상태에 있을 뿐만 아니라 믿음으로 구원을 얻는다는 교리를 오해하여 믿음만을 강조하고 실천적인 신앙생활을 등한시했던 디아스포라 지역 내에 있는 유대 출신 성도들에게 고난을 인내로써 극복하도록 격려하며 실천적 신앙생활을 촉구하기 위해 쓰여졌다.

2. 야고보서의 짜임새

■ 야고보서는 '성숙한 사람'을 보여 준다.

성숙한 사람과 시련 (1:1-27)	성숙한 사람과 믿음 (2:1-26)	성숙한 사람과 말 (3:1-18)	성숙한 사람과 삶 (4:1-17)	성숙한 사람과 재림 (5:1-20)
• 문안 • 시련의 목적 • 시련의 극복 • 시련의 유래 • 시련을 이기는 방법	• 믿음을 사랑으로 보이라. • 믿음을 행함으로 보이라.	• 선생과 말 • 말과 비유 • 참된 지혜	• 개인적인 권면 • 성도간의 비방에 대한 권면 • 세속적인 삶의 권면	• 불의한 부자 • 주 오실 때까지 인내하라. • 헛 맹세를 하지 말라. • 시련당할 때 기도

성숙한 사람과 시련 (1:1-27)	성숙한 사람과 믿음 (2:1-26)	성숙한 사람과 말 (3:1-18)	성숙한 사람과 삶 (4:1-17)	성숙한 사람과 재림 (5:1-20)
				하라. • 죄에 빠진 형제를 　구하라.

3. 야고보서의 내용

1) 성숙한 사람과 시련 (1:1-27)

① 시련의 목적(1:2-4)

　　야고보는 이 글을 '흩어져 있는 열두 지파'에게 보낸다고 밝히고 있다. 그리고 "여러 가지 시험을 만나거든 기쁘게 여겨라."고 권면한다.

② 시련의 극복 방법(1:5-12)

　　시련이 닥칠 때 극복할 수 있는 지혜가 있어야 하며, 하나님을 확신하는 믿음이 있어야 한다.

③ 시련의 유래(1:13-18)

　　시련은 '욕심' 때문에 오는 것이다.

④ 시련을 이기는 방법(1:19-27)

　　시련을 이길 수 있는 방법을 여러 가지 풍유로 이야기하고 있다.

- 듣기는 속히 하되, 말하기와 성내기는 더디 하라.
- 악을 버리고, 말씀을 듣고, 온유함으로 말씀을 받아 들여라.
- 말씀을 듣는 것으로 그치지 말고 행하는 자가 되라.
- 행함의 구체적인 예는 고아와 과부를 그 환난 중에서 돌아보는 것과 자신을 세속에 물들지 않게 하는 것이다.

2) 성숙한 사람과 믿음(2:1-26)

① 믿음을 사랑으로 보이라(2:1-13).

- 신앙이 성숙한 사람은 다른 사람을 외모로만 취하지 않는다.
- 6절의 '부자' 들은 자기들의 기득권을 가지고 이웃을 압제했다. 그리고 10-
  11절은 사람을 외모로 취하지 말라는 말씀을 뒷받침해 주는 부분이다.
- 12절의 '자유의 율법' 은 1장 25절의 '온전한 율법' 과 같은 말인데 이 말은
  자유하게 하는 '그리스도의 복음' 을 말하는 것으로, 성도들은 하나님의 긍
  휼로 구원 받았으니 우리도 긍휼을 베풀라는 것이다.

② 믿음을 행함으로 보이라(2:14-26).

이 본문에서는 야고보서의 주제인 '믿음과 행함' 의 문제를 다룬다. 여기에
서 크게 문제가 되는 것은 오직 '믿음으로 구원' 받는 것을 부르짖는 바울(롬
3:21-22; 갈 2:16; 엡 2:8)의 복음과 어떻게 조화시키느냐는 것이다.

- 바울은 하나님 앞에서 칭의를 말하고 있는 반면, 야고보는 사람 앞에서 의
  롭다함을 말한다.
- 바울은 우리가 믿음으로 말미암아(by) 의롭다함을 받는다고 했고, 야고보
  는 우리가 행함으로 인해(for) 의롭다함을 받는다고 했다.
- 바울은 칭의의 구원에 관심이 있었고, 야고보는 칭의의 열매에 관심을 나타
  낸 것이다.

그래서 모든 '믿음' 은 '행함' 으로 온전케 입증되는 것이다.

3) 성숙한 사람과 말(3:1-18)

① 선생과 말(3:1-2)

선생은 말을 조심하지 않으면 '더 큰 심판' 을 받는다.

② 말(혀)의 비유(3:3-12)

재갈과 키 비유, 불과 짐승들 비유, 샘과 나무 비유

③ 참 지혜(3:13-18)

거짓 지혜(시기, 다툼, 편벽, 거짓 등)와 참 지혜(성결, 화평, 관용, 양순, 긍휼 등)를 비교한다.

4) 성숙한 사람과 구별된 삶 (4:1-17)

① 성도 간의 다툼(4:1-10)

성도의 다툼은 '하나님께서 주시는 신령한 은사를 사모하지 아니하고 세상의 헛된 것을 추구하는 그릇된 욕심' 때문이다.

② 비방을 버리라(4:11-17).

율법을 어기기 때문이다(율법은 형제를 사랑하라고 했다). 하나님의 주권을 침범하는 것이다(인간을 주관하시는 분은 오직 하나님이시다).

5) 성숙한 사람과 주의 재림 (5:1-20)

① 불의한 부자를 조심하라(5:1-6).

야고보는 이미 두 번이나 부자에 대해 말했다(1:10, 2:2). 여기서 야고보는 "재물을 쌓아 두었다, 정당한 임금을 지불하지 않았다, 사치하고 낭비하는 생활을 했다, 옳은 자를 정죄했다."는 네 가지 사항을 지적한다.

② 주 오실 때까지 인내하라(5:7-11).

주님의 오실 날이 멀지 않았기 때문에 농부가 땅에 귀한 열매를 심어 놓고 기다리는 것처럼 기다리라는 교훈이다.

③ 시험당할 때 기도하라(5:12-20).

헛 맹세를 하지 말 것과, 고난당하는 자를 위해 기도할 것과, 즐거운 일을 만나면 찬송할 것과, 병든 자를 위해 기도할 것을 교훈하며 죄에 빠진 형제를 구하라는 부탁이다.

베 드 로 전 서

책 이름 본서는 영어 흠정역의 '베드로의 공동 서신'을 한글 개역
성경은 '베드로전서'를 제목으로 한다.

기록자 베드로전서의 저자에 관하여는 베드로가 썼다는 설이 통상
적으로 받아들여지고 있다.

기록연대 본서의 저자 베드로가 순교하기 전 A.D 64년경에 썼다.

1. 베드로전서를 쓴 목적

A.D 64년 로마시에서 시작된 네로 황제의 기독교 박해는 점점 심해지고 있었다. 특히 이들의 핍박 원인은 베드로의 교훈에 비추어 볼 때 두 가지인데, 첫째는 성도들의 삶의 양식이 그곳 이방인들의 삶과 전혀 다르다는 것이다. 즉 소아시아 지역의 성도들이 과거 저들이 섬기던 우상을 버리고 세상 연락과 음란, 정욕 등에서 떠나고 또 그 같은 행위들을 일삼는 친구들과의 관계를 끊었다는 이유로 비방을 들었다(2:12, 3:9, 16).

둘째는 구약 시대에서 신약시대로 옮겨가는 과정에서 아직 정리 되지 못한 채 당시 소아시아 교회들이 정부와 신분상 상전인 이방인들과의 관계에 있어서 많은 갈등을 일으켰다는 것이다(2:13-20).

이에 베드로는 소아시아 교인들에게 언제 들이 닥칠지 모르는 핍박을 대비하는 차원에서 성도들을 위로하고 격려하기 위하여 본서를 쓰게 된 것이다.

12. 베드로전서의 짜임새

■ 베드로전서는 '소망 가운데 인내하라'를 보여 준다.

그리스도인의 구원 생활 (1:1-12)	그리스도인의 고난 생활 (1:13-4:19)	그리스도인의 헌신 생활 (5:1-14)
• 구원의 기초 • 구원의 찬송	• 그리스도인의 성결 생활 • 그리스도인의 순복하는 생활 • 그리스도인의 고난 극복 생활	• 지도자들의 헌신 생활 • 성도들의 헌신 생활 • 권면 및 문안 인사

3. 베드로전서의 내용

1) 그리스도인의 구원 생활 (1:1-12)

① 구원의 기초(1:1-2)

베드로는 자신이 사도임을 말하면서 '흩어진 자들' 즉, '디아스포라'에게 편지를 쓴다고 했다. 그리고 성도들이 흩어진 이유는 '복음의 씨를 뿌리기 위해서'라고 밝히고 있다.

② 왜 고난 중에도 찬송을 하는가?(1:3-6)

예수 그리스도께서 부활하셨기 때문이다. 그리고 거듭나게 하셨기 때문이며, 기업을 잇게 하셨기 때문이다. 또한 하나님의 능력으로 보호하시기 때문이다.

③ 구원의 찬송(1:7-12)

현재 받고 있는 성도의 고난은 장차 그리스도가 재림하실 때, 큰 영광과 칭찬과 존귀를 얻게 하는 것이다. 그리고 보지 못한 예수지만 그를 믿고 사랑함으로 구원을 받는다는 이 복음은 이미 구약시대 선지자들이 성령의 계시를 받아 증거한 것으로 참되고 확실하다고 강조하여 말하고 있다.

2) 그리스도인의 고난 생활(1:13-4:19)

① 거룩한 생활에 힘쓸 것(1:13-25)

마음의 허리를 동여야 하며, 순종해야 하며, 사욕을 본 삼지 말아야 하며, 나 그네로 있을 때에 두려움으로 지내야 한다. 그리고 믿음과 소망을 하나님께 두어야 하며, 형제 사랑에 힘써야 한다.

② 하나님의 백성으로 성장해야 한다(2:1-10).

- 신앙 성장의 세 단계

버릴 것을 버려야 하고(2:1), 사모할 것을 사모해야 하고(순전하고 신령한 젖인 말씀)(2:2), 자라게 해야 한다(2:2 하; 골 1:10; 엡 4:15; 벧후 3:18).

- 성도들의 신분

우리들은 산돌이다(2:5). 그리고 신령한 집(성전)이고(고전 3:16-17), 거룩한 제사장이다(히 10:19-20).

③ 순복하는 생활을 잘 해야 신앙 성장이 온다(2:11-3:12).

- 하나님께 순복하는 생활(2:11-12)
- 권세에 대한 순복(세상의 모든 제도)(2:13-17)
- 주인에 대한 순복 생활(2:18-25)
- 가정에서 순복하는 생활(3:1-7)
- 교회에서 순복하는 생활(3:8-12)

④ 선을 행함으로 받는 고난(3:13-17)

- 핍박하는 자를 두려워하지 말고 오히려 적극적으로 선을 행하며 선한 양심을 가져야 한다.
- 핍박하는 자가 핍박을 해 올 때, 오히려 그때를 그들에게 복음을 전파하는 좋은 기회로 삼아야 한다.

⑤ 그리스도의 고난 극복 생활 (3:18-22)

이 구절은 예수 그리스도 이전 시대 중에서 노아 시대를 대표적으로 설명하

신약핵심정리

고 그리고 후 시대는 현대를 살고 있는 우리들이라는 말이다.

- 19-20절의 해석

  첫째 : 예수께서는 인간의 영역에서 죽임을 당하셨으나 부활의 영역에서 다시 사서서 타락한 천사들에게 자신의 승리를 선포하셨다(창 3:15).

  둘째 : 옛날 노아 시대 때 노아의 전도를 듣지 않던 사람들이 현재 지옥에 갇혀 마지막 심판을 기다리고 있는데 예수 그리스도께서 성령을 통하여 노아의 입으로 노아 시대 사람들에게 경고하셨다.

⑥ 고난을 맞은 성도의 태도와 대비책(4:1-17)

　고난을 당할 때 그리스도를 본받아야 하며, 이방인의 때로 돌아가지 말아야 한다. 그리고 성도들과 교제를 잘 나누어야 한다. 또한 고난을 각오하고, 기뻐하고, 즐거워하고, 대비책을 세워야 한다.

3) 그리스도인의 헌신 생활(5:1-14)

① 지도자들의 헌신 생활(5:1-4)

　자원하는 마음으로 헌신해야 하며, 즐거운 마음으로 헌신해야 하고, 양 무리의 본이 되어야 한다.

② 성도들의 헌신 생활(5:5-9)

　순복하는 생활을 하여야 하며, 겸손한 생활을 하여야 한다. 그리고 모든 염려를 주께 맡겨야 하며, 마귀를 대적하는 생활을 하여야 한다.

③ 마지막 약속(5:10-14)

　잠깐 고난을 당하면 영원한 영광이 온다.

베
드
로 후
서

책 이름   본서는 영어 흠정역의 '베드로의 두 번째 공동서신'을 한
         글 개역성경에서 '베드로후서'라고 표기했다.
기록자   본서는 예수 그리스도의 종이며 사도인 시몬 '베드로.'(1:1)
         에 의해 쓰여진 것이다. 그리고 베드로는 이 편지가 두 번
         째 편지라고 밝히고 있다(3:1).
기록연대 본서는 전서가 기록된 직후부터 유다서의 기록 전인 A.D
         66-67년경으로 본다.

1. 베드로후서를 쓴 목적

앞서 기록한 베드로전서는 '교회의 외부적 위기' 즉 교회에 대한 박해를 다루고 있
는 반면에 본서는 '교회의 내부적 위기'를 다루고 있다. 즉 교회 안에 거짓 교사들이
일어나서 모든 것이 하나님의 은혜로 되었으므로 성도들은 윤리적으로 살 필요가 없
다는 등의 거짓을 가르침으로 심각한 영향을 끼치고 있다.

그래서 베드로는 성도들에게 '진리를 분별할 줄 아는 지식'을 소유할 것을 가르친
다. 본서는 '안다'와 '지식'이란 말이 16번이나 나온다.

그리고 주의 재림에 대해 회의적인 태도를 보이며, 오히려 주의 재림을 대망하며 경
건에 힘쓰는 성도들을 조롱하는 무리들이 나타났으므로 이런 이단들을 멀리하라고 당
부한다.

2. 베드로후서의 짜임새

■ 베드로후서는 '예수 그리스도를 아는 지식'을 보여 준다.

그리스도인의 성결한 생활 (1:1-21)	거짓 선생에 대한 경고 (2:1-22)	그리스도 재림에 대한 확신 (3:1-18)
• 성결한 생활의 근거 • 성결한 생활의 덕목 • 성결한 생활의 지속성 • 성결한 생활과 재림의 확실성	• 거짓 선생들의 속성 • 거짓 선생들의 심판 • 거짓 선생들의 부도덕한 생활 • 거짓 선생들의 최후의 상태	• 이단들에 대한 경고 (기억하라) • 그리스도의 재림이 늦어지는 이유(잊지 마라) • 그리스도 재림에 대한 대망 (힘쓰라) • 그리스도 재림에 대해 성경을 곡해하지 말라(삼가하라).

3. 베드로후서의 내용

1) 그리스도인의 성결한 생활(1:1-21)

① 문안 인사와 성결한 생활의 근거(1:1-4)

- 보배로운 믿음은 하나님과 예수 그리스도의 의를 힘입어 된 것으로 하나님의 선물이고, 은혜와 평강을 가져다 준다.
- 그의 신기한 능력으로 우리는 생명과 경건을 얻게 되고, 우리를 부르신 자를 알게 되고, 보배롭고 지극히 큰 약속을 얻게 되며, 신의 성품에 참예케 된다.

② 성결한 생활의 덕목(1:5-11)

- 덕목 8가지는 믿음, 덕, 지식, 절제, 인내, 경건, 형제우애, 사랑이다.
- 생활의 결과는 흡족한 생활이다. 즉 그리스도를 아는데 부지런해지고, 열매를 맺고, 영적 눈이 밝아지고, 실족지 않게 되고, 영원한 나라에 들어간다.

③ 성결한 생활의 지속성(1:12-15)

- 12절의 "이것을 알고"란 5-7절의 8가지 덕목을 말한다.
- 13절의 "이 장막"이란 우리의 '육체'를 말한다.

④ 성결한 생활과 재림의 확실성(1:16-21)

- 16-18절은 베드로가 경험한 변화산의 사건을 말하며(마 17:1-8), 이는 예수 그리스도의 재림을 확신하는 말이다.
- 성경은 자기 뜻대로 풀어서는 안된다. 성령의 조명을 받아야 한다.

2) 거짓 선생에 대한 경고(이단) (2:1-22)

구약 시대에도 이스라엘 민간에 하나님으로부터 신탁을 받지 않고 자기 마음 대로 예언한 거짓 선지자들이 많이 있었다(겔 13:1-23).

이들도 하나님의 이름으로 예언하고, 하나님의 이름으로 역사와 사건을 해석 했지만 하나님의 참된 뜻을 밝히기 보다는 교묘한 방법으로 하나님의 뜻을 왜곡 하고 많은 백성들을 그릇된 길로 인도했다.

베드로는 이러한 거짓 선지자들이 형태와 방법은 틀리지만 이 시대에도 똑같 이 교회 안에 침투하여 교회와 교인들을 혼란케 만들고 있다고 말한다. 그러므로 온 성도들은 이들의 정체와 속성을 잘 파악하여 이들의 꾀임에 속지 말라고 권고 하고 있다.

① 거짓 선생들의 속성(2:1-3)

거짓 선생들은 자기를 사신 주를 부인하는 자들이며, 호색(종교적)하는 자 들이며, 탐심이 많은 자들이다.

② 거짓 선생들의 심판(2:4-9)

이들은 범죄한 천사들이며, 이들은 노아의 홍수 때와 소돔과 고모라 성의 경 건치 아니한 자들과 같다.

③ 거짓 선생들의 부도덕한 생활(2:10-19)

이들은 종교적으로 하나님 앞에서 교만하며(2:10-12) 도덕적으로는 극도로 방종했다(2:13-16). 그리고 인간적으로는 초신자를 미혹한다(2:17-19).

④ 거짓 선생들의 최후 상태(2:20-22)

그 나중 형편이 처음보다 더 심하게 된다(일곱 귀신, 마 12:43-45). 모르는 편이 더 나은 편이 된다(요 9:41). 그리고 개나 돼지보다 못한 자가 된다(잠 26:11; 마 7:6).

3) 그리스도 재림에 대한 확신 (3:1-18)

① 이단들에 대한 경고(기억하라)(3:1-7)

진실한 말씀을 일깨워야 하고, 선지자가 예언한 말씀을 기억해야 하고, 주께서 사도들을 통하여 하신 말씀을 기억해야 한다.

② 그리스도의 재림이 늦어지는 이유(잊지 말라)(3:8-10)

모두 구원시키기 위하여 늦어진다.

③ 그리스도 재림에 대한 대망(힘쓰라)(3:11-14)

거룩한 행실과 경건함으로 그날의 임함을 사모해야 한다. 그리고 점도 없고 흠도 없이 주님께 나타나기를 힘써야 한다.

④ 재림에 대한 성경을 곡해하지 말라(삼가라)(3:15-18).

주님의 재림을 기쁨으로 맞이하기 위하여 '믿음 생활에 힘쓰고', '인내심을 가져야 하고', '신앙이 자라야 한다.'

요한일서

책 이름   본서는 신약성서의 요한 서신 가운데 '첫 번째 서신'이므로 '요한일서'라고 한 것이다.

기록자   본 서신의 기록자는 요한복음의 기록자와 동일 인물인 사도 요한이다

기록연대   본 서신은 A.D 90-95년 사이에 쓰여졌다.

신약핵심정리

1. 요한일서의 기록 동기와 기록 목적

본서가 기록될 당시는 오순절 성령 강림으로 교회가 설립된 지 약 50년 정도가 경과된 때로 초대 교회 대내외적으로 어려움을 겪고 있었던 때이었다.

특히 초대 교회는 이단의 공격으로 인하여 내적으로 심한 갈등을 겪고 있었고, 그 중에서도 헬라 철학의 영향을 받아 영과 육을 분리하여 생각하는 이원론적 사상에 근거하여 예수 그리스도의 성육신을 부인하고, 구원은 육체와 상관없으며 육체는 다만 악한 것이라고 생각하여 육체의 타락과 죄악에는 아랑곳하지 않는 도덕률 폐기론으로 기독교 윤리를 파괴하려는 영지주의 이단의 심각한 도전이 있었다. 그래서 사도 요한은 올바른 그리스도관을 가르치고, 이단 사상이 틀렸음을 밝혀내고, 오직 하나님의 아들이신 예수 그리스도를 통하여 영생을 얻는다는 진리를 보여 주기 위하여 본서를 기록했다.

2. 요한일서의 짜임새

■ 요한일서는 '그리스도의 사랑과 사귐'을 보여 준다.

생명의 말씀 (1:1-4)	하나님은 빛이시다 (1:5-2:29)	하나님은 사랑이시다 (3:1-4:21)	믿음으로 얻어지는 영생 (5:1-21)

• 체험되어진 것
• 우리에게 나타나신 것
• 우리들의 사귐의 원천
• 이로 기쁨이 충만해짐
	• 빛 가운데로 행하라.
	• 말씀대로 행하라.
	• 형제를 사랑하라.
	• 세상을 사랑하지 말라.
	• 적그리스도를 경계하라.
		• 자기를 깨끗게 하라.
		• 사랑하는 이유와
		  방법을 알라.
		• 영을 분별하라.
		• 사랑의 근원을 알라.
		• 우리도 서로 사랑하라.
			• 믿음으로만 세상을 이긴
			  다.
			• 믿음의 대상 그리스도
			• 믿음의 결과로 얻어지는
			  영생
			• 새 생명을 얻은 자의 생활

3. 요한일서의 내용

1) 생명의 말씀(1:1-4)

　① '생명의 말씀'에 분명한 사도(1:1)

　　말씀을 분명히 들었고, 보았고, 주목했고, 만져보았다.

　② 증거하는 목적은 '사귐과 기쁨'이다.

2) 하나님은 빛이시다(1:5-2:29).

　① 빛 가운데 행하라(1:5-10).

　　빛 가운데 행하면 '하나님과 사귐'이 있고, '죄 없다' 하지 않고, '죄를 자백'

　　하고, '범죄' 하지 아니한다.

　② 말씀대로 행하라(2:1-6).

　　우리들이 구속함을 받았으면 계명(말씀)을 지켜야 한다. 그리고 주님께서는

　　우리들을 구속하시기 위하여 대제사장, 예언자, 화목제물이 되신 것이다.

　③ 형제를 사랑하라(2:7-11).

빛 가운데 사는 성도는 형제를 사랑해야 한다. 그리고 옛 계명(구약)과 새 계명(신약)은 '사랑'의 계명이다.

④ 세상을 사랑하지 말라(2:12-17).

성도는 세상을 도피하면 안된다(요 17:15, 18). 성도는 세상과 짝해서도 안된다(고전 1:2; 고후 6:14). 성도는 세상을 변화시켜야 한다(빌 2:10-11).

⑤ 적그리스도를 경계하라(2:18-29).

적그리스도는 예수의 '신성'을 부인한다(2:22). 그리고 예수의 '인성'도 부인한다(4:2-3).

3) 하나님은 사랑이시다(3:1-4:21).

① 자기를 깨끗케 하자(3:1-12).

우리는 하나님의 자녀이다. 하나님의 자녀는 자기를 깨끗케 한다. 그리고 형제를 사랑한다.

② 사랑하는 이유와 방법을 알자(3:13-24).

형제 사랑의 이유는 '십자가의 대속'이고(3:13-16), 형제 사랑의 방법은 말과 혀가 아니고 '행함과 진실'이다(3:17-20). 그리고 형제 사랑의 결과는 '담대함과 기도의 응답'을 받는 것(3:21-24)이다.

③ 영을 분별하자(4:1-6).

성도의 사랑의 실천은 하나님의 말씀에 근거한다. 또한 말씀을 부인하면 참 사랑이 나올 수 없다. 참 진리를 사수하기 위하여 성도들은 영적 투쟁을 하여야 한다.

④ 사랑의 근원을 알자(4:7-21).

하나님은 사랑이시다(4:8). 하나님은 우리 죄를 위해 독생자를 화목제로 주셨다(4:10). 그러므로 우리도 서로 사랑해야 한다(4:11).

4) 믿음으로 얻어지는 영생(5:1-21)

① 믿음으로만 세상을 이긴다(5:1-5).

우리들의 믿음은 하나님과 예수를 아는 믿음이다. 그리고 이 믿음이 세상(마귀)을 이긴다.

② 믿음의 대상인 그리스도(5:6-12)

물(마 3:11; 엡 5:26; 마 3:17), 피(요 8:28, 12:28-33; 히 9:22), 성령(요 14:16, 16:8), 이 세 가지는 그리스도의 사역을 증거한다.

요한복음 19장 34-35절은 요한일서 5장 6절과 연관되어지며, 그리고 구약 성막의 놋 제단(피)과 물두멍(말씀과 물)과도 상징적으로 연관이 되는 것이다.

③ 믿음의 결과로 얻어지는 영생(5:13-17)

예수 그리스도를 구주로 믿는 자에게 주어지는 축복은 영생과 담대함으로 하나님 앞에 나아가 기도할 수 있고 또 기도 응답을 확실히 받는 하나님과의 참된 교제임을 말한다(5:13-15).

믿는 형제들 가운데 특별히 범죄한 자들 즉 사망에 이르지 않는 죄를 범한 자들을 위하여 기도할 것을 명령하고 있다(5:16-17).

④ 이 생명을 얻은 자의 생활 (5:18-21)

18-20절에 '안다'는 말이 3번 나오는데, 하나님께로서 난 자마다 범죄하지 않는다. 21절은 마지막 권면인데 "자녀들아 너희 자신을 지켜 우상에서 멀리하라"로 끝을 맺는다.

요
한
이
서

책 이름 본서는 신약성경 중 가장 짧은 책으로 모두 13절로 되어 있으며 요한의 서신 중 두 번째 책이므로 '요한이서'라고 한다

기록자 본 서신은 전통적으로 사도 요한이 기록한 것으로 알려져 있으며, 요한일서와 문체나 단어가 비슷하다.

기록연대 본 서신은 요한일서와 비슷한 연대의 기록이므로 A.D 90-95년경으로 볼 수 있다.

1. 요한이서의 기록 동기와 목적

본서는 요한일서의 기록 직후 쓰여졌으며 요한일서를 보충하는 형식으로 쓰여졌다. 무엇보다 예수 그리스도의 성육신을 부인하고 성도들을 도덕적 방종에로 유혹하는 등의 모든 이단 사상을 경계하기 위하여 기록되었으며 또한 그리스도의 복음에 근거한 바른 신앙을 정립하고 하나님의 계명의 핵심인 사랑을 실천하는 삶을 살도록 권면하기 위해 기록되었다.

그리고 초대 교회의 상황을 악용하여 자신들의 사리사욕을 채우려는 적그리스도(Anti-Christ) 이단자들을 경계하기 위하여 기록된 것이다.

2. 요한이서의 짜임새

■ 요한이서는 '적그리스도'를 보여 준다.

진리와 사랑 (1:1-3)	적그리스도 (1:4-11)	기쁨을 충만케 하라 (1:12-13)
• 장로	• 진리 안에서 갖는 사랑	• 너희와 면대하리라.

진리와 사랑 (1:1-3)	적그리스도 (1:4-11)	기쁨을 충만케 하라 (1:12-13)
• 택하심을 입은 부녀와 자녀 • 진리와 사랑	• 미혹하는 적그리스도 • 적그리스도를 대하는 방법	• 기쁨을 충만케 하리라. • 네게 문안한다.

3. 요한이서의 내용

1) 진리와 사랑(1:1-3)

① 장로

　　요한은 자기 자신의 사도적 권위를 내세우지 않는다. 단지 '연장자' 혹은 '영적 지도자' 로 말을 한다.

② 택하심을 입은 부녀와 자녀

　　본서의 수신자를 사랑 어린 어조로 '부녀와 자녀' 라고만 했다.

③ 진리와 사랑

　　'진리와 사랑' 은 요한일서와 그 흐름의 맥을 같이하고 있다. 요한일서는 사랑을 강조하는데 역시 본문에서도 4-6절까지 사랑을 강조하고 있다.

2) 적그리스도(1:4-11)

① 진리 안에서 갖는 사랑(1:4-6)

　　요한은 본서의 수신자들이 하나님께로부터 받은 계명대로 진리 안에서 행한 사실에 대해 기쁨을 표현한다(1:4). 그리고 본서의 수신자들로 하여금 그 계명에 순종하여 더욱 사랑을 실천할 것을 권면한다(1:5-6). 그리고 진리 안에서 사랑을 실천할 것에 대한 언급은 초대 교회 당시 이단의 대표였던 영지주의를 염두에 둔 교훈이다.

② 미혹하는 적그리스도(1:7-9)

　　사도 요한은 하나님의 계명에 순종하는 길은 사랑의 실천이라는 것을 강조한다(1:4-6). 그러나 본문은 하나님의 계명을 순종하지 않고 방종한 삶을 살면서도 사랑이라는 미명하에 거짓 가르침을 전하며 자신들을 영접할 것을 요구하는 적그리스도를 경계하도록 권면하는 부분이다.

원래 유대인들은 전통적으로 손님을 접대하는 이웃 사랑의 실천을 그들의 큰 미덕으로 생각했다(창 18:2-7). 이런 전통은 초대 교회 안에서도 그대로 실천되었다. 즉 이런 이유에서 신약 성경도 손님 대접에 대해 누차 강조하고 있는 것이다(눅 9:3-5, 10:7-11; 롬 12:13; 히 13:2).

그런데 문제는 이런 초대 교회의 아름다운 전통을 악용하여 거짓 교사, 곧 적그리스도들이 참 전도자로 가장하여 성도들의 집을 방문하면서 거짓 진리를 가르치고 성도들을 미혹하고 있었다. 그래서 사도 요한은 본문에서 적그리스도의 정체를 밝히며(1:7), 적그리스도에게 미혹되지 말라고 권면한다(1:8-9).

* 이단을 경계하자 *

① 이단의 특징
- 교주나 대표자가 정규 신학 교육을 받지 못했고, 성경을 자기들이 받은 계시 시대로 해석한다.
- 성경 말씀을 가 · 감하거나 제멋대로 푼다.
- 시대의 위기 의식을 강조한다.
- 교주를 신격화 한다.
- 기성 교회를 비판하고 교역자들을 비판한다.
- 현실을 부인하고 내세를 지나치게 강조한다.
- 물질에 초월한 것처럼 내세우면서 모든 재산을 강탈한다.
- 반윤리적 행위를 하며 가정을 파괴시킨다.

② 이단을 분별하는 방법

- 성경에 없는 말을 하는지 살펴야 한다.
- 성경을 가 · 감하는지 살펴야 한다(신 4:12; 계 22:18-19).
- 거짓 예언인지, 환상을 좋아하는지, 신도를 황홀지경에 빠뜨리는지를 살펴야 한다.
- 한때 이단에 빠졌었는지 살펴야 한다.
- 종말론 교리 중 시한부 재림 및 재림 일자를 못 박아 놓는다.

③ 이단을 막아내는 길
- 이단의 실체를 바로 알아야 한다.
- 집안으로 받아들이지 말아야 한다.
- 인사도 하지 말아야 한다.
- 근신하여 깨어 있어야 한다.

3) 기쁨을 충만케 하라(1:12-13).

① 너희와 면대하리라.
- 여기 '면대하여' 란 '입과 입을 대하여' 란 뜻이다. 요한은 글로 쓰는 것 보다 서로 만나 이야기하겠다는 대화의 필요성을 표현했다.
- 글로 쓰는 것보다는 직접 대화하는 것이 더 친밀감이 있다(민 12:8).

② 너희 기쁨을 충만케 하리라.
- 요한은 직접 이들에게 가서 기쁨을 충만케 하기를 원했다.
- 우리들의 기쁨은 '그리스도를 만난 것' 이 기쁨이고, '복음을 만난 것' 이 기쁨이고, '거룩한 성도들과의 만남' 이 기쁨이다.

③ 네게 문안한다.

이들은 요한이 머물렀던 에베소 교회의 성도들을 말하고 있다.

요
한
삼
서

책 이름   본서는 신약성경의 요한 서신 가운데 '세 번째 서신'이므로 '요한삼서'라고 한 것이다.

기록자   본 서신의 기록자는 요한이서의 기록자와 동일 인물인 사도 요한이다.

기록연대   본 서신은 A.D 90-95년 사이에 쓰여졌다.

1. 요한삼서의 기록 동기와 목적

본 서신이 기록될 당시 대외적으로는 도미티아누스의 핍박이 있었고, 대내적으로는 교회 안에 침투해 온 각종 이단과 사도들의 순교 등으로 지도자가 부족할 때이다. 당시에는 순회하면서 복음을 증거하는 참 증거자가 있는가 하면, 순회 전도자를 빙자하여 성도들을 유혹하는 자들도 있었다. 이런 때에 사도 요한은 가이오 및 데메드리오 같은 참 전도자와 교회 안에서 으뜸이 되려고 하는 디오드레베를 비교하면서 참신한 신앙을 촉구하기 위하여 요한삼서를 기록하였다.

그리고 주의 사역자들을 후대하라고 말한다. 즉 헌신된 목회자를 돌보며 하나님 나라의 확장 사역에 동참하라는 것이다(눅 10:4-11). 그리고 교만을 버리고 겸손하라고 말한다. 디오드레베처럼 교만하면 하나님께 버림을 받을 뿐 아니라 사탄의 뜻을 따르는 것이라고 경고한다(빌 2:6-10). 또한 선을 본받고 실천하는 자가 되고 진리를 아는 것에 머물지 말고 실천에 옮기라고 권고한다(마 7:16-20).

2 요한삼서의 짜임새

■ 요한삼서는 '진리 안에서 행함'을 보여 준다.

가이오에 대하여 (1:1-8)	디오드레베에 대하여 (1:9-11)	데메드리오에 대하여 (1:12- 15)
• 장로의 편지 • 가이오에 대한 축복 • 가이오에 대한 기쁨 • 가이오에 대한 칭찬과 격려	• 디오드레베에 대한 책망 • 교회 성도들에 대한 경고	• 교회 내에서 인정받자. • 진리에게 인정받자. • 지도자에게 인정받자. • 끝 인사

3. 요한삼서의 내용

1) 가이오에 대하여(1:1-8)

① 영과 육의 건강(1:1-4)

당시 이단자들은 육을 무시했다. 그러나 요한은 영도 중요하지만 육도 강건해야 한다고 말한다. 이는 가이오의 신앙 상태가 매우 건전했음을 인정하는 말이다.

② 가이오를 향한 칭찬과 격려(1:5-8)

가이오는 나그네(순회 전도자)를 영접하고 또 잘 대접해 주었다. 그래서 순회 전도자들은 가이오의 행위를 교회 앞에서 칭찬도 하고 간증도 하며 서로 은혜를 받았다. 여기서 순회 전도자들은 아무 대가도 받지 않고 전도하는 사람들로, 전도 받은 사람들은 모두 이방인들이었다. 이같은 순회 전도자들을 잘 영접하는 가이오의 행위는 율법의 가르침에 대하여 충실하게 준행한 것이며(레 19:34; 신 10:19), 그리고 예수 그리스도의 교훈을 그대로 실천한 것이다(마 10:40).

③ 주님이 기뻐하시는 일들을 해야 한다.

나그네 된 자들을 신실하게 대했다(순회 전도자들). 서로 간증을 나누며 은혜를 받는 일이며, 어떠한 대가도 바라지 않고 열심히 일하는 것이다.

2) 디오드레베에 대하여(1:9-11)

디오드레베는 가이오가 속해 있던 교회의 지도자적 위치에 있던 사람으로서 성도들에게 선을 행함으로 모범을 보여야 마땅한 인물인데도 불구하고 이는 언제나 으뜸이 되기를 좋아했고, 순회 전도자들의 방문으로 교회 지도자로서의 자신의 권위가 실추되고 자신의 기득권이 상실될 것을 염려하여 순회 전도자들을 영접치 아니하고 터무니없는 말로 그들을 깎아 내렸다.

자신의 지시를 무시하고 순회 전도자들을 영접하는 성도들을 교회의 권위에 도전한다는 이유로 교회에서 출교시키는 등 도저히 교회 지도자로서 있을 수 없는 악행을 저질렀던 것이다.

이러므로 사도 요한은 교회를 직접 방문하여 이러한 디오드레베를 징계하리라는 자신의 의사를 밝히고(1:10 상) 가이오로 하여금 그와 같은 악을 행하는 자를 경계하도록 권면하고 있는 것이다.

* 가이오와 디오드레베의 비교

	가이오	디오드레베
1	형제들이 인정하는 사람(3)	으뜸 되기를 좋아함(9)
2	진리대로 행하는 사람 (4)	요한의 사도권을 무시함(9)
3	순회 전도자를 대접함 (5)	악한 말로 비방함(10)
4	형제를 사랑하는 사람 (6)	형제를 접대하지 않음(10)
5	하나님께 속한 사람 (11)	접대하는 자를 출교시킴(10)

3) 데메드리오에 대하여(1:12)

본문에 기록된 데메드리오는 가이오처럼 디오드레베와는 대조적인 사람으로서 요한이 가이오에게 데메드리오를 천거하고 있는 것이다. 요한이 가이오에게 데메드리오를 천거하는 이유는 아마 순회 전도자를 접대한 이유로 디오드레베에게 출교를 당했던 사람이거나 만약 그렇지 않으면 디오드레베에게 배척을 당했던 순회 전도자일 수도 있다.

그리고 사도 요한은 이 데메드리오의 인간됨을 세 가지 부분으로 소개하고 있다.

첫째 : 뭇사람에게 증거를 받은 사람(믿는 자나, 믿지 않는 자에게)

둘째 : 진리에게도 증거를 받은 사람(신앙과 믿음이 말씀 중심)

셋째 : 사도 요한 및 교회 지도자들에게도 증거를 받은 사람

　　　(충성심과 헌신이 인정됨)

4) 끝맺는 인사(1:13-15)

본서에 기록한 것 외에 더 쓸 것이 많으나 직접 대면하여 이야기 할 것을 기약하며(1:13-14), 간단한 문안 인사를 하며(1:15) 본서를 종결짓고 있다.

유 다 서

책 이름 본서는 기록자 유다의 이름을 따서 '유다서'라 불리운다.

기록자 본 서신의 기록자는 '예수 그리스도의 종'이자 야고보의 형제인데(1:1) 이들은 주 예수의 육신적인 형제들이다.

기록 연대 본서의 기록 연대는 모든 것을 추정해 보건데 A.D 70-80년이다.

신약핵심정리

1. 유다서의 기록 동기와 목적

본 서신의 수신자들이 어느 지역에 사는 누구인지에 대해서 분명하게 밝히고 있지 않으나 본서에서 언급하고 있는 내용을 통해서 볼 때 분명히 이들은 영지주의 이단의 공격으로 인하여 심각한 신앙의 위기를 겪고 있었던 것 같다.

한편 본서 1장 3절을 볼 때 저자는 수신자들에게 '일반으로 얻은 구원', 즉 기독교 구원론에 대한 교리적 서신을 띄우고자 했던 것 같다. 그런데 갑작스런 어떤 이유로 인하여 본래의 계획을 변경하고 영지주의 이단과 맞서 믿음의 도를 지키라는 이러한 전투적인 서신을 쓰게 된 것이다. 유다가 갑작스럽게 그 의도를 변경하게 된 이유에 대해서는 구체적으로 알 수 없으나 본서의 내용과 상당히 유사한 베드로후서를 통해 자극을 받았을 가능성이 매우 크다.

2. 유다서의 짜임새

■ 유다서는 '믿음위에 나를 건축하자'를 보여 준다.

문안 인사와 기록 동기 (1:1-4)	이단들에 대한 하나님의 심판 (1:5-16)	이단의 경계와 송영 (1:17- 25)
• 문안 인사 • 기록 동기	• 거짓 이단자들에 대한 경고 • 이단자들의 죄악상 • 이단자들에 대한 심판의 확증	• 이단에 대한 경계 • 성도들의 바른 신앙 자세에 대한 권면 • 송영의 대상과 내용

3. 유다서의 내용

초대 교회 당시 가장 심각한 문제였던 이단 사상은 '영지주의'였다. 이것은 예수 그리스도의 신성을 부인하며 자유 방탕한 생활을 꾀하는 행위를 권장했다.

이에 유다는 성도가 하나님께로부터 받은 참된 믿음과 진리를 위하여 이단의 무리들과 싸워야할 것을 밝힘으로써 성도가 잘못된 거짓 교훈에 미혹당하지 않도록 가르치고 있다.

1) 문안 인사와 기록 동기(1:1-4)

① 유다는 누구인가?(1:1)

본 서신을 쓴 사람은 '예수 그리스도의 종이자, 야고보의 형제인 유다'이다. 그런데 신약 성경에는 모두 7명의 유다가 나온다. 그 가운데 본서의 기록자는 자신을 '야고보의 형제'라고 했다. 7명의 유다 중에서 '야고보의 형제 유다'는 한 명뿐이며, 그는 곧 예수의 형제 유다(마 13:55; 막 6:3)이다.

② '부르심을 입은 자'란 누구인가?(1:1)

그들은 '하나님 안에서 사랑을 받은 자'이다. 이 말은 하나님의 택하심을 따라 하나님의 사랑을 받은 성도를 가리킨다.

③ '일반적으로 얻은 구원'과 '단번에 주신 믿음의 도'의 차이(1:3-4)

　　'일반적으로 얻은 구원'이란 '모든 사람이 받을 만한 구원'이고(딤전 1:15), '단번에 주신 믿음의 도'란 예수 그리스도의 구원 사역의 일회성을 가리킨다(벧전 3:18). 성도가 구원을 얻는 것은 예수 그리스도의 단회적인 사역으로 말미암은 것이다. 그러나 구원받았다고 해서 '모든 죄가 다 사해졌으니 이제 마음대로 살자'는 식으로 생각해서는 안된다. 우리는 날마다 성화되는 생활을 해야 한다(빌 3:10-16).

2) 이단들에 대한 하나님의 심판 (1:5-16)

　① 심판의 필연성(과거 3가지 전례)(1:5-7)

　　• 출애굽 당시의 이스라엘 멸망(민 14:11)

　　• 자기 지위를 떠난 천사들의 멸망(베드로후서 2장의 내용과 같음)

　　• 소돔과 고모라 성의 멸망(창 19:1-38)

　② 당시 이단자들의 죄악된 모습(1:8-13)

　　• 하나님의 영광을 훼방하는 죄(위경 모세의 승천기)(1:8)

　　• 하나님의 주권과 영광 앞에서 겸손한 천사장 미가엘(1:9), 천사장 미가엘의 기록은 구약에 3번(단 10:13, 21, 12:1), 신약에 2번(이곳과 계 12:7) 나타난다.

　　• 이 경건치 않는 자들은 하나님의 영광을 훼방하면서도 그것이 무엇인지 조차 알지 못한다. 그리고 이들은 '가인의 길, 발람의 길, 고라의 패역한 길'을 걷는 자들이다.

　　• 마치 이들은 '애찬의 암초요, 자기 몸만 기르는 목자요, 물 없는 구름이요, 뿌리까지 뽑힌 열매 없는 가을 나무요, 바다의 거친 물결이요, 유리하는 별들'이다.

　③ 이단자들에 대한 하나님의 심판(1:14-16)

　　여기서는 위경 '에녹 1서'의 내용을 인용하여 그리스도 재림 때에는 하나님의 심판이 모든 사람에게 임할 것을 말하며 경건치 않은 이단자들의 말과 행위 그대로 정죄될 것을 분명히 밝히고 있다.

3) 이단의 경계와 송영 (1:17-25)

① 이단자들을 엄히 경계할 것(1:17-19)

유다는 '사도' 들의 말을 인용하여(벧후 3:2-3) 마지막 때에는 이단자들이 일어나게 된다고 밝히면서 성도들을 경계시키고 있다. 이단자들은 '당 짓기를 좋아하며, 육에 속한 자들이며, 성령이 없는 자들' 이다

② 자신의 영적 성숙에 힘쓰라(1:20-21).

거룩한 믿음 위에 자기를 건축하고 성령으로 기도하라. 항상 예수 그리스도의 긍휼을 기다리라.

③ 이단자들에게 미혹된 자들을 바른 길로 인도하자(1:22-23).

이들은 의심하는 자들이고, 멸망의 불에 들어간 자들이다. 이들은 완전히 더럽혀진 자들이다. 그리고 끝맺는 말로 송영의 대상은 성도들을 이단의 미혹으로부터 능히 보호하사 거침이 없게 하실 하나님이시며, 송영의 내용은 예수 그리스도로 말미암아 하나님의 영광과 위엄과 권력과 권세가 영원히 있으리라는 것이다.

요한계시록

신약핵심정리

책 이름 영어 성경은 헬라어 원전의 제목에 따라 'A Revelation of Jhon'이라고 했고, 한글 개역성경은 '요한계시록'이라고 했다.

기록자 본서의 기록자는 내증이나 외증으로 볼 때 요한이라고 하는 것이 전통적이다.

기록 연대 사도 요한은 도미티안 황제 때(A.D 81-96년) 밧모섬에 유배되었는데 이 사건을 미루어 볼 때 기록 연대는 그의 유배 끝날 무렵인 A.D 95년경이라고 볼 수 있다.

1. 요한계시록의 해석 방법

본서 같은 예언의 책은 여러 가지 해석들이 엇갈리고 있다. 그러나 크게 과거적 해석 방법, 역사적 해석 방법, 영적 해석 방법, 미래적 해석 방법 나눠 볼 수 있다. 그리고 이 4가지 해석 방법 중에서도 미래적 해석 방법이 가장 좋은 해석이다.

이 접근 방법은 요한계시록 1장 19절의 "그러므로 네 본 것과 이제 있는 일과 장차 될 일을 기록하라."는 말씀을 중심으로 '네 본 것'(1:1-20), '이제 있는 일'(2:1-3:22), '장차 될 일'(4:1-22:21)로 나누어 대부분의 내용을 미래에 성취될 것으로 보는 견해이다.

그러므로 본서의 해석은 미래적 해석 방법에 따라서 해석하는 것이 가장 안전하다. 물론 이 견해를 취할 때 상징과 문자에 대한 해석상의 어려움이 뒤따르는 것도 사실이다. 왜냐하면 어떤 상징들은 설명이 가능하지만 대부분의 경우에 우리가 알 수 없는 것이 많기 때문이다.

그러나 계시록의 특정한 내용과 우리 주위의 사건들을 지나치게 동일시하는 것은 대단히 위험한 일임을 기억하고, 우리는 본서에서 강조하는 것처럼 그리스도의 재림과 심판이 있을 것을 확신하며 항상 그리스도인답게 겸손하고 진실한 삶을 살아야 할 것이다. 왜냐하면 우리는 그리스도의 재림과 심판이 언제 있을지 전혀 모르기 때문이다.

2. 요한계시록의 짜임새

■ 요한계시록은 '내가 속히 오리라'를 보여 준다.

네 본 것 (1:1-20)	이제 있는 일 (2:1-3:22)	장차 될 일 (4:1-22:21)
• 본서의 서언 • 문안 인사와 송영 • 본서의 기록 동기와 주님의 환상 • 요한이 명령을 받음	• 에베소 교회 • 서머나 교회 • 버가모 교회 • 두아디라 교회 • 사데 교회 • 빌라델비아 교회 • 라오디게아 교회	• 하나님의 보좌와 어린양 • 일곱 인 재앙 • 인치심과 구원 성도 • 일곱 나팔 재앙 • 작은 책 • 두 증인 • 여인과 용 • 두 짐승 • 십사만 사천 명의 노래 • 일곱 대접 재앙 • 음녀와 바벨론 • 현 세상 종말과 신천 신지

3. 요한계시록의 내용

1) 네 본 것 (1:1-20)

이 책은 하나님께서 그리스도께 주셨고, 주님께서는 천사들에게 주셨고, 천사들은 요한에게 주었다. 그리고 요한은 일곱 교회에 보낸 것이다.

그리고 이 책을 읽는 자, 듣는 자, 지키는 자들이 복이 있다고 했고, 네 본 것(1:1-20)과 이제 있는 일(2:1-3:22)과 장차 될 일(4:1-22:21)을 기록하라고 했다.

2) 이제 있는 일 (2:1-3:22)

2장에서는 에베소, 서머나, 버가모, 두아디라 교회에, 3장에서는 사데, 빌라델비아, 라오디게아의 세 교회에 이 계시록을 보냈다.

여기서 3장의 세 교회를 말하는 '3' 은 삼위일체 성부, 성자, 성령을 말하는 숫자이다. 즉 2장의 '4' (네 교회)와 3장의 '3' (세 교회)을 합친 숫자인 '7' 은 완전 숫자를 말하는 것으로 이 일곱 개의 교회가 이 땅의 모든 교회를 대표하는 것임을 의미한다.

한편 계시록 2장과 3장은 당시 소아시아 일곱 교회에 주시는 말씀으로 일곱 교회의 특성을 정확히 말해 주지만 또한 영적으로는 시대를 불문한 모든 교회들에게 주시는 말씀이다. 그리고 이 말씀을 가지고 신약 교회 시대를 일곱 시대로 나누어 생각해 볼 수도 있다.

3) 장차 될 일(4:1-22:21)

① 하나님의 보좌와 어린양이 책을 취함(4:1-5:14)

우주 만물과 인간의 역사를 다스리는 곳이 하나님의 보좌이다. 그리고 일곱 인으로 봉해진 책을 유다 지파의 사자, 다윗의 뿌리인 어린양이 책을 취한다.

② 일곱 인, 일곱 나팔, 일곱 대접 재앙(6:1-17, 8:1-9:21, 15:1-16:21)

본 계시라고 불리워지는 이 세 가지의 상호 관계를 이해하는 것은 요한계시록 연구에 절대적으로 필요하다. 일곱 인, 일곱 나팔, 일곱 대접은 각기 독립되어 있는 것이 아니라 일곱 나팔은 제7인을 뗄 때에 나타나며 일곱 대접은 일곱 나팔을 불 때 나타난다. 그러므로 일곱 나팔은 제7인의 내용이요, 일곱 대접은 제7나팔의 내용이다.

다시 설명하면, 나팔은 일곱을 합하여 마지막 한 인에 불과하고 대접은 일곱을 합하여 한 나팔에 불과하다. 이렇게 볼 때 일곱 인은 8장에서 끝나는 것이 아니고 일곱 대접이 끝나는 16장에 가서 끝난다.

③ 중간계시(7:1-17, 10:1-14:20, 17:1-18:24)

계시록의 맥을 이어가는 사이사이에 하나의 장면이 나타난다. 이것을 중간 계시라고 말한다.

첫 번째 중간 계시는 여섯째 인과 일곱째 인을 때는 사이에 나타날 것이며 작은 책(10:2), 두 증인(11:3), 여인과 용(12:4), 두 짐승(13:5), 십사만 사천 명의 노래(14:3)는 일곱 나팔 재앙 때에 나타날 것이며, 음녀와 바벨론 심판(17:1)은 대접 재앙 마지막 때에 이루어 질 것이다.

④ 현 세상 종말과 신천 신지(19:1-22:21)

바벨론의 멸망으로 하늘에서 허다한 무리들이 찬양을 한다. 계속해서 그리스도의 지상 재림이 이루어지며, 이 지상에서 아마겟돈 전쟁이 최후로 일어난다(19:19). 그 후 사탄을 결박하여 무저갱에 가두고 그 위에 인봉한다. 이 지상은 천년동안 부활한 성도들과 휴거된 성도들이 그리스도와 함께 왕 노릇하게 된다.

하나님께서 무저갱에 가두었던 사탄을 잠깐 풀어준다. 이 사탄은 곡과 마곡을 유혹하여 거룩한 성을 둘러싸고 전쟁을 하려고 한다. 그러나 하늘에서 불이 내려와 완전히 사르고 사탄은 유황불에 던져진다.

흰 보좌 심판이 이루어진다. 책들에 이름이 없는 자는 모두 심판을 받고 지옥에 떨어지나 생명책에 이름이 기록된 자는 새 하늘과 새 땅에 들어간다.

새 하늘과 새 땅의 광경이 나온다 (21:1-22:5). 그리고 "네가 속히 오리라." (22:7, 12) 라고 두 번씩이나 말씀하신다.

미러클 성경연구
신구약총론(창 - 계)

2012년 3월 25일 1판 1쇄 인쇄
2012년 3월 30일 1판 1쇄 발행
지은이 장 시 춘
발행자 심 혁 창
발행처 **도서출판 한글**
서울특별시 서대문구 북아현동221-7
☎ 02) 363-0301 / FAX 02) 362-8635
E-mail : simsazang@hanmail.net
등록 1980. 2. 20 제312-1980-000009

△ 파본은 교환해 드립니다
IN GOD WE TRUST

정가15,000원

*

ISBN 97889-7073-356-2-93120